Den Finanzmarkt verstehen

Klaus Schredelseker

Den Finanzmarkt verstehen

Anlagestrategie und Börse: Warum der Hund es besser kann

Klaus Schredelseker
Institut für Banken und Finanzen
Universität Innsbruck
Innsbruck
Österreich

ISBN 978-3-658-08702-9   ISBN 978-3-658-08703-6 eBook)
DOI 10.1007/978-3-658-08703-6

Die Deutsche Nationalbibliothek verzeichnet diese Publikation in der Deutschen Nationalbibliografie; detaillierte bibliografische Daten sind im Internet über http://dnb.d-nb.de abrufbar.

Springer Spektrum
© Springer Fachmedien Wiesbaden 2015
Das Werk einschließlich aller seiner Teile ist urheberrechtlich geschützt. Jede Verwertung, die nicht ausdrücklich vom Urheberrechtsgesetz zugelassen ist, bedarf der vorherigen Zustimmung des Verlags. Das gilt insbesondere für Vervielfältigungen, Bearbeitungen, Übersetzungen, Mikroverfilmungen und die Einspeicherung und Verarbeitung in elektronischen Systemen.
Die Wiedergabe von Gebrauchsnamen, Handelsnamen, Warenbezeichnungen usw. in diesem Werk berechtigt auch ohne besondere Kennzeichnung nicht zu der Annahme, dass solche Namen im Sinne der Warenzeichen- und Markenschutz-Gesetzgebung als frei zu betrachten wären und daher von jedermann benutzt werden dürften.
Der Verlag, die Autoren und die Herausgeber gehen davon aus, dass die Angaben und Informationen in diesem Werk zum Zeitpunkt der Veröffentlichung vollständig und korrekt sind. Weder der Verlag noch die Autoren oder die Herausgeber übernehmen, ausdrücklich oder implizit, Gewähr für den Inhalt des Werkes, etwaige Fehler oder Äußerungen.

Lektorat: Stefanie Brich, Marén Wiedekind
Coverfoto: fotolia.de

Gedruckt auf säurefreiem und chlorfrei gebleichtem Papier

Springer Fachmedien Wiesbaden ist Teil der Fachverlagsgruppe Springer Science+Business Media
(www.springer.com)

Vorwort

Vergessen Sie alles, was Sie über Aktienbewertung gehört haben – Wir sagen Ihnen, was wirklich zählt...

So vollmundig klang es vor ein paar Jahren auf der Titelseite der *Wirtschaftswoche*. Im Bereich von Geld und Börse gehört Klappern offenbar zum Handwerk, auch bei an sich durchaus seriösen Medien. Jeder, der sich auch nur ein wenig mit Kapitalanlage und Vermögensbildung beschäftigt, weiß jedoch um die Fragwürdigkeit solcher und ähnlicher Versprechungen und reagiert erst einmal mit einer gehörigen Portion gesunder Skepsis. Der eine mehr, der andere weniger. Entsprechend unterschiedlich sind denn auch die Reaktionen bei den Lesern solch großsprecherischer Ankündigungen:

- Der gestandene Praktiker weiß aus langjähriger und zum Teil leidvoller eigener Erfahrung, dass der Anspruch, nachhaltig besser sein zu wollen als der Markt, nicht wirklich einlösbar ist.
- Der hoffnungsvolle Jungprofi zweifelt zwar, liest aber vorsichtshalber derart betitelte Beiträge doch, um ja nichts zu verpassen (man weiß ja nie, vielleicht...).
- Der Hobbyinvestor, u. U. ein aktives Mitglied im lokalen Investment-Club, der von seinen überlegenen Fähigkeiten überzeugt ist, genießt es zu sehen, dass er das, was hier an Regeln

und Entscheidungshilfen angepriesen wird, längst schon kennt und seit Jahren (vielleicht unter anderen Etiketten) praktiziert.
- Der Gelegenheitsinvestor träumt, dass auch ihm endlich einmal das Wissen zuteilwird, das die wahren Gewinne an der Börse verspricht, von denen immer wieder in der Presse mit großen Aufmachern berichtet wird.
- Der abgeklärte Skeptiker kehrt sich mit dem Gestus des Wissenden ab. Ihm ist klar, dass die Autoren, wenn sie wirklich wüssten, wie man zu Reichtum kommt, dies für sich selbst nutzen und nicht dem allgemeinen Publikum mitteilen würden.
- Der theoretisch Geschulte, der während seines Studiums etwas von Random Walks und Markteffizienz gehört hat, schüttelt angesichts der aus den Worten sprechenden Naivität seinen – vermeintlich wissenden – Kopf und wendet sich den für ihn wirklich wichtigen finanzwirtschaftlichen Fragen, den intellektuell reizvollen und mathematisch eleganten Modellen der Bewertung derivativer Finanzprodukte zu.

Wie auch immer: Das Heft wird von vielen gekauft. Die Aussicht auf schnelles Geld an der Börse hat ebenso viel Sex-Appeal wie ein wohlgeformter Busen auf der Titelseite der Magazine. Auch die werden gerne gekauft.

Mit blumigen Ankündigungen und Versprechungen kommen sie alle daher: Die bunten und mit viel Werbung durchsetzten Fachzeitschriften für Kapitalanlage, Investment, Vermögensbildung und Portefeuille Management, aber auch die unzähligen Bücher mit Titeln wie *Reich werden an der Börse*, *In hundert Tagen zum Millionär*, *Das Geheimnis der Börsengewinne* oder *Die Börsen-Zauberformel: Wie Sie den Markt mit Leichtigkeit schlagen*. Auch die Finanzkrise hat bis heute der Faszination der Finanzmärkte keinen Abbruch getan.

Bei aller Unterschiedlichkeit ist allen diesen Texten stets eines gemeinsam: Die tiefe und nicht weiter begründete Überzeugung von gleichermaßen Autor wie Leser, dass es sich auszahlt, viel zu wissen, gut und zeitnah informiert zu sein, die etablierten (und noch besser, die neuen, eben noch nicht so gut etablierten) Techniken der modernen Wertpapieranalyse zu beherrschen, ein Gespür für die Märkte entwickeln zu können und sich auszukennen in der immer komplizierter werdenden und sich immer schneller verändernden Welt der geheimnisumwitterten Finanzmärkte.

Natürlich steht jeder Börsenautor zunächst einmal nur hinter der von ihm selbst vertretenen und propagierten Methode erfolgreichen Investments. Diese preist er seinen zu verschworenen Kumpanen erhobenen Lesern als *Geheimtipp* an und hofft, dass sie den Widerspruch nicht erkennen: Was ist das für ein eigenartiger Geheimtipp, der sich in großen Auflagen an ein Massenpublikum wendet?

Gleichwohl: Die Autoren geben sich überzeugt von ihrem Ansatz und wollen andere teilhaben lassen an dem Glück, das über sie gekommen ist, seit sie mit genau *dieser* Methode begonnen haben, ihr Vermögen an der Börse zu vermehren. Sie „weisen überzeugend nach" (eine Lieblingsformulierung vieler ihrer Argumente unsicherer Autoren), dass konkurrierende Techniken weder wissenschaftlich haltbar noch praktisch nützlich sind. Nicht das, worauf die Verfechter der XY-Methode setzen oder was von dem vermeintlichen Börsenguru Z empfohlen werde, sei es, auf das es wirklich ankomme, sondern nur das, was exklusiv dem privilegierten Leser des vorliegenden Buchs präsentiert wird. Nur wer die hier vertretene Methode anwende, könne langfristig mit dem ersehnten Erfolg rechnen! Selbstverständlich wird die Kernaussage, um ihr den gehörigen Nachdruck zu verleihen, mit vielfältigen Episoden, Anekdoten und sogar empirischen Belegen untermauert.

Spätestens hier wird der kritische Leser innehalten und sich verwundert fragen: Was, um Himmels Willen, kann denn das vorliegende Buches wollen?

- Entweder will auch hier der Autor seinen Lesern ein Verfahren an die Hand geben, das sie befähigt, bessere Entscheidungen zu treffen als es der unbedarfte Zufallsinvestor könnte. Warum mokiert er sich dann über Autoren, die genau dasselbe wollen wie er?
- Oder er hat kein überlegenes Konzept anzubieten und er kann dem Leser nicht sagen, was und wie er es besser machen könnte. Warum sollte man dann sein Buch lesen? Man hat schließlich noch anderes zu tun.

Lieber kritischer Leser. Ich mag Leute wie Sie und ich habe volles Verständnis für Ihre Skepsis. Ich würde wahrscheinlich ganz genauso reagieren: Da kommt ja schon wieder einer, der vorgibt zu wissen, wie es geht, und der, wenn er es wirklich wüsste, dies nicht an die große Glocke hängen würde.

Dennoch verspreche ich Ihnen, lieber kritischer Leser, dass dieses Buch ganz konkrete und klar bessere Anlagestrategien vorschlagen wird als all die wohlklingenden Titel, die bei Ihrem Buchhändler in der Abteilung *Geld, Bank und Börse* stehen. Die Strategien werden für jedermann nachvollziehbar und finanzwirtschaftlich begründet sein. Sie werden einfach umsetzbar und in höchstem Maße praktisch sein.

Lassen Sie uns – entgegen der gängigen Dramaturgie von Kriminalromanen – das ganz einfache *Geheimnis* vorwegnehmen: Das hier vertretene Anlagekonzept wird *nicht* den Anspruch erheben, besser sein zu wollen als der Markt. Aber es erhebt den Anspruch, den Leser durch ein tieferes Verständnis der Funktionsweise vom Märkten zu eigenen Entscheidungen zu befähigen. Und wenn diese sich dann allen anderen Anlagekonzepten gegenüber als überlegen erweisen, hat das Buch sein Ziel erreicht.

Es ist nicht immer ganz einfach, die sehr komplexe Struktur eines Finanzmarkts zu verstehen. Sich um Verständnis zu bemühen, ist aber mit Sicherheit eine Sache, die sich lohnt. Zur Beruhigung für die sogenannten *Laien*: Die theoretische Wirtschaftswissenschaft müht sich seit über zweihundertfünfzig Jahren darum, Märkte wirklich zu verstehen. Vieles hat sie erreicht, aber das meiste steht ihr noch bevor. Der amerikanische Informatiker *John Holland* hat den Finanzmarkt einmal als „komplexes adaptives System" bezeichnet, eine Formulierung, mit der die meisten Leser momentan nur wenig werden anfangen können, deren Kern sich aber im Laufe der weiteren Erörterungen immer mehr erschließen sollte. Dabei wird deutlich werden, dass herkömmliche Entscheidungsregeln, die uns allen vertraut sind und deren Zweckmäßigkeit selbstverständlich erscheinen, im Marktkontext keine Gültigkeit mehr besitzen.

Wie vielschichtig das Thema ist, offenbart die vielfach diskutierte und unverstandene Entscheidung der Schwedischen Akademie der Wissenschaften aus dem Jahr 2013. Der renommierte Preis der Schwedischen Reichsbank in Wirtschaftswissenschaft zur Erinnerung an Alfred Nobel (auch als Wirtschaftsnobelpreis bezeichnet) wurde drei amerikanischen Forschern verliehen, von denen zumindest zwei in der Fachöffentlichkeit als klare Antipoden wahrgenommen wurden: Auf der einen Seite war dies *Eugene Fama* (geb. 1939), ein glühender Verfechter der sogenannten Effizienzthese, nach der die Märkte ein nahezu makelloses Maß an Perfektion aufweisen, auf der anderen Seite war es *Robert Shiller* (geb. 1946), der die Imperfektionen und Irrationalitäten, die sich allenthalben in den Märkten beobachten lassen, in den Vordergrund seiner Betrachtungen stellt. Auch dieses Buch ist an diesen beiden Sichtweisen orientiert und am Ende eines jeden der beiden Hauptkapitel steht ein längeres Interview mit den beiden Preisträgern anlässlich ihrer Ehrung in Stockholm.

Ich würde mich freuen, wenn die Leser nach der Lektüre des Buches sagen würden: Dies ist ein neues, vielleicht nicht ganz einfaches, aber ehrliches, an realen Problemen orientiertes und deshalb ein ungemein nützliches Buch.

Innsbruck und Sassetta, im April 2015   Klaus Schredelseker

Inhalt

Teil I
Um was es geht 1

1 Worin unterscheiden sich die Akteure an den Finanzmärkten? 3

2 Im Kern geht es um Information, um sonst nichts 13

3 Zur Lage der akademischen Finanztheorie: ein prächtiges Haus ohne Erdgeschoss 21

4 Was will das vorliegende Buch? 29

Teil II
Informationseffiziente Märkte (Weltbild eins) ... 33

5 Einladung zur Überschreitung des Kamms 35

6 Der Ursprung und der Staub der Sorbonne 39

7 Die Random-Walk-These: Aktienkurse folgen dem Zufall 43

8 Der Beweis von Paul Samuelson 49

XII Den Finanzmarkt verstehen

9   Vom Random Walk zur Effizienzthese 55

10   Nichts in der Praxis ist so perfekt wie in der Theorie . . . 65

11   Es ist eine Tatsache, dass die Investoren unterschiedlich gut informiert sind 69

12   Wer präziser schätzt, schneidet auch besser ab 79

13   Ich habe bei meinen Kapitalanlagen eigentlich meistens richtig gelegen 83

14   Es gibt und gab doch immer erfolgreiche Spekulanten 87

15   Wenn sich ein Unternehmen gut entwickelt, so tut dies auch die Aktie 93

16   Es gibt immer wieder Situationen, in denen man Aussagen über die mutmaßliche Kursentwicklung machen kann 101

17   Die Marktteilnehmer handeln meistens nicht rational, sondern unterliegen bei ihren Entscheidungen massenpsychologischen Einflüssen 107

18   Da es den inneren Wert einer Aktie nicht gibt, macht die Vorstellung eines effizienten Marktes keinen Sinn 111

19   Vorläufiges Fazit: Märkte könnten durchaus informationseffizient sein 117

20   Ein paar Blicke in die Werkstatt der empirischen Kapitalmarktforschung 119

21   Empirische Kapitalmarktforschung: Was nun? 137

22 **Das Informationsparadoxon, die eigentliche Herausforderung** ... 145

23 **Weltbild eins ist möglich, aber unwahrscheinlich** ... 149

Teil III
Nicht informationseffiziente Märkte (Weltbild zwei) ... 157

24 **Die vertrackte Information** ... 161

25 **Was ist Information im Finanzmarkt wert?** ... 175

26 **Schlägt Dummheit Mittelmäßigkeit?** ... 181

27 **Der Hund als Anlageberater** ... 199

28 **Zu viel von einer guten Sache?** ... 205

29 **Technische Analyse: Die Alchemie der Finanzwirtschaft?** ... 213

30 **Der Markt als komplexes adaptives System** ... 219

31 **Recht und Markt I: Die Sache mit der Publizität** ... 233

32 **Recht und Markt II: Die Sache mit den Insidern** ... 253

33 **Weltbild zwei ist möglich und ziemlich wahrscheinlich** ... 265

34 **Weltbild drei ist weit verbreitet, aber unmöglich** ... 279

Teil IV
Und nun? 287

35 Was tun? Acht konkrete Empfehlungen für vernünftiges Anlageverhalten 289

Vorsicht vor mathematisch exakten
Entscheidungsregeln 289
Klare Ziele setzen: Nicht Outperformance,
sondern Vermeidung von Underperformance 294
Vermögensanlagen gut diversifizieren 297
Kein Geld ausgeben für eine Sache, die sich
nicht lohnen kann 302
Vorsicht vor kovariantem Handeln:
Do not herd 310
Die anderen sind nicht dümmer als wir selbst 317
Vorsicht vor dem allzu Offenkundigen 321
Mitmachen lohnt sich und macht vielleicht
sogar Spaß 326

Anhang 333

Weiterführende Literatur 335

Teil I

Um was es geht

1
Worin unterscheiden sich die Akteure an den Finanzmärkten?

Wenden wir uns zunächst noch einmal den Büchern aus dem reich bestückten Regal unseres Buchhändlers zum Thema „Geld, Bank und Börse" zu. Alle haben ähnliche Ziele (Wie werde ich schnell reich?), gehen dabei aber völlig unterschiedliche methodische Wege. Sehen wir uns die unterschiedlichsten Grundüberzeugungen anhand ihrer typischen Vertreter einmal an:

Da ist zunächst einmal der klassische *Fundamentalanalytiker*. Er stützt seine Urteile auf die *Fundamentals*, die wirtschaftlichen Grundlagen der Aktienbewertung im Sinne einer rationalen Analyse aller wertbestimmenden Faktoren. Die Fundamentalanalyse ist zwar so alt wie die Finanzmärkte an sich, in ihrer heute praktizierten Form wurde sie allerdings in den 30er-Jahren entworfen und bis heute durch eine kaum übersehbare Flut von Studien immer weiter entwickelt.

Das berühmteste Lehrbuch, über dem Generationen von Studierenden auf der ganzen Welt brüten mussten, ist zweifelsohne die *Security Analysis* von *Graham* (1894–1976) und *Dodd* (1895–1988), die in den 30er-Jahren erstmals aufgelegt wurde und vielfältige Überarbeitungen, Ergänzungen und Erweiterungen erfahren hat. Der größte Teil der anwendungsorientierten modernen Börsenliteratur baut unmittelbar oder mittelbar auf diesem Klassiker auf. *Graham* und *Dodd* versuchen, wie alle

Fundamentalanalytiker, die kursbeeinflussenden ökonomischen Daten einer Volkswirtschaft, einer Branche oder eines einzelnen Unternehmens durch systematische Analyse der ihnen zur Verfügung stehenden Informationen zu ermitteln, um so eine fundierte (fundamentale) Basis zur Abschätzung des wirtschaftlich gerechtfertigten Werts eines Unternehmens zu erlangen.

Aus der Tagespresse, den regelmäßigen Unternehmensberichten (Jahresabschlüsse und Zwischenberichte), aus Verlautbarungen der Unternehmen selbst, aus Kommentaren von Wirtschaftsexperten und Politikern und vielem mehr wird ein Urteil über die Angemessenheit des aktuellen Börsenkurses gefällt: Ist die Aktie eher unter- oder eher überbewertet? Im ersten Falle sollte man sie kaufen, da man mehr an Wert erhält als man dafür zahlen muss. Im Fall einer Überbewertung sollte man verkaufen, weil man einen Preis erhält, der über dem Wert der Aktie liegt. Die zentrale Kategorie ist dabei der wirtschaftlich gerechtfertigte Wert (innerer Wert oder *intrinsic value*). Was genau darunter verstanden werden soll, ist schwierig zu sagen. Beredtes Zeugnis dieser Schwierigkeit legen die eher hilflos anmutenden Definitionsversuche selbst in führenden Lehrtexten der Zunft ab: Bei *Graham* und *Dodd* ist der innere Wert derjenige Wert, der sich auf Fakten gründet, und im kleinen Börsenlexikon von *Büschgen* ist es der Wert, der der Aktie eigentlich zukommt. Gleichwohl kommt man, wenn man über Finanzmarktphänomene spricht, ohne eine Vorstellung über so etwas wie den inneren Wert nicht aus: Begriffe wie Überbewertung, Unterbewertung, Überhitzung, Crash, Bubble etc. wären ohne jeglichen Sinn. Wer von einer Unterbewertung spricht, geht davon aus, dass die Aktien derzeit niedriger notieren als es ihren inneren Werten entspricht. Wer von einer Blase spricht, geht davon aus, dass das Kursniveau deutlich überhöht war und sich erst durch das Platzen der Blase wieder den inneren Werten angenähert hat.

Was für einzelne Aktien gilt, gilt gleichermaßen für ganze Branchen oder Märkte: Natürlich kann man auch der Ansicht sein, die Pharmabranche sei überbewertet oder der französische Markt sei derzeit unterbewertet. Im Allgemeinen gilt die Fundamentalanalyse als die solideste Form der Wertpapieranalyse. Sie ist auch in der Praxis am weitesten verbreitet. Zumindest ist es die Form der Wertpapieranalyse, bei der ein Vermögensberater, der sich zu ihr bekennt, die geringsten Akzeptanzrisiken läuft.

> Der amerikanische Soziologe *Charles W. Smith* hat vor mehr als drei Jahrzehnten in seinem Buch *The Mind of the Market* den typischen Fundamentalanalytiker wie folgt charakterisiert (frei übersetzt durch KS): „Er trägt klassisch geschnittene, aber teure Anzüge, seine Hände sind stets gepflegt und sein Äußeres weckt Vertrauen. Er spricht ruhig, aber dennoch bestimmt. Aktienkurse sind für ihn Ausdruck ökonomischer Bewertungen. Er interessiert sich nur für Unternehmen, deren Wert im Markt fundiert ist. Seine Bibel ist die Wertpapieranalyse von *Graham/Dodd* und täglich liest er die New York Times und das Wall Street Journal. Müsste er sich für eine von beiden entscheiden, so fiele seine Wahl auf die New York Times, da allgemeine wirtschaftliche, politische und gesellschaftliche Entwicklungen ihm wichtiger erscheinen als die rein finanzwirtschaftlichen Nachrichten. Natürlich liest er auch Newsweek, Barrons, Time, Fortune, Forbes u.v.m. Auf neue Informationen reagiert er nicht unmittelbar, sondern erst nach reiflicher Herausbildung einer ihm als hinreichend solide erscheinenden Marktmeinung. Er betreut das Vermögen wohlhabender Privatkunden, die meist selbst erfolgreiche Geschäftsleute sind oder waren und die mit ihm die Grundhaltung teilen, Vermögensanlagen seien etwas, was auf lange Sicht ausgerichtet sein sollte."

Einen völlig anderen Zugang hat der *Chartist* oder Anhänger der *Technischen Aktienanalyse*. Er geht davon aus, dass die Aktienkurse im Zeitablauf bestimmten Regelmäßigkeiten folgen, die sich beobachten lassen und Aussagen über mutmaßliche künftige Kursbewegungen ermöglichen. Als Begründer der neueren Form technischer Wertpapieranalyse gilt *Charles H. Dow* (1851–1902), der zusammen mit *Edward Jones* (1856–1920) den 1884 erstmals veröffentlichten *Dow-Jones-Average* entwickelte und der

Begründer und erster Herausgeber des Wall Street Journal, des bis heute wichtigsten Finanzblatts der Welt, war.

Dow war davon überzeugt, dass die Kursverläufe für den genauen Beobachter Signale enthielten, die eine gewisse Vorhersage künftiger Kursentwicklungen möglich machten. Dieser Idee folgend werden somit aus historischen Daten Trends berechnet und Kursverlaufsbilder, eben die Charts, analysiert, die ein Fortbestehen des Trends anzeigen (z. B. Flaggen, Wimpel) oder auf sein bevorstehendes Abkippen hindeuten (z. B. Untertassen, Kopf-Schulter-Formationen). Es werden einander sich überlagernde zyklische Bewegungen untersucht (Elliot-Wellen-Methode) und Kennziffern berechnet, die sich aus vergangenen Kursdaten ergeben (Advance-Decline-Index, Momentum, Relative Stärke, Stochastik etc.).

Eine Grundidee dahinter ist: Diejenigen, die die Märkte machen, die gut informiert, kapitalstark und bestens vernetzt sind, hinterlassen unwillentlich bei ihren Marktaktivitäten Spuren, die sich der Kapitalanleger durch aufmerksame Beobachtung und mithilfe statistischer Verfahren zu Nutze machen kann. Die relativ einfache Programmierbarkeit vieler dieser Konzepte sowie die Fülle der jedermann zur Verfügung stehenden Daten (kostenlos zugängliche Internet-Datenbanken) haben zu einer enormen Verbreitung der technischen Aktienanalyse in den vergangenen drei Jahrzehnten beigetragen. Jeder kann sich heute eine statistisch sehr leistungsfähige und gleichwohl einfach zu bedienende Analysesoftware beschaffen und einsetzen. Ob sich die Mühe auch lohnt, ist eine Frage, die zunächst einmal offen bleiben muss.

Nach *Charles W. Smith* berechnet und analysiert der typische Chartist nicht nur die Kursverläufe, er lebt für sie, sie sind für ihn der Markt. Das äußere Erscheinungsbild des Chartisten ist eher das eines Buchhalters oder Computerfreaks als das eines Bankers. Er trägt üblicherweise einen preiswerten dreiteiligen Anzug, wobei jedoch das Sakko regelmäßig über der Stuhllehne verbleibt. Für ihn lebt der Markt ein Eigenleben, das weit über die Dynamik rein ökonomischer

> Faktoren hinausgeht und daher nicht leicht zu verstehen ist. Für viele seiner Kollegen, die lediglich die Orders ihrer Kunden weiterleiten und mit dem Strom der jeweiligen Tagesmeinung schwimmen, hat er nur Verachtung übrig. Wer Erfolg haben will, muss ständig den Markt beobachten und die von ihm gesendeten Signale richtig interpretieren. Weit mehr als der Fundamentalist ist der Chartist ein Trader, der auch kurzfristig Positionen eingeht und wieder schließt. Sollte er bei seinen Entscheidungen danebengelegen haben, so gibt er meist sich selbst die Schuld, da er offenbar die Signale des Marktes nicht korrekt hat interpretieren können. Der Markt hat nämlich immer recht, er macht es dem Beobachter nur manchmal schwer, ihn richtig zu verstehen.

Der *Menschenkenner* geht von der grundsätzlich zutreffenden Beobachtung aus, dass Kursbewegungen letztlich nichts anderes sind als das Ergebnis sich ändernder Einschätzungen der Marktteilnehmer. Wenn die Investoren der Meinung sind, die Kurse müssten steigen, so werden sie die entsprechenden Aktien kaufen und deren Kurse somit zum Steigen bringen. Entsprechend wird eine eher pessimistische Zukunftserwartung zu Verkäufen und damit zu fallenden Kursen führen. Wir haben es somit im Finanzmarkt oft mit sich selbst erfüllenden Voraussagen (*selffulfilling prophecies*) zu tun.

Wem es gelingt, durch aufmerksames Beobachten und geduldiges Zuhören, aufgrund seiner profunden Menschenkenntnis und seines feinnervigen Gespürs für aktuelle Trends Meinungsumschwünge frühzeitig vorauszuahnen, kann – so die Überzeugung des Menschenkenners – aus diesem Wissen durchaus Nutzen ziehen. Während der Fundamentalanalytiker über Bilanzen und tiefschürfenden Analysen brütet und der Chartist Aktienkursverläufe und Umsatzstatistiken studiert, setzt der Menschenkenner auf seine Intuition und Empathie, geht ins trendige Café bzw. unterhält sich launig auf der Fahrt in die Bar mit dem Taxichauffeur.

> Der Menschenkenner genießt das Leben. Da Information für ihn die zentrale Kategorie ist, bezeichnet ihn Charles W. Smith etwas missverständlich als Insider. Er ist korrekt, aber eher modisch gekleidet und versteht sich als Informationsdrehscheibe und ausgesprochener Netzwerker. Für ihn lebt der Finanzmarkt von der Information. Information ist das Spiel, um das sich alles dreht: Nicht die fundamentalen Werte interessieren ihn, sondern die Erwartungen, Einschätzungen und Einschätzungsänderungen des Publikums. Als gesellschaftlich präsente Person und Partylöwe hat er unzählige Kontakte zu Menschen aus den verschiedensten Bereichen, Kontakte, die er regelmäßig pflegt und zu erweitern sucht. Anders als seine vorgenannten Kollegen verbringt er nur wenig Zeit am Schreibtisch, sondern sucht das Gespräch mit anderen. Dabei hat er keinerlei Sendungsbewusstsein, er versucht auch nicht, andere von der Richtigkeit seines Tuns zu überzeugen. Es reicht, dass er von sich selbst überzeugt ist. Hierin ähnelt er mehr einem fernöstlichen Guru als einem westlichen Missionar.

Dem Menschenkenner eng verwandt ist der *Börsenpsychologe*. Bei ihm steht die Überzeugung im Vordergrund, dass sich die Marktteilnehmer bei ihren Finanzmarktentscheidungen nur bis zu einem gewissen Teil von ökonomisch fundierten und rationalen Überlegungen leiten lassen, darüber hinaus aber in vielfältiger Weise psychologischen und massenpsychologischen Einflüssen unterliegen, die sich massiv auf die Marktbewertung niederschlagen.

Für den aus unzähligen Büchern und Beiträgen bekannten Altmeister der deutschen Börsenliteratur *André Kostolany* (1906–1999) kann die Rolle der Psychologie an der Börse gar nicht überschätzt werden: Kurz- und mittelfristig mache sie 90 % des Geschehens aus. Wer z. B. der Überzeugung ist, dass die Investoren zu einem ausgeprägten *Herdenverhalten* neigen, wird versuchen, gerade gegen den Strom zu schwimmen (antizyklische Anlagestrategie). Wer der Meinung ist, dass das allgemeine Börsenpublikum die Chancen der allseits gepriesenen und in aller Munde befindlichen *Vorzeigeunternehmen* (glamour stocks) überschätze, der sollte vielleicht in seinem Portefeuille eher den dann wahrscheinlich relativ zu niedrig bewerteten *Mauerblümchen* den Vorzug geben.

Börsenpsychologie war bis in die 50er-Jahre des letzten Jahrhunderts ein beliebtes und viel diskutiertes Thema unter Finanzwirtschaftlern, ist aber dann im Zuge der Akademisierung und Mathematisierung der Disziplin immer mehr an den Rand gedrängt worden. Die moderne Schule des *Behavioral Finance* knüpft zum Teil an die damalige Diskussion an, geht aber in ihrem Anspruch deutlich darüber hinaus: Ihr geht es mehr darum, immer wieder beobachtbare Phänomene in den Finanzmärkten zu erklären als unmittelbar umsetzbare Handlungsempfehlungen für gewinnbringende Börsenentscheidungen abzugeben.

Weniger an Rendite (performance) denn an Bewegung interessiert ist *der Trader*: Der Markt ist für ihn ein Spiel und es macht nur wirklich Spaß, wenn man auch aktiv mitspielt, wenn man den Markt als eine permanente Herausforderung begreift, der man sich stellen will. Der Trader verbringt viel Zeit vor seinen meist zahlreichen Bildschirmen der elektronischen Handelssysteme und versucht, durch aufmerksame Beobachtung des Marktes gewinnbringende Entscheidungen zu treffen. Sein Zeithorizont ist eher kurzfristig und seine Reaktionen auf sich bietende Gelegenheiten sind schnell. Dem geflügelten Wort von *Georg von Siemens* (1839–1901), die Börse sei ein Monte Carlo ohne Musik, würde er wahrscheinlich beipflichten.

Der Trader ist methodisch nicht festgelegt wie seine vorgenannten Kollegen, sondern bedient sich aller ihm zur Verfügung stehenden Informationen, seien es Fundamentaldaten, Kursverläufe, Charts oder Stimmungen. Allerdings tendiert er dazu, sich die Dinge zu vereinfachen, einerseits um nicht der Gefahr eines lähmenden Information Overloads zu erliegen, andererseits, da für ihn die Gesamtschau stets wichtiger ist als die detaillierte Information.

> Für *Charles W. Smith* ist sich der Trader voll der Komplexität des Marktes bewusst. Andere mögen vielleicht besser informiert sein als er, aber er ist davon überzeugt, eher den richtigen *Riecher* für die oft emotionell bedingten und erratischen Veränderungen im Markt zu haben. Er nähert sich dem Finanzmarkt voller Respekt und auch durchaus selbstkritisch, immer aber mit Freude am Spiel: Ihn reizt die Libido des Marktes, wie Smith ihn charakterisiert. *Smith* gibt dem von ihm skizzierten Archetypen eines Traders den Namen *John Holland*, den Namen jenes ihm zur damaligen Zeit sicher nicht bekannten Informatikers und Wissenschaftsphilosophen, auf den die Charakterisierung des Finanzmarkts als *komplexes adaptives System* zurückgeht. Die Namensgleichheit ist somit höchstwahrscheinlich zufällig.

Eine moderne Spielart des Traders sind die Hochfrequenztrader, deren Hochleistungscomputer die Finanznachrichten der bekannten Agenturen elektronisch auswerten und nach bestimmten Algorithmen selbständig in Kauf- oder Verkaufsaufträge umsetzen. Dabei kommt es darauf an, schneller als die anderen im Besitz der Information zu sein und schneller die Aufträge in das jeweilige Handelssystem einzubringen.

Im Februar 2014 berichtete das Wall Street Journal von einem Vorfall im Dezember zuvor: 150 Millisekunden (ms) nach Börsenschluss (16.00 Uhr) berichtete die Agentur *Business Wire* von unerwartet gesunkenen Quartalsergebnissen eines Unternehmens, dessen Aktien zu $ 122 notierten. Innerhalb von 50 ms wurden von diesem Unternehmen Aktien im Wert von $ 800.000 verkauft und 700 ms nach 16.00 Uhr lag der Kurs bei $ 118. Die an das breite Publikum gerichteten Dienste berichteten 242 ms (Bloomberg), 464 ms (Dow Jones) und etwa 1000 ms (Reuters) nach 16.00 Uhr. Da war das Geschäft schon gelaufen. Eine Millisekunde ist übrigens die Zeitspanne, in der ein Olympiateilnehmer im Hundertmeterlauf etwa einen Zentimeter zurücklegt! Die Finanzmarktaufsichten fast aller Länder beobachten diese Entwicklung mit Sorge und man geht davon aus, dass in absehbarer Zeit dieser Art von Wertpapierhandel klare Grenzen auferlegt werden.

Letztlich ist da auch noch der eine oder andere *Exote*, der die Entwicklung der Aktienkurse vom Lauf der Sterne, von Sonnenfleckenerscheinungen oder von der sich ändernden Rocklänge in der Damenmode abhängig machen will oder der auf Signale aus dem Weltall, auf Klimaveränderungen oder auf Fußballergebnisse setzt. Wir werden später sehen, dass derartige Empfehlungen vielleicht gar nicht so abwegig sind, wie sie auf den ersten Blick erscheinen mögen. Allerdings: Wie in vielen Bereichen des Lebens fällt es auch in der Finanzwelt schwer, eine klare Trennlinie zwischen Glauben und Aberglauben zu ziehen. So ist die Aussage, schwarze Katzen brächten Unglück, nicht grundsätzlich als falsch abzulehnen. Wie so oft kommt es auf die Umstände an: Bei der schwarzen Katze kommt es darauf an, ob man eine Maus ist oder nicht.

2
Im Kern geht es um Information, um sonst nichts

Bei aller Unterschiedlichkeit der Ansätze, in einem Punkt sind sie alle gleich. In der Grundüberzeugung nämlich, *dass* es nützlich sei, mehr und bessere Informationen zu haben als die anderen, mehr zu wissen, mehr Gespür und mehr Erfahrung zu haben, über mehr Menschenkenntnis zu verfügen u.v.m. Seit unseren Kindertagen sind wir dahingehend erzogen worden, dass unser Erfolg im Leben davon abhinge, wie viel wir gelernt haben, wie viel wir wissen, wie sehr wir uns einsetzen, wie gut wir drauf sind. Stets wurde uns eingebläut, dass wir uns umso besser behaupten würden, je härter wir arbeiteten und je besser wir informiert wären. Als eherner Grundsatz unserer Gesellschaft gilt daher: *Wissen ist Macht*. Auch in den Finanzmärkten geht es primär um Wissen, um nützliche Information, wobei mehr davon niemals von Nachteil sein könne.

Wie tief diese Überzeugung nicht nur im Alltagsleben, sondern auch in der Wissenschaft verwurzelt ist, mögen die folgenden beiden Sätze zeigen, die aus zwei früheren Auflagen des renommiertesten und wichtigsten Grundlagenwerks der deutschsprachigen Betriebswirtschaftslehre, dem *Handwörterbuch der Betriebswirtschaftslehre* (HdB), stammen:

> Informationen sind die Rohstoffe der Entscheidungen. Je besser der Entscheidende informiert ist, desto besser ist seine Entscheidung. (HdB 1975)

> Zur Vorbereitung von Entscheidungen benötigt man Wissen. Je höher der Wissensstand [...], desto besser die Qualität der Entscheidung. (HdB 1993)

Die Sätze klingen zunächst überzeugend und sind für die meisten Leser rein intuitiv auch ohne weiteres nachvollziehbar. Manchem mögen sie sogar als trivial und als so selbstverständlich erscheinen, dass sie auszusprechen nachgerade als Peinlichkeit empfunden wird. Vielleicht war das der Grund dafür, dass die Herausgeber der neuesten Auflage dieses Werks vollends auf das Stichwort „Information" verzichtet haben. Dennoch: Für das Verständnis von Kapitalmärkten sind dies ganz zentrale Aussagen und wir sollten uns schon die Mühe machen, ein wenig genauer darüber nachzudenken. Allzu oft hat sich nämlich das, was auf den ersten Blick als selbstverständlich erschien, bei näherem Hinsehen als trügerisch erwiesen.

Vielleicht ist die folgende kleine Überlegung geeignet, erste Zweifel an der Sinnhaftigkeit solch glatter Aussagen zu wecken. Der DAX (Deutscher Aktienindex) deckt den wichtigsten Teil des deutschen Aktienmarkts ab: In diesem bekanntesten deutschen Aktienindex sind alle großen und international bedeutenden Unternehmen der deutschen Volkswirtschaft erfasst.

Der DAX ist ein *Performanceindex* (total return index), d. h. er gibt an, mit welcher *Rendite* ein Kapitalanleger im Schnitt hätte rechnen können, der Aktien aus diesem Marktsegment gekauft hätte. Zu diesem Zweck werden nicht nur die Kursänderungen erfasst, sondern auch die erhaltenen Dividenden, Boni etc. Demgegenüber beschränken sich *Preisindices* (wie z. B. der FAZ-Index) auf die bloße Erfassung der Kursbewegungen und unterschätzen somit die im jeweiligen Markt erzielte Rendite. Das kleine Bespiel in Tab. 2.1 möge den Unterschied verdeutlichen. Betrachten wir einen Markt, der aus den vier Aktien A, B, C und D besteht. Gebildet wird ein Index (Berechnung nach der Methode von *Laspeyres*), gewichtet nach der

Tab. 2.1 Preisindex und Rendite

	Aktien-umlauf	Kursin t_0	Kapitalisierung in t_0	Index	Div/St	Div/gesamt	Kursin t_1	Kurswert in t_1	Portfoliowert in t_1
A	8.000	34	272.000	27,2	1	8.000	36	288.000	296.000
B	10.000	32	320.000	32,0	3	30.000	33	330.000	360.000
C	6.000	24	144.000	14,4	2	12.000	25	150.000	162.000
D	12.000	22	264.000	26,4	1	12.000	26	312.000	324.000
M			1.000.000	100,0				1.080.000	1.142.000
								8,0 %	*14,2 %*

jeweiligen Börsenkapitalisierung. Wir betrachten die Zeitspanne t_0 (1.6.) bis t_1 (31.5. des Folgejahres) mit den jeweiligen Börsenkursen. Die Dividenden (angegeben unter Div/St) werden Ende Mai gezahlt, somit können Zinsen auf die Veranlagung der Dividendenerlöse vernachlässigt werden.

Die Börsenkapitalisierung des Gesamtmarkts (M) ist in diesem Jahr von einer Million auf 1,08 Mio. gewachsen. Somit ist der Preisindex um 8 % gestiegen: Der Aktienbestand ist in t_1 8 % mehr wert als er es in t_0 war. Angesichts der gezahlten Dividenden weist das in t_0 gebildete und bis t_1 gehaltene Portefeuille (bestehend aus den Aktien und einem Konto, auf das die Dividendenerträge geflossen sind) allerdings eine Performance von 14,2 % auf. Dies entspricht der Rendite auf der Basis eines Performanceindex.

Für einen Investor, der in t_0 fünf A-Aktien, vier B-Aktien, drei C-Aktien und sechs D-Aktien gekauft hat, stellt sich die Situation nach einem Jahr wie in Tab. 2.2 gezeigt dar.

Da in seinem privaten Portefeuille (P) der dividendenstärkste Titel B gegenüber dem Index deutlich unterrepräsentiert ist (25,5 % statt 32 %), konnte der Investor zwar den Preisindex übertreffen, blieb aber in der Gesamtperformance hinter dem Markt zurück. Die Unterscheidung in Preis- und Performanceindices ist somit sehr bedeutsam bei der Performanceberechnung von Aktienfonds.

Tab. 2.2 Preisindex und Performancemessung

| Aktien | Kurs in | Portffolio- | Anteil | Div/St | Div/ | Kurs in | Kurswert | Portfoliowert |
	Kauf	t_0	wert in t_0			gesamt	t_1		in t_1
A	5	34	170	33,9	1	5	36	180	185
B	4	32	128	25,5	3	12	33	132	144
C	3	24	72	14,3	2	6	25	75	81
D	6	22	132	26,3	1	6	26	156	162
P			502	100,0				543	572
								8,2 %	13,9 %

Kapitalanleger, die sich im Markt der deutschen Standardwerte engagieren wollen, wählen in aller Regel mit Bedacht und nach reiflicher Überlegung, meist auch erst nach Einholung von fachlichem Rat bei ihrem Vermögensberater oder bei ihrer Bank diejenigen Aktien aus, von denen sie in der nächsten Zeit eine besonders gute (= überdurchschnittliche) Rendite erwarten. Wertpapiere, von denen sie annehmen, dass sie eher hinter dem Markt zurückbleiben oder gar im Kurs fallen, werden sie zu vermeiden suchen oder, sollten sie sich in ihrem aktuellen Portefeuille befinden, verkaufen. Allerdings wird erst die Zukunft erweisen, ob ihre Entscheidungen richtig waren oder nicht: Sie waren richtig, wenn sie überwiegend Wertpapiere gekauft haben, die tatsächlich besser rentiert haben als der Markt, sie waren falsch, wenn das Gegenteil eingetreten ist. Wie lange diese *Zukunft* ist, hängt vom jeweiligen Anlagehorizont des Kapitalanlegers ab. Für einen kurzfristig denkenden Spekulanten mögen das nur wenige Minuten, wenige Tage oder wenige Wochen sein, für jemanden, der auf seine Altersversorgung hin spart, können es Jahre oder Jahrzehnte sein. Der Verwalter eines großen Familienvermögens möge über mehrere Generationen hinweg planen. Für unsere weiteren Überlegungen ist diese Frage von nur untergeordneter Bedeutung.

Es wäre aber auch eine völlig andere Vorgehensweise denkbar. Ein Kapitalanleger könnte die Kaufentscheidungen seinem

Hund überlassen, indem er ihm alle im DAX erfassten Aktien vorliest und immer dann das Papier kauft, wenn sich bei der Nennung der jeweiligen Aktie der Schwanz des Hundes nach rechts bewegt. Geht der Schwanz nach links, wird das Papier nicht gekauft (oder, sofern vorhanden, verkauft). Die Rendite, die dieser Kapitalanleger im kommenden Jahr erzielen wird, ist zwar wie bei seinem überlegenden Kollegen unsicher, aber eine Aussage über ihre Höhe ist durchaus erlaubt: In der statistischen Erwartung wird sie gerade so groß sein wie die des DAX selbst. Da der Hund absolut nichts von Aktien versteht, werden seine *Anlageentscheidungen* unabhängig von irgendwelchen wirtschaftlichen Einschätzungen, Unternehmensdaten, Bilanzkennziffern, Charts etc. getroffen werden. Er wird mit gleicher Wahrscheinlichkeit die einen oder die anderen Aktien gewählt haben: Diejenigen Papiere, die sich als besser erweisen als der DAX, oder diejenigen, die schlechter abschneiden werden.

Mit dem gleichen Erwartungsergebnis (= einer DAX-Rendite) würde derjenige rechnen können, der sein Portefeuille genau so zusammenstellt, wie es dem Index entspricht und der alle Aktien, die im DAX enthalten sind, gemäß der ihren zukommenden Anteile kauft. Ende des Jahres 2014 wären dies gewesen: 9,46 % Siemens, 8,76 % BASF, 3,54 % BMW, 1,25 % Infineon etc. Gegenüber dem *Hundeinvestor* hat er zudem den Vorteil eines wesentlich geringeren Risikos. Seine Rendite wird nämlich in jedem Fall ziemlich genau der DAX-Rendite entsprechen (in finanzwirtschaftlicher Diktion: Sein Portefeuille enthält, bezogen auf den DAX, nur noch systematisches aber kein unsystematisches Risiko mehr). Da in den letzten Jahren die Zahl der Kapitalanleger, die genau eine solche Strategie verfolgen wollen, gewaltig zugenommen hat, bieten die Banken mittlerweile eine Fülle von Instrumenten an, mit denen solche *passiven* Investments einfach und kostengünstig durchgeführt werden können: Indexfonds (ETFs), Indexaktien, Indexzertifikate, Indexfutures etc. auf alle bekannten Indices der Welt.

Würde jetzt wirklich gelten, was oben gesagt wurde, nämlich dass die Qualität einer Entscheidung umso besser ist, je höher das Informations- und Erfahrungsniveau des Entscheiders ist, so müssten alle, deren Wissen höher ist als das des Hundes, längerfristig mit Ergebnissen rechnen können, die besser sind als der Marktdurchschnitt, besser als die Indexrendite. Dass dies offenkundigen Unsinn darstellt, liegt auf der Hand. Es mögen zwar alle mehr wissen als ein Hund (d. h. mehr als nichts) aber es können nicht alle über dem Durchschnitt liegen, genauso wie es mir als Hochschullehrer unmöglich wäre, allen meinen Studenten überdurchschnittlich gute Noten zu geben (ich würde es allerdings selbst dann nicht tun, wenn ich es könnte).

Die Kernfrage der Finanzmärkte war schon immer die nach dem Zusammenhang zwischen Information, Erfahrung und Wissen auf der einen Seite und Renditen auf der anderen Seite. Nahezu alle Bücher über Wertpapieranalyse und -prognose, fast alle Fachseminare, Vortragsveranstaltungen und Fachzeitschriften etc. beschäftigen sich mit diesem Problem: Was muss ein Investor wissen, um besser zu sein als andere, um nachhaltig bessere Entscheidungen (im Sinne guter Renditen bei begrenzten Risiken) treffen zu können? Welche Fertigkeiten sollte er sich anzueignen versuchen? Welcher Informationsquellen sollte er sich bedienen? Welche Methoden sollte er anwenden?

Informationsverarbeitung ist die Haupttätigkeit der meisten Menschen, die mit Finanzmärkten zu tun haben, sei es als Vermögensberater, als Portfoliomanager, als Finanzanalysten oder auch als private Kapitalanleger: Es werden Kurslisten studiert, die Tages- und Wochenpresse gelesen, Rundfunk und Fernsehen verfolgt, das Internet und die elektronischen Informationsdienste konsultiert, Gespräche mit Freunden und Kollegen geführt usw.

Auf die Kernfrage nach dem Zusammenhang zwischen Mühewaltung und Erfolg im Finanzmarkt gibt es allerdings nur zwei mögliche Antworten, zwei Weltbilder, die mit den Regeln des simplen Hausverstands (und der formalen Logik) vereinbar sind:

Weltbild eins: Da die Marktteilnehmer jede, auch noch so gering erscheinende Möglichkeit, Gewinne zu erzielen ausnutzen werden, dürfte in den Kursen bereits alles, was man über die Zukunft wissen kann, korrekt verarbeitet sein. Die Kurse weisen keine Fehler auf, sondern stellen den besten Schätzer für die den Wertpapieren innewohnenden Werte dar. In diesem Fall wird niemand realistischerweise mit besseren als durchschnittlichen Renditen rechnen können, aber auch niemand (auch der *Hund* nicht) Gefahr laufen, sich langfristig mit unterdurchschnittlichen Ergebnissen zufrieden geben zu müssen.

Weltbild zwei: Die Kurse weisen mehr oder minder ausgeprägte *Fehler* (im Sinne von Unter- bzw. Überbewertungen) auf, die man grundsätzlich mit den geeigneten Methoden und unter Aufbietung eines gehörigen finanzwirtschaftlichen Sachverstands aufspüren könnte. In diesem Fall werden die Märkte den Spreu von Weizen trennen: Die besser informierten (fähigen, cleveren, erfahrenen) Investoren erzielen im Schnitt überdurchschnittliche Renditen, die schlechter informierten (unterdurchschnittlich fähigen, unterdurchschnittlich interessierten, unterdurchschnittlich erfahrenen) Investoren zahlen die Zeche und bleiben hinter dem Markt zurück. Dies gilt selbst dann, wenn ihr Informationsniveau, absolut gesehen, durchaus als „hoch" bezeichnet werden darf. Der Hund (oder Indexinvestor) jedoch, der buchstäblich nichts weiß, gehört im Finanzmarkt nicht zu der zweitgenannten Gruppe: Er wird langfristig mit einer durchschnittlichen Rendite und damit mit einem besseren Ergebnis rechnen können als viele andere Investoren, die zwar ein unterdurchschnittliches, aber vielleicht doch ein recht beachtliches Wissen über die Märkte aufweisen. Für einen Großteil der Investoren muss somit gelten: Besser informiert zu sein als der Hund, mehr zu wissen als nichts, ist schädlich!

Nicht mit den Regeln des gesunden Hausverstandes und erst recht nicht mit einfachen Regeln der Logik vereinbar ist *Weltbild drei*, obgleich es gerade das ist, wovon die Verfasser der meisten finanzwirtschaftlichen Schriften ausgehen.

Weltbild drei: Im Finanzmarkt kommt es letztlich nur darauf an, besser zu sein als der andere. Wer mehr von den Märkten weiß und versteht, wird besser abschneiden als diejenigen, die weniger oder sogar gar nichts davon verstehen. Da der interessierte Investor oder der Anlageberater einer durchschnittlichen Bank mit Sicherheit mehr weiß als der Hund, kommt er im Schnitt auch zu besseren Ergebnissen als dieser. Da aber der Hund wie der Indexinvestor mit einem dem Markt entsprechenden Ergebnis rechnen kann, folgt daraus, dass alle anderen mit einem Ergebnis über dem Marktdurchschnitt rechnen können.

Dass dies offenkundigen Unsinn darstellt, liegt auf der Hand. Die beiden Hauptkapitel des Buchs werden sich daher mit *Weltbild eins* und *Weltbild zwei* befassen. Auf *Weltbild drei* werden wir, begleitet von staunendem Kopfschütteln, nur mit knappen Worten zurückkommen.

3
Zur Lage der akademischen Finanztheorie: ein prächtiges Haus ohne Erdgeschoss

Die akademische Finanzlehre orientiert sich überwiegend an *Weltbild eins*, der sogenannten Hypothese informationseffizienter Märkte. Ein informationseffizienter Finanzmarkt (oft auch nur *effizienter Markt*) ließe zu jedem Zeitpunkt alle verfügbare Information in die Wertpapierkurse einfließen, sodass niemand einen Vorteil aus einem etwaigen Informationsvorsprung haben könne. Die Hypothese des informationseffizienten Marktes, englisch die *Efficient Markets Hypothesis* (EMH), bildet die Grundlage der modernen finanzwirtschaftlichen Theoriebildung. Es ist sicher kein Zufall, dass dieses Denkmodell vornehmlich an der Universität Chicago, der Hochburg eines radikal marktwirtschaftlichen Denkens, entwickelt wurde. Es ist Ausdruck eines geradezu emphatischen Glaubens an die Funktionsfähigkeit von Finanzmärkten und hat entscheidend dazu beigetragen, dass *Finance* zur erfolgreichsten Teildisziplin der Sozial- und Wirtschaftswissenschaften geworden ist: Seit den 90er-Jahren wurde der Nobelpreis für Ökonomie an mehr als zehn Forscher vergeben, deren Arbeiten im Bereich der Finanzökonomie liegen. Korrekterweise müsste man eigentlich den Preis als „Preis der schwedischen Reichsbank in Wirtschaftswissenschaft zur Erinnerung an Alfred Nobel" bezeichnen, da er nicht von Nobel selbst, sondern erst in den 60er-Jahren von der schwedischen Nationalbank gestiftet wurde. Die Bezeichnung „Wirtschaftsnobelpreis" hat sich allerdings mittlerweile eingebürgert.

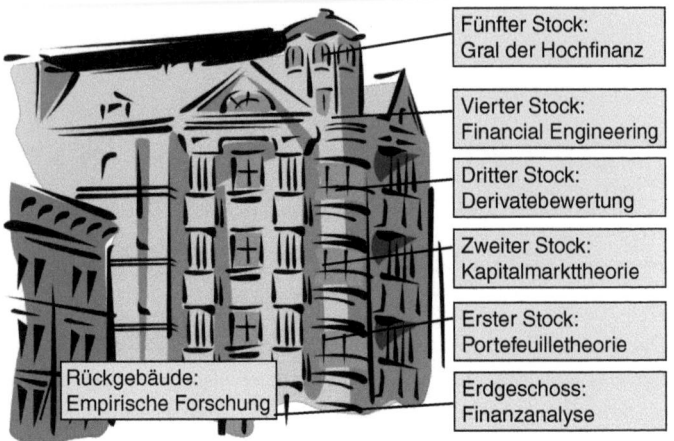

Abb. 3.1 Das finanzwirtschaftliche Haus

Doch obwohl in den vergangenen vier Jahrzehnten ein durchaus beeindruckendes theoretisches Gedankengebäude entwickelt werden konnte, das von der Praxis begeistert aufgenommen und umgesetzt wurde und an dem auch noch immer weitergearbeitet wird, befindet sich das Fach derzeit eher in einer Umbruchsituation. Diese hat ihre Ursache nicht zuletzt darin, dass die Antworten, die die Finanztheorie angesichts der schweren Finanzkrise der letzten Jahre zu geben hatte, weithin als unzureichend eingeschätzt wurden. Das Gebäude der Finanztheorie beginnt nämlich erst ab der Belle Étage so richtig schön zu werden. Das Erdgeschoss ist vergleichsweise dürftig ausgestattet, wenn nicht sogar inexistent.

Gehen wir anhand der Abb. 3.1 die einzelnen Stockwerke des Hauses einmal kurz durch, um uns ein wenig zurechtfinden zu können:

- *Erdgeschoss:* Die Grundlage aller weiterführenden finanzwirtschaftlichen Überlegungen ist die Bewertung einzelner Wertpapiere (assets), zu der es mit dem Barwertansatz ein

theoretisch durchaus schlüssiges Modell gibt. Der Wert einer Aktie entspricht nach dieser Vorstellung allen in der Zukunft erwarteten Dividenden, abgezinst mit dem Zinssatz, der dem Risiko der jeweiligen Aktie gerecht wird.
Leider ist aber dieses Modell praktisch kaum umsetzbar. Das Barwertmodell gibt zwar an, wie der Abzinsungsvorgang rechnerisch durchzuführen ist, sagt aber nichts darüber aus, wie ein einzelner Investor die in der Zukunft erwarteten Dividenden und sonstigen Zahlungen bestimmen soll, die dann abzuzinsen wären: Niemand kann auch nur annähernd solide die Dividende eines deutschen Automobilherstellers in fünfzehn Jahren abschätzen. Es sagt auch nichts darüber aus, ob sich die Mühe, derartige Schätzungen zu versuchen, überhaupt lohnt. Und es sagt, wenn es sich lohnen sollte, nichts darüber aus, für wen es sich lohnen könnte. Dementsprechend *theorielos* sind die Lehrbücher über Fundamentalanalyse: Sie beschränken sich mehr oder minder auf eine Auflistung, Beschreibung und Würdigung von Indikatoren und (meist dem Financial Report zu entnehmenden) Kennziffern, die bei der Aufbereitung finanzwirtschaftlich relevanter Daten hilfreich sein könnten. Viele finanzwirtschaftliche Lehrbuchautoren ersparen es daher sich und ihren Lesern, sich mit solch niederen Dingen auseinandersetzen zu müssen, sie führen sie gleich in die oberen Stockwerke. Es wäre aber verhängnisvoll, daraus zu schließen, dass finanzwirtschaftliche Theorie oder finanzwirtschaftliche Praxis auch ohne ein intensives Bemühen um eine verständige Finanzanalyse auskommen könne. Sie können es nicht. Die Grundlagen, ohne die alles andere fragwürdig ist, werden allemal im Erdgeschoss erarbeitet.
- Im *ersten Obergeschoss* sieht es schon hübscher aus, wir sind tatsächlich in der Belle Étage unseres finanzwirtschaftlichen Hauses. Hier befindet sich die in den 50er-Jahren von *Markowitz* (geb. 1927) und *Tobin* (1918–2002) entwickelte *Moderne Portefeuilletheorie* (MPT), die sich mit der Bewertung von Ak-

tienbündeln, mit *Portefeuilles* befasst. Mit der Portefeuilletheorie wurde erstmals das versucht, was heute in vielen Bereichen der Managementlehre unter den Begriffen *vernetztes Denken* oder *ganzheitliche Methode* bekannt ist: Ein Wertpapier kann niemals aus sich selbst bewertet werden, sondern stets nur vor dem Hintergrund des Portefeuilles, in das es eingefügt werden soll. Die praktische Anwendung der Portefeuilletheorie unterstellt jedoch, dass der Investor über verlässliche Daten bezüglich der erwarteten Renditen, Einzelrisiken (Varianzen) und gemeinsamen Risiken (Kovarianzen) aller in die Analyse einbezogenen Aktien verfügt. Bei einem Anlagehorizont von nur 1000 Einzeltiteln (angesichts der globalen Anlagemöglichkeiten eine geringe Zahl!) wären das mehr als eine halbe Million Daten, die permanent gewartet und auf den neuesten Stand gebracht werden müssten. Da diese Datenflut aus dem Erdgeschoss geliefert werden müsste, aber aus verschiedenen (grundsätzlichen wie wirtschaftlichen) Gründen nicht geliefert werden kann, verfehlt die MPT in der Praxis ihren ursprünglichen Anspruch. Nur sehr vereinzelt ist ernsthaft versucht worden, das Modell der Portfolio Selection in seiner ursprünglichen Form praktisch anzuwenden.

Gleichwohl hat die MPT weltweit die Praxis enorm befruchtet, da sie dazu beigetragen hat, Zusammenhänge besser zu verstehen, die vorher allenfalls erahnt wurden. Bei vielen Banken und Finanzberatern hat man daher heute den Eindruck, erst einmal ein Gratisseminar in Portefeuilletheorie zu erhalten, bevor das eigentliche Veranlagungsgespräch beginnt. Auch würde niemand aus dem Geschäftsfeld Vermögensverwaltung zugeben, dass ihm die MPT nicht bestens vertraut wäre. Verschwiegen wird allerdings, dass man über die zu ihrer Anwendung notwendigen Daten nicht wirklich verfügt und auch aus guten Gründen keinerlei Anstrengungen unternimmt, sie zu gewinnen.

- Das *zweite Obergeschoss* ist besonders elegant und erlesen ausgestattet: Es beherbergt die unmittelbar aus der Portefeuilletheorie hervorgegangene Kapitalmarkttheorie. Das berühmte Capital Asset Pricing Model (CAPM) von *Sharpe* (geb. 1934), *Lintner* (1916–1983) und *Mossin* (1936–1987) wirft die Frage auf, wie unter idealen Marktbedingungen einzelne Aktien bewertet werden müssten, wenn alle Marktteilnehmer das, was im ersten Stock als Ausdruck rationalen Verhaltens gelehrt wird, beherzigen, wenn sie also ihre Anlageentscheidungen portefeuilletheoretisch fundieren. Damit stellt sich aber wieder die Frage nach den Basisdaten aus dem Erdgeschoss: Ohne die Annahme, es sei gut und mit Erfolg Fundamentalanalyse betrieben worden, hängt auch die Kapitalmarkttheorie und damit das ganze Haus buchstäblich in der Luft. Gleichwohl gilt das CAPM als eines der Kronjuwelen der wirtschaftswissenschaftlichen Theoriebildung und hat auch das praktische Denken stark geprägt. Insbesondere der Beta-Faktor, das Maß für das systematische, nicht weiter diversifizierbare Risiko einer Aktie hatte überall in die Praxis Eingang gefunden und man hält an diesem zentralen Risikomaß selbst jetzt noch fest, obschon so gut wie nichts mehr für seine empirische Gültigkeit spricht. Die trotzige Reaktion vieler Praktiker: Beta is dead, long live Beta!
- Im *dritten Obergeschoss* wird es sehr technisch-mathematisch und zur großen Freude vieler Finanzwirtschaftler ungemein exakt: Hier befinden sich die Theorien zur Bewertung von Terminkontrakten (Optionen, Futures, Swaps). Noch nie hat es in der Geschichte der Wirtschaftswissenschaften ein theoretisches Modell gegeben, das so schnell und umfassend von der Praxis angenommen und umgesetzt wurde wie die Theorie der Optionsbewertung von *Black* (1938–1995), *Scholes* (geb. 1941) und *Merton* (geb. 1944). *Scholes* und *Merton* wurden 1997 mit dem Nobelpreis für Wirtschaftswissenschaften ausgezeichnet. Da *Black* zu diesem Zeitpunkt bereits verstorben

war, konnte er den Preis, der nie posthum verliehen werden darf, nicht erhalten. Der Aufsatz *The Pricing of Options and Corporate Liabilities* von *Fisher Black* und *Myron Scholes* erschien im Frühjahr 1973 im Journal of Political Economy und bereits im Herbst desselben Jahres waren Magnetstreifen für die programmierbaren Taschenrechner erhältlich, die mit der heute weltberühmten Black-Scholes-Formel bestückt waren und von den Pionieren unter den Praktikern begeistert aufgenommen wurden. Heute gibt es weltweit wohl niemanden mehr, der professionell mit derivativen Wertpapieren zu tun hat und sich nicht dieser Theorie bzw. einer ihrer vielfältigen Weiterentwicklungen bedient. Die Black-Scholes-Formel berechnet den Wert einer Option für den Fall, dass das der Option zugrunde liegende Wertpapier (Aktie, underlying) korrekt bewertet ist. Selbstverständlich setzt auch das wieder voraus, dass die Marktteilnehmer im Kassamarkt für diese Titel mit Erfolg Fundamentalanalyse durchgeführt haben und es für sie auch vorteilhafter war, dies zu tun, als es bleiben zu lassen. All das wirft Fragen auf, die im Erdgeschoss hätten geklärt werden müssen, aber leider nicht geklärt wurden.

- Im *vierten Obergeschoss* bleibt es mathematisch, wird aber zugleich ungeheuer praktisch. Hier ist der Arbeitsplatz der *Quants* und der *Econophysicists*, die heute nicht mehr nur von den guten Business Schools kommen, sondern zunehmend aus verschiedenen Fachdisziplinen stammen: Angewandte Mathematik, Physik, Computerwissenschaft und Programmierung, Evolutionsbiologie u.v.m. Die im dritten Stock entwickelten Bausteine, überwiegend aus der Welt der Derivate, werden immer wieder aufs Neue zu innovativen und mehr oder minder nutzvollen ‚strukturierten Produkten' zusammengefügt. So wie der Ingenieur aus Grundmaterialien und unter Beachtung der zentralen physikalischen Prinzipien neue Gerätschaften erstellt, ist es der Financial Engineer, der kreative Antworten auf ganz spezifische Probleme der Praxis finden muss. Hier sind leider auch viele der Produkte entstanden, die als Treibsatz für die Finanzkrise gewirkt hatten, weil sie Verbreitung fanden, längst bevor die Anwender sie wirklich verstanden hatten. Nicht selten erschallte der Verzweiflungsruf aus Goethes Zauberlehrling: „Herr, die Not ist groß! Die Geister, die ich rief, Werd' ich nun nicht los." Zum Teil gilt das auch heute, viele Jahre nach Ausbruch der Finanzkrise.

- Was im *fünften Obergeschoss* passiert, wo der heilige Gral der Finanzwirtschaft aufbewahrt und streng gehütet wird, weiß ich leider nicht. Ich glaube allerdings nicht mehr sehr viel, nachdem die Finanzkrise die Hoffnung auf die Beherrschbarkeit der Finanzmärkte stark hat schwinden lassen. Ich wünschte, dass hier *Nicholas Taleb* (geb. 1960) eingezogen wäre, der Verfasser des internationalen Bestsellers *Der Schwarze Schwan* und große Skeptiker gegenüber der Illusion der allseitigen Berechenbarkeit von Marktprozessen und der Wirksamkeit des modernen, stark quantitativ ausgerichteten Risikomanagements. *Taleb* hat, obwohl selbst Statistiker und Professor für Risikomanagement an der Universität New York, stets eindringlich davor gewarnt, künftige Risiken im Wesentlichen durch Fortschreibung einer statistisch erfassten Vergangenheit identifizieren zu wollen. Dass *Taleb* tatsächlich im fünften Obergeschoss des finanzwirtschaftlichen Hauses Einzug gehalten haben sollte, ist jedoch leider reines Wunschdenken. *Talebs* Skepsis gegenüber der mathematischen Beherrschbarkeit finanzwirtschaftlicher Prozesse stößt nach wie vor bei den meisten mathematikverliebten Vertretern des finanzwirtschaftlichen Mainstreams auf schroffe Ablehnung.
- Im *Rückgebäude* befindet sich die Werkstatt. Sie ist vom Erdgeschoss über den Hof gut zu erreichen und hier arbeiten die *Handwerker*, die sich mit der empirischen Kapitalmarktforschung befassen, sich also der *wirklichen Welt* zuwenden und mit ungeheurem Aufwand Millionen und Millionen von Daten aus den Finanzmärkten erfassen, analysieren und interpre-

tieren. Wer allerdings glaubt, dort eindeutige Antworten auf die im Hauptgebäude gestellten und nicht gestellten Fragen zu bekommen, wird einigermaßen enttäuscht sein. Die Realität unserer Finanzmärkte ist offenbar viel zu sperrig, um ihr so einfach mit dem Instrumentarium der empirischen Wirtschaftsforschung beikommen zu können. Es finden sich nämlich gleichermaßen empirische Hinweise (manche sagen vollmundig *Beweise*) für *Weltbild eins* wie für *Weltbild zwei*. Für *Weltbild drei* allerdings, das sei zur Ehrenrettung der *Handwerker* gesagt, findet sich kein empirischer Beleg.

Das Wachstum dieses Hauses konnte ich mein Leben lang beobachten und begleiten. Es war ein überaus dynamischer Prozess mit einer ungeheuren wissenschaftlichen Faszination. Umso mehr bin ich allerdings heute davon überzeugt, dass die wesentlichen Probleme, die es zu lösen gilt, nicht in den oberen Geschossen, sondern nur im Erdgeschoss vernünftig angegangen werden können. Dort nämlich, wo das entsteht, auf dem alles andere aufbaut: Ein verlässliches Wissen über die Werthaltigkeit der einfachen, grundlegenden Titel, der – wie es im Finanzjargon heißt – *Underlyings*.

4
Was will das vorliegende Buch?

Das vorliegende Buch ist daher ein ausgesprochenes Erdgeschossbuch. Wir werden ab und zu Gelegenheit haben, in das Rückgebäude zu gehen, im Wesentlichen werden wir uns aber im Erdgeschoss aufhalten, die oberen Stockwerke werden wir doch eher den feinen Herrschaften der akademischen Finanztheorie überlassen. Der manchmal angesagte Besuch im Rückgebäude ist aber aus mehrfachen Gründen interessant: Er erlaubt uns einen oft heilsamen (wenngleich nicht immer ungetrübten) Blick auf die Realität und er zwingt uns, auch dann Erklärungen für Marktphänomene zu suchen, wenn diese mit unseren hergebrachten Theorien nicht so ohne Weiteres in Einklang zu bringen sind. Der in jüngerer Zeit viel beachtete Behavioral-Finance-Ansatz ist auf diese Weise entstanden: Als Antwort auf eine Fülle von empirisch festgestellten Erscheinungen in den Märkten, die mit dem in den 60er- und 70er-Jahren entwickelten theoretischen Instrumentarium nicht zu erklären waren, aber auch nicht einfach als zufällige Schrulligkeiten abgetan werden konnten. Genau hierin dokumentiert sich der Übergang von dem die akademische Finanzwirtschaftslehre bislang dominierenden *Weltbild eins* in das vielleicht realistischere *Weltbild zwei*:

- Die Märkte sind zwar beeindruckend gute Informationsverarbeitungssysteme, sie sind aber alles andere als perfekt.
- Die Marktteilnehmer entscheiden im Großen und Ganzen zwar durchaus vernünftig, neigen aber immer wieder auch zu individuellem und, schlimmer noch, kollektivem Fehlverhalten.

Die Beschränkung auf das Erdgeschoss macht es möglich, in diesem Buch weitestgehend ohne Mathematik auszukommen, denn es ist oft die exzessive Verwendung mathematischer Symbole und Formeln, die viele Leser von der Lektüre seriöser finanzwirtschaftlicher Texte abschreckt und in die Arme der *Weltbild-drei-*Autoren mit ihren unzähligen Börsenratgebern treibt. Mit dem Verzicht auf Mathematik darf jedoch nicht ein Verzicht auf wissenschaftliche Redlichkeit einhergehen und so getan werden, als gäbe es die Probleme nicht, auf die es keine einfachen Antworten gibt. Finanzmärkte sind nun einmal höchst komplexe Konstrukte unserer Gesellschaft, die gedanklich zu durchdringen nicht ganz einfach ist: Viele Probleme erweisen sich als Puzzles, als kleine Denksportaufgaben, die zu lösen zudem den Mut erfordern, sich von gewohnten Denkmustern und Schablonen zu lösen. Dies zu tun, dazu lädt dieses Buch ein. Dabei kann es nicht ausbleiben, dass wir uns auch das eine oder andere Mal intensiver um Theorie bemühen werden müssen. Dies zu tun lohnt sich insbesondere für denjenigen, dem es primär um Hilfe bei seinen praktischen Anlageentscheidungen geht. Es gibt nämlich keine sinnvolle Praxis ohne eine dahinter stehende sinnvolle Theorie. Sinnvoll ist die Theorie aber nur dann, wenn sie der Praxis als Richtschnur dienen kann.

Das Buch ist in zwei Teile gegliedert, entsprechend den Sichtweisen, mit denen man sich den Finanzmärkten nähern kann:

- Einmal mit der Sichtweise perfekt funktionierender, informationseffizienter Märkte, in denen Informationsvorteile einzelner Investoren nicht existieren können, weil die Kurse alle verfügbaren Informationen zu jedem Zeitpunkt bereits in vollem Umfang und ohne Zeitverzögerung widerspiegeln (*Weltbild eins*).
- Zum anderen mit der Sichtweise eben nicht so perfekter, sondern teilweise fehlerbehafteter Märkte, in denen es erkennbare Fehlbewertungen der gehandelten Wertpapiere geben kann und in denen informiert zu sein einen Vorteil oder auch einen Nachteil bedeutet (*Weltbild zwei*).

Auf die heile Welt von *Weltbild drei*, in der der besser informierte und erfahrenere Investor sich grundsätzlich im Vorteil gegenüber seinem schlechter informierten und weniger erfahreneren Kollegen befindet, werden wir nur kurz zurückkommen. Eine solche Sichtweise verstößt, obwohl sie weit verbreitet ist, gegen elementare Prinzipien der Logik.

Vor dem Hintergrund des so erworbenen Wissens über die Funktionsweise eines Kapitalmarkts werden wir den Versuch unternehmen, acht ganz konkrete und für jedermann umsetzbare Handlungsmaximen zu formulieren, die zwar nicht darauf ausgerichtet sind, besser sein zu wollen als der Markt, wohl aber besser als alle diejenigen, die beim Versuch, den Markt zu schlagen, notwendigerweise scheitern müssen.

Teil II

Informationseffiziente Märkte
(Weltbild eins)

5
Einladung zur Überschreitung des Kamms

Soviel dürfte bereits jetzt schon klar geworden sein: Bei *Weltbild eins* handelt es sich um eine sehr perfekte, vielleicht sogar zu perfekte Vorstellung von der Welt der Finanzmärkte und mancher Leser wird sich fragen, wozu er sich mit etwas beschäftigen soll, was doch wahrscheinlich mit der Realität unserer Finanzmärkte nur wenig zu tun hat. Er könnte daher geneigt sein, sich gleich dem zweiten Teil zuzuwenden. Hier ist in zweierlei Hinsicht Vorsicht geboten:

* Alle empirischen Befunde, die von der empirischen Kapitalmarktforschung (den emsigen Damen und Herren aus dem Rückgebäude) in den vergangenen 50 Jahren vorgelegt wurden, deuten darauf hin, dass die Kapitalmärkte ein äußerst hohes Maß an Bewertungseffizienz aufweisen. Damit wäre die Annahme vollständiger Effizienz eine gute, wenn nicht sogar die beste Annäherung an die tatsächliche Beschaffenheit von Finanzmärkten. Sie vermittelt sicherlich ein besseres Bild von der Realität als ein Ansatz, der wie selbstverständlich davon ausgeht, dass die Marktpreise Fehlbewertungen aufweisen, die man nur zu erkennen und gewinnbringend für sich auszunutzen brauche. Auch die starke Akzeptanz, die das Effizienzdenken nach anfänglichem Zögern in der Praxis gefunden hat, spricht eine beredte Sprache: Die mit Abstand dynamischste

Entwicklung der letzten Jahre haben an allen Kapitalmärkten der Welt die Indexfonds, insbesondere die börsennotierten Exchange Traded Funds (ETF) zu verzeichnen gehabt. Es handelt sich dabei um Finanzinstrumente, die sich in ihrem Selbstverständnis offenkundig an der These informationseffizienter Märkte orientieren: Wenn es durch aktives Management, d. h. durch gezielte Auswahl der in ein Portefeuille hineinzunehmenden Titel nicht möglich ist, besser abzuschneiden als der Markt, dann ist ein passiver Ansatz deswegen einem aktiven Portefeuillemanagement überlegen, weil er keine Kosten verursacht. Ein großer und noch immer wachsender Teil des praktischen Portefeuillemanagements in allen entwickelten Finanzmärkten der Welt orientiert sich offenbar an *Weltbild eins*, wenngleich der größte Teil der Kapitalanleger, die von *Weltbild zwei* ausgehen, einen noch deutlich ausgeprägteren Anreiz zur Wahl von indexgebundenen Veranlagungsformen haben dürfte. Warum das so ist, wird uns im Zusammenhang mit Weltbild zwei deutlich werden.

- Ein tieferes Verständnis des realen Finanzmarktgeschehens ist wahrscheinlich nur dem möglich, der das reine Modell von *Weltbild eins* richtig verstanden hat. Das Infragestellen der Effizienzthese in den vergangenen 20 Jahren und das Aufkommen des Behavioral-Finance-Ansatzes hat viele Praktiker und erstaunlicherweise auch manche Theoretiker veranlasst, zurückzukehren zu den alten Glaubenssätzen, man müsse nur die fehlbewerteten Titel aufspüren und könne so mit wenig Mühe reich werden (*Weltbild drei*). Endlich war der Spuk der nihilistischen Effizienztheorie vorbei und man konnte wieder guten Gewissens daran gehen, den Markt *auszuperformen*. Wie selbstverständlich sah man sich selbst auf der Siegerseite. Dass man beim Versuch, besser sein zu wollen als der Markt, allzu leicht in die Position dessen gerät, der von noch Clevereren (horribile dictu) *ausperformt* wird, wurde schlicht übersehen oder unbewusst verdrängt. Auch dass der Markt stets nur ein

Nullsummenspiel um die durchschnittliche Marktrendite ist, wird nur demjenigen bewusst werden, dem das Denken in Kategorien effizienter Märkte hinreichend vertraut ist.

Wer am Fuße eines Gebirges lebt, sieht über sich die unwirtlichen, schroffen und schneebedeckten Höhen, die zu betreten und zu überqueren alles andere als attraktiv ist. Gleichwohl wird er vermuten, dass es sich auf der anderen Seite des Gebirges vielleicht anders, aber ähnlich angenehm leben lässt als bei sich zu Hause. Wissen wird er es allerdings nur, wenn er es tut, wenn er tatsächlich die Mühen auf sich nimmt, hinüberzugehen. Ein bisschen ähnlich ist es mit der Finanztheorie. Zwischen *Weltbild eins* und *Weltbild zwei* liegt ein Kamm, über den man hinüber muss: Drüben ist zwar vieles gleich wie hier (z. B. überdurchschnittliche Renditen sind hier wie dort möglich), dennoch ist es hinter den Bergen auch anders als vor ihnen. Wer sich nicht die Mühe macht, hinüberzugehen, wird nie verstehen, warum.

Alle Leser sind eingeladen, den Weg über den Bergkamm mitzugehen. Erst geht es hinauf und wir werden ein wenig von der sauberen, aber auch etwas dünnen Luft des wirtschaftstheoretischen Hochgebirges atmen. Auf der anderen Seite geht es wieder hinunter, die Luft wird wieder etwas schmutziger, eben *menschlicher, realistischer* und, wenn wir das überstanden haben, auch reicher und gedanklich nachvollziehbarer. Aber da sind wir noch nicht. Machen wir uns daher erst einmal auf den steilen Weg nach oben, es lohnt sich.

6
Der Ursprung und der Staub der Sorbonne

Im Jahre 1900 hat der Mathematiker *Louis Bachelier* (1870–1946) an der Pariser Universität Sorbonne eine Dissertation mit dem Titel *Théorie de la spéculation* vorgelegt, eine Arbeit, die von *Henri Poincaré*, dem zu seiner Zeit wohl renommiertesten Mathematiker der Welt begutachtet wurde. *Poincaré* merkt in seinem Gutachten an, dass die Arbeit sehr weit weg von dem liege, was üblicherweise Gegenstand mathematischer Dissertationen ist. Man merkt schnell, dass *Poincaré* (1854–1912) mit den ökonomischen Überlegungen *Bacheliers* nicht viel anfangen konnte. Gleichwohl nahm er die Arbeit als Dissertation an, allerdings nicht mit einem *très honorable*, was es dem Verfasser erlaubt hätte, an der ehrwürdigen Sorbonne in Paris Fuß zu fassen. Erst im Alter von 57 Jahren bekam *Bachelier* eine Professur an der kleinen Universität in Besançon, an der er bis 1937 lehrte. Seine Dissertation fiel – wie so viele – alsbald dem Staub der Archive an der Sorbonne anheim. Erst 1954 stöberte der Mathematiker und Entscheidungstheoretiker *Leonard Savage* (1917–1971) in den Altbeständen der Universität Chicago und stieß auf ein unscheinbares Büchlein über Glücksspiele, das ihn sofort faszinierte und das er dem berühmten Ökonomen (und späteren Nobelpreisträger) *Paul Samuelson* brachte. E handelte sich um eine Schrift von *Bachelier* aus dem Jahr 1914, in der dieser auch auf seine ursprüngliche Dissertation verwiesen hatte. *Samuelson* ließ sich den Originaltext der Dissertation aus Paris besorgen und erkannte sofort dessen wissenschaftshistorische Bedeutung: Die *Théorie de la spéculation* von *Louis Bachelier* gilt heute als der Ursprung modernen finanzwirtschaftlichen Denkens. Für *Benoît Mandelbrot* (1924–2010), den Erfinder der fraktalen Mathematik und Verfasser von *Fraktale und Finanzen* (lt. Financial Times das beste Wirtschaftsbuch des Jahres 2005), war *Bachelier* schlicht ein Genie, dessen Schicksal es war, seiner Zeit viel zu weit voraus gewesen zu sein.

Die Arbeit ist aus zweierlei Gründen bemerkenswert: Zum einen entwickelt *Bachelier* Jahre vor *Albert Einstein* (1879–1955) die mathematischen Grundlagen von Diffusionsprozessen, insbesondere der Brown'schen Bewegung, die er auf den Finanzmarkt übertrug. Damit war die Grundlage dessen gelegt, was heute als Random-Walk-Eigenschaft (Zufallspfadeigenschaft) von Aktienkursverläufen bezeichnet wird. Zum anderen entwickelt er erste Grundlagen zur Bewertung von Termingeschäften, in denen bereits vieles von dem vorweggenommen wurde, was 73 Jahre später als *Black-Scholes*-Bewertungsgleichung für Optionen bekannt werden sollte. Im Folgenden interessiert uns allerdings lediglich der erstgenannte Aspekt.

Der Kernsatz in der Arbeit von *Bachelier* lautet: Die mathematische Gewinnerwartung eines Spekulanten ist null (L'espérance mathématique du spéculateur est nulle). Die Wahrscheinlichkeit dafür, dass ein Kapitalanleger sich für Aktien entscheidet, die ihm später überdurchschnittliche Renditen bescherten, ist ebenso groß wie die Wahrscheinlichkeit dafür, dass sich überwiegend unterdurchschnittlich gute Titel in seinem Portefeuille befinden. Dies ist der Fall, da der Markt als ganzer niemals an eine Hausse (Kursanstieg) oder an eine Baisse (Kursverfall) glauben kann: Zu jedem Moment gibt es so viele Käufer wie Verkäufer, so dass sich ihre Volumina gerade entsprechen. Die einen gehen von dem einen, die anderen von dem anderen aus. Daraus folgt dann auch, dass der aktuelle Aktienkurs derjenige ist, der, von Zinseffekten abgesehen, nach Einschätzung des Marktes auch in der Zukunft herrschen wird.

Es ist offenkundig, dass der Kurs, den der Markt für am wahrscheinlichsten hält, dem tatsächlich notierenden Kurs entspricht; würde der Markt von einer anderen Einschätzung ausgehen, so müsste ein anderer Kurs, ein höherer oder ein niedrigerer notieren. („Il est évident que le cours consideré par le marché comme le plus probable est le cours vrai actuel: si le marché en jugerait autrement, il côterait non pas ce cours, mais un autre plus ou moins élevé", Louis Bachelier, Théorie de la spéculation, Paris 1900, S. 34).

Somit verlaufen Aktienkurse gerade so, als wären sie zufällig erzeugt worden, denn wenn alles, was man heute wissen kann, im derzeitigen Kurs korrekt verarbeitet ist, kann der Unterschied zwischen dem heutigen und dem morgigen Kurs nur darauf zurückgeführt werden, dass zwischenzeitlich neue, heute noch nicht vorhersehbare Information den Markt erreicht hat. Derartige Information ist aber aus heutiger Sicht zufälliger Natur.

Die Arbeit war den Wirtschaftswissenschaftlern seiner Zeit nicht bekannt und schon gar nicht den mehr oder minder professionellen Akteuren an den Wertpapierbörsen. Es ist aber anzunehmen, dass sie, selbst wenn man sie gekannt hätte, auf breite Ablehnung gestoßen wäre. Ihre Schlussfolgerungen wären den meisten als nachgerade absurd erscheinen! Als Ökonom wusste man doch, dass sich die Kurse von Wertpapieren nach den Gesetzen von Angebot und Nachfrage bilden und dass diejenigen Marktteilnehmer, die tatsächlich Angebot bzw. Nachfrage entfalten, dies aufgrund wohlüberlegter und am eigenen Vorteil orientierter Entscheidungen tun. Damit schien unstreitig, dass die Kursentwicklungen nicht zufälliger Natur sein könnten, sondern klar definierten ökonomischen Gesetzmäßigkeiten folgen müssten. Selbst wenn man unterstellte, dass die Entscheidungen doch nicht so sehr von rationalem Kalkül, sondern großteils auch von Irrationalitäten und massenpsychologischen Effekten geprägt waren: Zufällig sind sie nicht zustande gekommen und deswegen können sie, so die feste Überzeugung der Praktiker wie Theoretiker, auch nicht zufällig verlaufen.

Die Zeit hat geurteilt: Heute tragen zwei der wichtigsten und renommiertesten finanzmathematischen Fachgesellschaften den Namen von *Louis Bachelier*: Auf der einen Seite die international tätige *Bachelier Society* (www.bachelierfinance.org) und auf der anderen Seite das 2008 in Frankreich gegründete und auf finanzwirtschaftliche Forschung ausgerichtete *Institut Louis Bachelier* (www.institutlouisbachelier.org). Einem Genius wird so posthum die ihm gebührende Ehre erwiesen. Endlich.

7
Die Random-Walk-These: Aktienkurse folgen dem Zufall

Unstrittig gilt damit *Bachelier* als Begründer einer These, die wie kaum eine andere in den Sozial- und Wirtschaftswissenschaften zu heillosen Verwirrungen und zu lebhaften Diskussionen geführt hat: Die Random-Walk-These oder These vom Zufallsverlauf der Aktienkurse. Untersuchungen, die in den 30er-Jahren von amerikanischen Forschern (z. B. *Working, Cowles/Jones*), denen die Arbeit von *Bachelier* selbstverständlich nicht bekannt war, durchgeführt wurden, führten zu dem Ergebnis, dass reale Aktienkurse nicht von solchen zu unterscheiden sind, die durch einen Zufallsmechanismus erzeugt werden.

> In den 80er-Jahren des letzten Jahrhunderts habe ich, inspiriert von *Workings* Arbeiten, mit verschiedenen Finanzanalysten, insbesondere solchen, die sich methodisch zur technischen Wertpapieranalyse bekannten, einen kleinen Test durchgeführt: Auf einem großen Blatt waren 20 verschiedene Kursverläufe abgebildet, von denen zehn echte Aktienkurse an europäischen Börsen waren, die anderen zehn hingegen im Computer erzeugte Random Walks. Das war den Analysten bekannt. Sie wurden nun aufgefordert, bei jedem Kursverlaufsbild anzugeben, ob es sich dabei um ein Zufallsergebnis oder eher um einen echten Börsenchart handelte. Im Ergebnis wurden von den Teilnehmern alle Charts, unabhängig von ihrem tatsächlichen Typus, mit in etwa gleicher Wahrscheinlichkeit der einen oder

der anderen Kategorie zugeordnet. Dies legt die Vermutung nahe, dass selbst erfahrene Analysten nicht in der Lage sind, echte Aktienkurse von Zufallsverläufen zu unterscheiden.

Sehen Sie sich einmal die vier Kursverläufe in Abb. 7.1 an. In allen Fällen umfassen die Charts etwa 500 Notierungen, was bei Tagescharts in etwa zwei Börsenjahren entspricht. Zwei der Verläufe sind im Computer entstanden, zwei sind tatsächliche Aktienkurse. Können Sie die beiden echten Kursverläufe identifizieren?

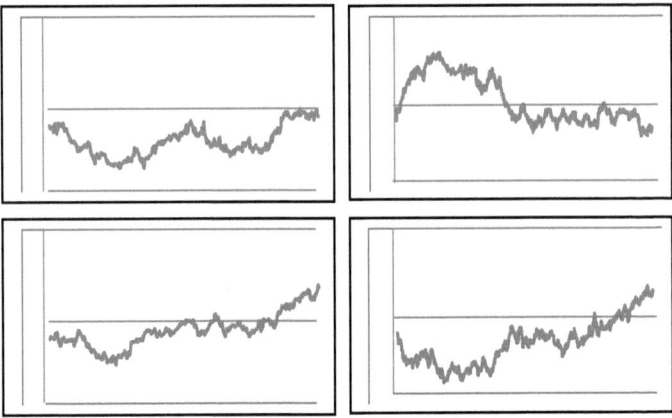

Abb. 7.1 Tatsächliche Aktienkurse und Zufallsverläufe

Von der Fachwelt wurde diesen ersten empirischen Ergebnissen überwiegend mit Unverständnis begegnet. Man hat sie schlicht nicht zur Kenntnis nehmen wollen. Erst als der hoch angesehene Präsident der Royal Statistical Society, *Maurice Kendall* (1907–1983), im Jahre 1953 auf der Jahrestagung seines Verbandes die These aufstellte und eindrucksvoll anhand umfangreichen statistischen Materials belegte, dass alle Versuche, in Wertpapier- und Terminkursen irgendwelche systematischen Bewegungen feststellen und daraus Vorteile ziehen zu wollen, zum Scheitern verurteilt seien, erst da war die Random-Walk-These nicht mehr wegzudiskutieren. Nach den Worten von *Kendall* glichen die Aktienkurse einem Prozess, bei dem einmal jede Woche ein Teufelchen (*demon of chance*) eine Zufallszahl ziehen und sie dem Kurs der Vorwoche hinzufügen würde. Allerdings sagte er zum Ende seines Vortrags, er habe volles Verständnis für diejenigen, die sich seiner Position nicht anschließen wollten. Trotz der in diesen Worten zum Ausdruck kommenden Zweifel war der Random Walk somit ein Faktum geworden und sich ernsthaft mit der These vom Zufallsverlauf der Aktienkurse zu beschäftigen, wurde unter Ökonomen, Statistikern und Finanzwirtschaftlern auf einmal hoffähig: Binnen weniger Jahre wurde das Phänomen weltweit, anhand der verschiedensten Daten, in den verschiedensten Märkten und mit den verschiedensten Methoden empirisch überprüft. Die empirische Kapitalmarktforschung (die Handwerker aus dem Rückgebäude) war geboren und bestätigte überwiegend die Gültigkeit der Random-Walk-These. Wissenschaftlich korrekter ist es zu sagen, dass sie beim Versuch, die These zu widerlegen, gescheitert ist.

Wohlgemerkt: Der Random Walk war bis zu Beginn der 60er-Jahre noch immer eine *These*, keine *Theorie*. Er war eine Behauptung über die reale Beschaffenheit der Finanzmärkte, aber es gab keine befriedigende Antwort auf die Frage nach dem warum. Der Zufallspfad war in der Realität empirisch sehr gut belegt, aber seine Gültigkeit konnte nicht zwingend aus allgemeingültigen Aussagen über die Finanzmärkte abgeleitet werden. Diese Theorielosigkeit war Stärke und Schwäche des Random Walk zugleich:

- Sie war seine Stärke, da niemand das Phänomen des Zufallsverlaufs so einfach als Hirngespinst weltfremder Theoretiker und unter Verweis auf eine anders geartete Praxis zurückweisen konnte. Der bei Praktikern sehr beliebte Satz „Das mag ja in der Theorie ganz nett sein, taugt aber nicht für die Praxis" wäre gänzlich unpassend und allenfalls Ausdruck völligen Unverständnisses der Zusammenhänge gewesen. Angesichts dessen, dass das Phänomen durch Beobachtung tatsächlicher

Kursbewegungen entdeckt wurde, hätte man angesichts der Befundlage formulieren müssen „Was interessiert mich die Praxis, ich bleibe lieber bei meiner Theorie", ein Satz, der einem gestandenen Praktiker nun wirklich nicht so leicht über die Lippen geht.
- Sie war seine Schwäche, da die Akzeptanz des Random Walk in der akademischen Welt begrenzt war. Es ist nun mal nicht nach dem Geschmack eines Wirtschaftstheoretikers, Phänomene in der realen Welt zur Kenntnis nehmen zu müssen, für die er nicht zumindest eine vernünftige Ad-hoc-Erklärung, geschweige denn eine überzeugende Theorie, anzubieten vermag.

Der Random Walk war seit Mitte der 50er-Jahre ein empirisches Faktum. Aus nahe liegenden Gründen wurde er zwar von vielen Praktikern innerlich abgelehnt und – wie *Malkiel* (geb. 1932), Professor für Finanzwirtschaft an der Princeton University, es formulierte – als „Obszönität" empfunden. Er stellte eben doch viele weitverbreitete und von den Praktikern lieb gewonnene Techniken der Aktienkursprognose in Frage. Dennoch: Ein unvoreingenommener Blick in die Realität der Finanzmärkte und die empirischen Befunde jener Zeit erlaubte durchaus die Behauptung, dass zeitlich aufeinanderfolgende Preisänderungen statistisch voneinander unabhängig sind und somit in ihrem Erscheinungsbild einer durch einen Zufallsmechanismus erzeugten Zahlenreihe (*random walk*) entsprechen.

Weiterführende Überlegungen: Formal lässt sich ein Random Walk darstellen als ein Prozess, in dem P_{t+1}, der Preis im Zeitpunkt $t+1$ (*morgen*) gleich P_t, dem Preis im Zeitpunkt t (*heute*), zuzüglich ε_t, einem Zufallsterm, ist:

$$P_{t+1} = P_t + \varepsilon_t$$

Je nachdem, welche Annahmen bezüglich des Terms ε_t gemacht werden, lassen sich verschiedene Varianten der Random-Walk-These formulieren. Es kann angenommen werden, dass der Zufallsterm ε_t

- einer Normalverteilung unterliegt, von den Vorkursen unabhängig ist und einen Erwartungswert von Null aufweist (Wiener Prozess) – dies ist die *strengste Form des Random Walk*, wie er anfänglich vertreten und auch empirisch untermauert, in späteren empirischen Untersuchungen allerdings stark in Zweifel gezogen wurde,
- lediglich einen Erwartungswert von Null hat, ohne dass zugleich irgendeine Annahme über die gesamte Verteilung gemacht werden muss – dies ist das von seinem Anspruch her wesentlich bescheidenere *Martingal-Modell*,
- einen positiven Erwartungswert aufweist (*Submartingal-Modell, Random Walk mit Drift*) – mit dieser Annahme wird der Tatsache Rechnung getragen, dass ein gewisser Teil der Aktienrenditen in Form von Kurssteigerungen erfolgt und ein positives $E(\varepsilon_t)$ diese im Zeitablauf als konstant angenommene Kursrendite zum Ausdruck bringt. Wäre nämlich in der Formel $P_{t+1} = P_t + \varepsilon_t$ der Erwartungswert von ε_t gleich Null, so müsste auch gelten, dass $E[P_n] = P_t$. Damit wäre impliziert, dass der erwartete Kurs einer Aktie auch in vielen Jahren dem heutigen gleich sein müsse, dass es also andere Renditenbestandteile als die reine Dividendenrendite nicht geben könne. Da dies aller Erfahrung widerspricht, dominiert heute das auch die Kursrendite erfassende *Submartingal-Modell*, welches sich in der Form

$$P_{t+1} = P_t + \varepsilon_t \quad E(\varepsilon_t) > 0 \qquad \text{somit: } E[P_{t+1}] > P_t$$

oder aber auch in der Form

$$P_{t+1} = P_t + \varepsilon_t + c \quad E(\varepsilon_t) = 0, c > 0 \qquad \text{somit: } E[P_{t+1}] = P_t + c$$

darstellen lässt. Im zweiten, konkreteren Fall stellt ε_t wieder eine (wie auch immer verteilte) Zufallsvariable mit einem Erwartungswert von Null dar und c eine Konstante, die den erwarteten durchschnittlichen Kurszuwachs pro Periode zum Ausdruck bringt.

Die Random-Walk-These wird allerdings häufig fehlinterpretiert: Sie behauptet nämlich nicht, dass die Aktienkurse zufällig erzeugt würden (dies wäre in der Tat eine unsinnige Behauptung!), sondern lediglich, dass ihr Erscheinungsbild dem einer zufällig entstandenen Zahlenreihe entspreche. Einen Zufallspfad beschreibt im Spielcasino etwa der Bestand an Jetons eines Spielers, der am Abend eine bestimmte Menge Geldes eingetauscht hat und keine weiteren Jetons mehr erwirbt. Wenn er ausschließlich Roulette spielt, folgt sein Jetonbestand einem Submartingal-Prozess mit einer negativen Konstante von – 1/37 pro Spiel, *weil* der den Prozess treibende Mechanismus ein perfekter Zufallszahlengenerator ist. Dies schließt nicht aus, dass er im Einzelfall gewinnt oder (was häufiger vorkommt) verliert. Der Aktienkurs eines pharmazeutischen Unternehmens, das ein wichtiges und lange erwartetes Medikament auf den Markt bringt, steigt hingegen, *weil* die Marktteilnehmer für die Zukunft mit einem deutlich höheren Gewinn rechnen als vor Einführung des neuen Produkts. Die Kurssteigerung war somit nicht zufällig, sondern fundamental begründet. Gleichwohl sieht das Kursverlaufsbild nicht anders aus, als habe ihn ein Zufallszahlengenerator vom Typus einer Roulettemaschine erzeugt. Leider wird dieser Zusammenhang häufig missverstanden.

Übrigens: Im obigen Ratespiel waren die beiden rechts stehenden Kursverläufe zufällig im Computer erzeugt worden. Der links oben dargestellte Kursverlauf betrifft die österreichische Bauunternehmung Strabag, der links unten dargestellte Chart das deutsche DAX-Unternehmen Siemens. In beiden Fällen sind die vollen Jahre 2012 und 2013 (mit ca. 500 Kursen) erfasst.

8
Der Beweis von Paul Samuelson

Erst mit einem Aufsatz aus dem Jahre 1965 hat der bekannte amerikanische Wirtschaftswissenschaftler und spätere Nobelpreisträger der Ökonomie, *Paul Samuelson* (1915–2009), der Theorielosigkeit des Random Walk ein Ende bereitet: Die Faszination, die die erst kurz zuvor entdeckte Arbeit von *Bachelier* auf ihn ausübte, ließ ihn nicht los. In einem Aufsatz mit dem programmatischen Titel *Proof that Properly Anticipated Stock Prices Fluctuate Randomly* (Beweis, dass korrekt bewertete Aktienkurse einem Random Walk folgen) hat er wesentlich zum Verständnis des Random Walk-Phänomens und damit auch zu seiner Akzeptanz in der akademischen Lehre beigetragen. Die Grundüberlegung von *Samuelson* ist entwaffnend einfach und im Grunde bereits bei *Bachelier* angelegt: Wenn die Marktteilnehmer

- bei jedem Preis, der ihnen zu niedrig erscheint und bei dem sie demzufolge die Chance auf außergewöhnliche Gewinne sehen, zusätzliche Titel erwerben wollen,
- und bei jedem Preis, der ihnen zu hoch erscheint und bei dem sie folglich die Gefahr außergewöhnlicher Verluste vermuten, zusätzliche Titel im Markt anbieten,

werden die Wertpapierkurse im ersten Fall soweit ansteigen bzw. im zweiten Fall soweit fallen, bis sie mit ihrem korrekten Wert belegt sind. Dies ist der Wert, bei dem sich weder eine Zusatznachfrage noch ein Zusatzangebot manifestiert. Funktioniert der Marktprozess auf die beschriebene Weise und machen die Marktteilnehmer bei ihren Entscheidungen keine systematischen Fehler, so hat alle Information, die zu einem bestimmten Zeitpunkt im Markt besteht, in den Kursen ihren Niederschlag gefunden und der einzige Grund für eine Andersbewertung am morgigen Tag besteht in Informationen, die zwischen heute und morgen auftreten. Solche Information ist aber künftige Information und denknotwendig zufällig: Das, was ich heute schon über das Morgen wissen kann, ist heutiges Wissen. Nur das, was ich heute eben nicht wissen kann, ist neues morgiges, heute nicht abschätzbares Wissen! Wenn aber der morgige Kurs sich vom heutigen nur durch – aus heutiger Sicht – zufälliges Wissen unterscheidet, ist die stattfindende Kursveränderung selbst eine Zufallsvariable: Aktienkurse folgen dann notwendigerweise einem Random Walk im oben definierten Sinne.

Weiterführende Überlegungen: Der Beweis für die Zufallspfadeigenschaft der Aktienkurse wird in dem erwähnten Beitrag von *Samuelson* anhand von Terminkursen auf ein Basisobjekt erbracht, dessen Kursverlauf nicht einem Zufallspfad folgt (z. B. Weizen). Da die Darstellung im Originalaufsatz nicht ganz einfach ist, andererseits der Beweis für das Verständnis des Random Walk zentral erscheint, sei die Kernaussage des Beitrags von *Samuelson* in Form eines kleinen Spiels dargestellt.

Nehmen Sie an, Sie schließen mit einem Freund eine Wette auf das Ergebnis des übernächsten Wurfs einer Münze ab: Fällt die übernächste Münze auf *Zahl* (Z), so erhalten Sie 100 €, fällt sie auf *Kopf* (K), so erhalten Sie nichts. Die Besonderheit ist, dass die Münze, die geworfen wird, keine Laplace'sche Idealmünze ist (die immer mit einer Wahrscheinlichkeit von 50 % auf *Zahl* und mit 50 % auf *Kopf* fallen würde), sondern ein *Gedächtnis* hat: Die von ihr erzeugte Folge ist somit kein Random Walk, sondern ein Prozess, der von den vergangenen beiden Realisationen abhängt. Dies entspräche der Annahme, die Münze begünstige, wie es in der technischen Wertpapieranalyse unterstellt wird, Trends. Es sei eben wahrscheinlicher, dass sich das, was in der Vergangenheit realisiert wurde, wiederholt, als dass es sich in sein Gegenteil verkehrt:

- wenn die zwei vorangegangen Würfe auf *Zahl* gefallen sein sollten, so fällt der folgende Wurf mit einer Wahrscheinlichkeit von 80 % auf *Zahl*,
- wenn nur der direkt vorangegangene Wurf auf *Zahl* gefallen sein sollte, so fällt der folgende Wurf mit einer Wahrscheinlichkeit von 60 % auf *Zahl*,
- wenn nur der vorletzte, nicht aber der letzte Wurf auf *Zahl* gefallen sein sollte, so fällt der folgende Wurf mit einer Wahrscheinlichkeit von 40 % auf *Zahl*,
- wenn keiner der zwei vorangegangen Würfe auf *Zahl* gefallen sein sollte, so fällt der folgende Wurf mit einer Wahrscheinlichkeit von 20 % auf *Zahl*.

Da entsprechendes für *Kopf* gilt, ergeben sich die in Tab. 8.1 aufgezeigten Wahrscheinlichkeiten.

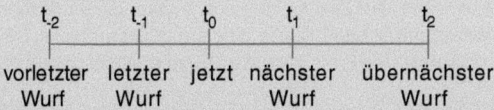

In t_0 (jetzt, wo keine Münze geworfen wird) wissen wir, dass in t_1 die Wahrscheinlichkeit für Zahl davon abhängt, was in den beiden vorangegangenen Würfen (in t_{-1} und t_{-2}) erzielt wurde. Ebenso wissen wir, dass die Wahrscheinlichkeit für Zahl in t_2 von dem uns bekannten Wurf in t_{-1} und dem uns bis jetzt noch unbekannten Wurf in t_1 abhängen wird. Unter den angegebenen Bedingungen hängt somit der Einsatz, den Sie in t_0 zu leisten bereit sind, von den Realisationen in t_{-1} und t_{-2} ab. Wenn wir ein faires Spiel unterstellen, werden, je nach beobachteter Historie, die in Tab. 8.2 dargestellten Einsätze zu zahlen sein.

In der Kopfzeile sind die vier möglichen historischen Wurffolgen in t_{-2} und t_{-1} angeführt. War die Folge KK (erste Spalte), so beträgt die Wahrscheinlichkeit, dass in t_1 wieder Kopf fällt 0,8 und die daraus bedingte Wahrscheinlichkeit, dass in t_2 Zahl fällt, 0,2. Über Kopf-Zahl zum Gewinn zu kommen, hat somit eine Wahrscheinlichkeit von $0,8 \cdot 0,2 = 0,16$. Die Wahrscheinlichkeit hingegen, dass nach KK in t_1 Zahl fällt, ist 0,2 und die bedingte Wahrscheinlichkeit für Zahl in t_2 ist 0,6. Über Zahl-Zahl zum Gewinn zu kommen, hat somit eine Wahrscheinlichkeit von $0,2 \cdot 0,6 = 0,12$. Da im Falle des Gewinns 100 € gezahlt werden, beträgt die absolute Gewinnerwartung und somit der faire Wetteinsatz bei historischem KK $0,16 \cdot 100 + 0,12 \cdot 100 = 28$. Entsprechend errechnet sich der Einsatz für die anderen historischen

Fälle: Im Fall ZK wird ein Einsatz von 36 gezahlt werden, in Fall KZ ein Einsatz von 64 und in Fall ZZ ein Einsatz von 72.

Diese Wetteinsätze entsprechen *vernünftig* kalkulierten (in den Worten *Samuelsons* „properly anticipated") Marktpreisen: Zu jedem höheren Preis würde sich niemand finden, der ihn bezahlt (die Wette *kauft*), und zu jedem niedrigeren Preis gäbe es niemanden, der die Wette annähme (sie *verkauft*).

Nehmen wir nunmehr an, nach dem ersten Wurf (nach t_1, vor t_2) möchten Sie Ihren Anspruch an einen Dritten verkaufen. Welcher Kaufpreis wäre fairerweise anzusetzen? In Fall der historischen Realisation KK gilt, dass

- die Münze in t_1 wiederum auf *Kopf* fallen kann – unter dieser Bedingung ist die Wahrscheinlichkeit dafür, dass sie in t_2 auf *Zahl* fällt 0,2 und somit der Preis, der in t_1 für die Wette gezahlt würde, 20 €,
- die Münze in t_1 auf *Zahl* fallen kann – unter dieser Bedingung ist die Wahrscheinlichkeit dafür, dass sie in t_2 wieder auf *Zahl* fällt 0,6 und somit der Preis, der in t_1 für die Wette gezahlt würde, 60 €.

Wir wissen also heute, dass der Preis in t_1 entweder 20 € oder 60 € betragen wird. Das Erste ist mit einer Wahrscheinlichkeit von 0,8, das Zweite mit 0,2 der Fall. Damit errechnet sich der in t_0 für t_1 erwartete faire Preis als $0{,}8 \cdot 20\,€ + 0{,}2 \cdot 60\,€ = 28\,€$. Der erwartete morgige Preis ist gleich dem heutigen Preis, was natürlich auch in allen anderen Fällen gilt: War die historische Realisation ZK, so ist der Preis in t_1 entweder 20 € (mit 60 %) oder 60 € (mit 40 %), in der Erwartung somit 36 €. Bei der historischen Realisation KZ liegt der Preis in t_1 entweder bei 60 € (mit 60 %) oder bei 80 € (mit 80 %), in der Erwartung mithin bei 64 € und bei der historischen Realisation ZZ ergibt sich ein Preis in t_1 von entweder 60 € (mit 60 %) oder 80 € (mit 80 %), in der Erwartung somit 72 € (vgl. Tab. 8.3).

Es gilt also stets, dass der heutige Kurs (in t_0) die beste Schätzung für den morgigen Kurs (in t_1) darstellt, exakt das, was wir als Random Walk definiert haben: $E(P_{t+1}) = P_t$!

Tab. 8.1 Münze „mit Gedächtnis"

Realisierte Würfe in t_{-2} und t_{-1}	KK	ZK	KZ	ZZ
Wahrscheinlichkeit für Zahl in t_1	0,2	0,4	0,6	0,8
Wahrscheinlichkeit für Kopf in t_1	0,8	0,6	0,4	0,2

Tab. 8.2 Berechnung des fairen Wetteinsatzes

Realisierte Würfe in t_{-2} und t_{-1}	KK	ZK	KZ	ZZ
Wahrscheinlichkeit für Kopf in t_1	0,80	0,60	0,40	0,20
Bedingte Wahrscheinlichkeit für Zahl in t_2	0,20	0,20	0,40	0,40
Wahrscheinlichkeit für Zahl in t_2	0,16	0,12	0,16	0,08
Wahrscheinlichkeit für Zahl in t_1	0,20	0,40	0,60	0,80
Bedingte Wahrscheinlichkeit für Zahl in t_2	0,60	0,60	0,80	0,80
Wahrscheinlichkeit für Zahl in t_2	0,12	0,24	0,48	0,64
Gesamtwahrscheinlichkeit für Zahl in t_2	0,28	0,36	0,64	0,72
Fairer Wetteinsatz in Euro in t_0	*28*	*36*	*64*	*72*

Tab. 8.3 Erwarteter künftiger fairer Wetteinsatz

Realisierte Würfe in t_{-2} und t_{-1}	KK	ZK	KZ	ZZ
Wahrscheinlichkeit für Kopf in t_1	0,80	0,60	0,40	0,20
Bedingte Wahrscheinlichkeit für Zahl in t_2	0,20	0,20	0,60	0,60
Wetteinsatz für t_2, gegeben Kopf in t_1	20	20	60	60
Wahrscheinlichkeit für Zahl in t_1	0,20	0,40	0,60	0,80
Bedingte Wahrscheinlichkeit für Zahl in t_2	0,60	0,60	0,80	0,80
Wetteinsatz für t_2, gegeben Zahl in t_1	60	60	80	80
Erwarteter fairer Wetteinsatz in t_1	*28*	*36*	*64*	*72*

Manchem Leser mag dieses Ergebnis allzu platt, nachgerade trivial erscheinen: Wenn alle Marktteilnehmer alles heute verfügbare Wissen unverfälscht in die Marktpreise einbringen, ist kein weiteres mehr da, das dazu dienen könnte, eben diese Marktpreise in Frage zu stellen. Auch *Samuelson* war sich im Zweifel und hat aus Angst, seine wissenschaftliche Reputation könne Schaden nehmen, lange gezögert, bevor er sich zu einer Veröffentlichung hat entschließen können. Er schreibt dazu: „Dieses Ergebnis ist so allgemein, dass ich zugeben muss, über Jahre im

Unklaren darüber gewesen zu sein, ob ich es als für jedermann offenkundig (und damit für trivial und inhaltsleer) ansehen sollte oder für bemerkenswert weitreichend. Vielleicht ist gerade dieser Zweifel typisch für grundlegende Erkenntnisse." Häufig sind es gerade die simplen, ganz einfachen Zusammenhänge, die unser Denken prägen und Meilensteine in der Wissenschaftsgeschichte darstellen. In der Geschichte der Finanztheorie war die Random-Walk-These und der Samuelson'sche Beweis zweifellos ein solcher Meilenstein.

Selbstverständlich sagt ein theoretisches Modell nichts über die Realität aus: Wie schon der Titel des Samuelson'schen Beitrags sagt, gilt das Ergebnis nur für den Fall, dass die Marktteilnehmer jedes ihnen zur Verfügung stehende Wissen korrekt verarbeiten. Dies kann der Fall sein, muss es aber nicht, denn es wäre ja auch denkbar, dass die Marktteilnehmer systematisch fehlerhaft agieren. Nach den hier angestellten Überlegungen ist *Weltbild eins* somit möglich, aber nicht zwingend.

9

Vom Random Walk zur Effizienzthese

Lange wurde das Faktum, dass die Aktienkurse einem Zufallspfad folgen, vor allem als eine Herausforderung für die technische Wertpapieranalyse angesehen. Wie wir oben gesehen haben, gehen die Anhänger dieser sehr verbreiteten Methode der Kursprognose davon aus, dass die Kursbewegungen bestimmte Regelmäßigkeiten und Muster aufweisen. Wer diese Muster kenne und aufmerksam die Kursbewegungen studiere, könne sein Wissen dazu verwenden, Aussagen über mutmaßliche Kursänderungen in der Zukunft zu machen. Wenn aber die Aktienkurse einem Zufallspfad folgen, ist es ebenso unmöglich, aus historischen Kursrealisationen auf künftige Bewegungen schließen zu können, wie es beim Roulette möglich ist, aus vergangenen Zahlen auf künftige schließen zu wollen: Die Roulettekugel hat – auch wenn es immer wieder sogenannte Systemspieler gibt, die irrigerweise vom Gegenteil ausgehen – kein Gedächtnis. Aktienkurse, die einem Zufallspfad folgen, haben auch kein Gedächtnis.

Samuelson's Botschaft geht aber weit über die These hinaus, dass die Kenntnis vergangener Kursverläufe ohne Relevanz für künftige Kurse sei. Wenn in einem korrekt bewertenden Marktsystem der erwartete morgige Preis dem heutigen Preis entspricht, dann deswegen, weil *alles*, was man heute wissen kann, bei der Ermittlung des Gleichgewichtspreises Berücksichtigung gefunden hat. Informationen, die man heute haben kann, sind aber nicht nur solche über die vergangenen Kursverläufe, sondern auch alles andere: Informationen aus der Tagespresse, aus den Jahresabschlüssen und Zwischenberichten, aus Gewinnprognosen, Börsenbriefen, Analystenschätzungen, elektronischen Informationsdiensten etc. Wenn aber alles Wissen, das man heute haben kann, in den Preisen bereits seinen Niederschlag gefunden hat, wäre der aktuelle Preis einer Aktie der beste Schätzer für den morgigen Preis und es wäre nicht möglich, heute irgendwelches Wissen darüber bereitzustellen, ob es günstiger ist, die Wette einzugehen oder sie anzunehmen (d. h. ein Wertpapier zu kaufen oder zu verkaufen!). Sich solches Wissen beschaffen und für seine Beschaffung gar noch Geld aufwenden zu wollen, wäre schlicht sinnlos.

Damit wurde die These vom Zufallsverlauf der Aktienkurse zur sog. These von der Informationseffizienz der Finanzmärkte *(Efficient Markets Hypothesis, EMH)* verallgemeinert, eine These, die bis heute das finanzwirtschaftliche Denken nicht nur in der Theorie, sondern in bemerkenswerter Weise auch in der Praxis beherrscht. Nach der berühmten Definition des ebenso berühmten Chicagoer Finanzwirtschaftlers und Nobelpreisgewinners *Eugene Fama* (geb. 1939) bezeichnet man einen Finanzmarkt dann als (informations-)effizient, wenn die Aktienkurse zu jedem Zeitpunkt alle verfügbare Information in vollem Umfang widerspiegeln. Mit diesem Satz hat *Fama* das Denken einer ganzen Epoche von Finanzwirtschaftlern geprägt.

Je nachdem, was man unter dem Terminus „alle verfügbare Information" versteht, unterscheidet man drei Stufen von Markteffizienz (präziser: Informationseffizienz des Finanzmarktes):

- *Schwache Markteffizienz* (weak-form-efficiency) läge dann vor, wenn die Aktienkurse alle diejenigen Informationen enthielten, die aus *historischen Daten* (insbesondere Kursen und Umsätzen) gewonnen werden können. Im Kern entspricht diese Form der Markteffizienz der uns bereits bekannten Zufallspfad-These: Wäre der Markt im schwachen Sinne informationseffizient, so verliefen die Aktienkurse im statistischen Sinne zufällig und jeder Versuch, durch Beobachtung und Auswertung vergangener Kursentwicklungen Informationen über mutmaßliche künftige Kursbewegungen gewinnen zu wollen, wäre von vornherein zum Scheitern verurteilt. Die schwache Form der Effizienzthese ist somit *die* Herausforderung für die sogenannte technische Aktienanalyse: Entweder die Aktienkurse folgen einem Zufallspfad und Technische Analyse ist sinnlose Zeitverschwendung, oder die Technische Analyse stellt ein nützliches Instrumentarium zur Prognose künftiger Kurstendenzen bereit. In diesem Fall können die Aktienkurse nicht einem Zufallspfad folgen. Beides zusammen geht nicht!

- *Mittelstrenge Markteffizienz* (semi-strong-form-efficiency) läge vor, wenn die Aktienkurse alle *öffentlich zugänglichen Informationen* enthielten. D. h. alles, was der Tagespresse, den einschlägigen Fachzeitschriften, Börsendiensten und den elektronische Informationsdiensten etc. entnommen werden kann, hätte bereits seinen Niederschlag in den Kursen gefunden. Ebenso alles, was im Wege der Jahresabschlussanalyse aus den Bilanzen, Gewinn- und Verlustrechnungen, Konzernberichten, Cash Flow Statements etc. herausgelesen werden kann. Natürlich auch alles das, was von den Analysten der Investmenthäuser und Banken an Meinungen täglich in den Markt fließt und schließlich alles, was das Unternehmen selbst in Form von Pressekonferenzen, Ad-hoc-Mitteilungen, Communiqués o. ä. der Öffentlichkeit mitteilt. Genau das sind aber die Informationsquellen, denen sich die verbreitetste und in der Fachwelt angesehenste Form der Wertpapieranalyse, die Fundamentalanalyse bedient. Auch hier gilt, dass beides zusammen nicht geht: Entweder sind die Finanzmärkte im mittelstrengen Sinne effizient und Fundamentalanalyse ist ein teurer und sinnloser Zeitvertreib oder mithilfe der Fundamentalanalyse lassen sich Über- und Unterbewertungen von Aktien ermitteln, dann kann der Markt nicht im mittelstrengen Sinne effizient sein.

Auch das Wissen, dessen sich *der Börsenpsychologe, der Menschenkenner* oder *der Börsenastrologe* bedient, ist öffentlich zugängliches Wissen. Der Lauf der Sterne ist bekannt, Psychologie ist keine Geheimwissenschaft und auch Menschenkenntnis ist es nicht. Dass es Leute gibt, die mehr davon haben und andere weniger, tut genauso wenig zur Sache wie die Tatsache, dass es gute wie schlechte Psychologen oder gute wie schlechte Bilanzanalytiker gibt! Was für die Bilanzen gilt, gilt für jede andere Art von allgemein zugänglichem Wissen gleichermaßen: Sollte der Markt im mittelstrengen Sinne effizient sein, so hat alles, was öffentlich zugänglich ist, schon seinen Niederschlag in den Preisen gefunden!

- *Strenge Markteffizienz* (strong-form-efficiency) liegt dann vor, wenn die Aktienkurse alle nur erdenklichen Informationen korrekt verarbeitet haben: Alles, was man zum Zeitpunkt der Kursbildung wissen kann, sei es öffentlich zugänglich oder nicht. In einem im strengen Sinne effizienten Markt hätten daher nicht einmal Insider die Möglichkeit, aus ihrem Informationsvorsprung Vorteile zu ziehen: Auch ihr Wissen wäre bereits in den Kursen enthalten.

In aller Regel ist, wenn ohne weitere Spezifizierung von Markteffizienz gesprochen wird, die mittelstrenge Form gemeint. Auch wir werden hier diesem Sprachgebrauch folgen: Wenn nichts anderes angegeben wird, ist ein effizienter Markt als ein Markt zu verstehen, in dem alle öffentlich verfügbaren Informationen in den Preisen vollständig verarbeitet sind. *Effizienz* ist in diesem Buch somit auch immer auf *Informationseffizienz* bezogen: Ob der Markt auch etwa in technologischer Hinsicht effizient ist (nach dem modernsten Standard der Datentechnik betrieben wird), ist damit nicht gesagt.

Die Vorstellung, dass die EMH die reale Welt unserer Kapitalmärkte zutreffend beschreiben könnte, fällt Praktikern naturgemäß sehr schwer. Denn gilt die Effizienzthese zumindest in ihrer mittelstrengen Ausprägung, dann ist eben nicht nur Technische Analyse (der auch in der Praxis immer ein gewisses Maß an Skepsis entgegen gebracht wird), sondern auch die gemeinhin als *solide* eingeschätzte Fundamentalanalyse, wie sie von Kreditinstituten und Investmentbanken mit mehr oder minder großem Aufwand betrieben wird, obsolet. Damit verliert ein Großteil der Profession einen nicht unerheblichen Teil seiner Existenzberechtigung. Die Dienste von Finanzanalysten, Portfolio-Managern, Börsenberichterstattern, Anlageberatern u.v.m. werden nicht zuletzt deswegen in Anspruch genommen, weil die Auftraggeber sich von ihnen eine bessere Verarbeitung von Information erhoffen, eine bessere als die, die sie sich selbst zutrauen. Aber auch Privatanleger, die erhebliche Zeit investieren, um sich über die aktuellen Börsentendenzen zu informieren, die Fachzeitschriften kaufen, um die Markteinschätzungen von Experten zu lesen, müssten sich fragen, ob sich die Mühen und die Kosten lohnen. Selbstverständlich müssten sich auch Hochschullehrer, die an Fachhochschulen und Universitäten Finanzanalyse lehren, Rechenschaft darüber ablegen, ob sie nicht ihre Zeit, und – noch viel schlimmer – die ihrer Studenten, verschwenden.

Wenn nämlich tatsächlich alle Informationen in den Kursen korrekt verarbeitet worden sind, gilt:

- Jeder, der zu den sich im Markt bildenden Kursen kauft oder verkauft, entscheidet genau so, als wäre er selbst im Besitz aller verfügbarer Informationen. Dies gilt unabhängig davon, wie gut ein Investor tatsächlich informiert ist.
- Damit ist die zu erwartende Rendite eines Anlegers völlig unabhängig von seinem Informationsstand: Der sehr gut Informierte kann nicht damit rechnen, systematisch bessere Ergebnisse zu erzielen als ein nur durchschnittlich oder gar schlecht informierter Investor.
- Jeder Handel stellt sich als Aktivtausch dar, bei dem keiner einen Vorteil gegenüber dem anderen hat: Der eine gibt Geld

und erhält den exakten Gegenwert in Form von Wertpapieren, der andere gibt Wertpapiere und erhält dafür einen *fairen* Preis.

Das schließt zwar nicht aus, dass Menschen in wirtschaftlichen Dingen korrekte Prognosen über die Zukunft machen. Da aber die Preise augenfälligster Ausdruck eben dieser korrekten Prognosen sind, ist es nicht möglich, Prognosen hinsichtlich der Preise, d. h. Prognosen über die Prognosen zu machen. Um diesen Zusammenhang deutlich zu machen: Ich kann ohne weiteres im September *prognostizieren*, dass es im Januar wahrscheinlich deutlich kälter sein wird als jetzt, ich weiß aber im September nicht, ob die beste erhältliche Prognose über die Januar-Temperaturen (der langjährige statistische Januar-Durchschnitt, angepasst an aktuelle meteorologische Gegebenheiten) eher zu hoch oder eher zu niedrig ist. Auf Aktien übertragen: Selbstverständlich kann ich Prognosen hinsichtlich des Gewinnwachstums eines Unternehmens machen. Wenn aber der Aktienkurs die bestmögliche implizite Prognose des Gewinnwachstums darstellt, weil alles, was man über das Gewinnwachstum wissen kann, bereits verarbeitet ist, ist es mir nicht möglich, irgendeine Prognose darüber abzugeben, ob diese bestmögliche Prognose eher zu hoch oder zu niedrig ausgefallen ist. D. h. ich kann nichts darüber aussagen, ob es eher zu erwarten ist, dass der Kurs der Aktie steigt oder dass er fällt.

Damit ist nicht ausgeschlossen, dass es Gewinner und Verlierer im Markt gibt: Steigt der Kurs, so hat der Käufer gewonnen, fällt er, so kann sich der Verkäufer freuen. Es ist allerdings – wie bei jedem *fair game* – ausschließlich dem persönlichen Glück oder Pech zuzuschreiben, ob man zu den Gewinnern oder den Verlierern gehört. Eine Möglichkeit, in die Speichen des von Göttin Fortuna gedrehten Rades zu greifen, besteht nicht! Verloren zu haben, ist keine Schmach, und gewonnen zu haben, gibt dem

Sieger keinerlei Berechtigung, von sich zu behaupten, er verfüge über irgendwelche besonderen Fähigkeiten.

Von Finanzfachleuten erwarten zu wollen, sie seien im Besitz nutzbringender Information über die mutmaßliche Entwicklung von Marktpreisen, entbehrt im *Weltbild eins* jeder Grundlage. Um nicht das Kind mit dem Bade auszuschütten: Selbstverständlich würde auch unter Gültigkeit der mittelstrengen Effizienzthese der Finanzprofession nicht der Boden entzogen. Aufgaben wie Produktberatung, Aufklärung über Chancen und Risiken verschiedener Anlagealternativen, Abstimmung eines Portefeuilles auf die individuellen Ziele und Bedürfnisse des Kunden, Risikomanagement, steuerschonende Anlageoptimierung, langfristige Vermögensplanung, technische Abwicklung von Transaktionen, Bereitstellung von Performanceanalysen etc., all dies sind nach wie vor wichtige Aufgaben des Finanzberaters und Investmentbankers. Gleichwohl: Das, wovon viele selbsternannte Experten zehren, der Nimbus des Gurus, der die Entwicklung des Marktes einschätzen kann und dabei den anderen Marktteilnehmern immer ein Stück voraus ist, das allerdings sind Dinge, von denen man Abschied nehmen muss. In einem informationseffizienten Markt wird kein Platz für Propheten freigehalten.

Obwohl *Samuelson* eine theoretische Begründung für die Zufallspfadeigenschaft von Aktienkursen gegeben hat, ist in der internationalen Literatur bis heute überwiegend von der *Hypothese* effizienter Märkte (Efficient markets hypothesis) und nicht von einer *Theorie* die Rede. Damit soll verdeutlicht werden, dass es sich dabei um ein Aussagensystem handelt, das der empirischen Überprüfung bedarf und nicht den Anspruch erhebt, aus sich heraus Gültigkeit zu beanspruchen. Der Satz, dass ein Finanzmarkt alle verfügbare Information in vollem Umfang widerspiegle, ist zunächst einmal nur eine Aussage über die Realität, die zutreffend sein *kann* oder auch nicht. Auch die Aussage „Über die Rheinbrücke zwischen Mannheim und Ludwigshafen fährt täglich um 16:43 Uhr ein roter Porsche" ist keine Theorie, sondern eine Aussage über die reale Welt. Wer wissen will, ob sie zutreffend ist oder nicht, ist aufgefordert, hinzugehen und zu schauen. Dann weiß er es.

Es ist möglich, dass der von *Samuelson* abgeleitete Zusammenhang

- nicht gilt, da die Marktteilnehmer bei ihren Bewertungsentscheidungen systematische Fehler machen und daher seine Grundannahme (*properly anticipated*) ebenso unzulässig ist wie die daraus gezogenen Schussfolgerungen,
- gilt, obwohl die Marktteilnehmer bei ihren Bewertungsentscheidungen Fehler machen, diese Fehler sind aber nicht systematischer Natur, sondern zufällig und haben damit keinen Einfluss auf die Marktpreise, da sie sich gegeneinander aufheben (der Finanzwirtschaftler würde sagen: sich wegdiversifizieren),
- auch dann gilt, wenn die Marktteilnehmer systematische und unsystematische Fehler machen, aber die Annahme der korrekten Kassapreisbildung keine notwendige, sondern nur eine hinreichende Bedingung für die Zufallspfadeigenschaft ist (die wahren Gründe für die Markteffizienz wären dann andere als die, die *Samuelson* angeführt hat).

Wenngleich die Gültigkeit der Hypothese informationseffizienter Märkte lediglich durch Konfrontation mit der realen Welt der Finanzmärkte überprüft werden kann, möchte ich die Leser doch noch ein wenig um Geduld bitten, bevor wir uns den Ergebnissen der empirischen Kapitalmarktforschung zuwenden. Üblicherweise stößt die Effizienzthese, obwohl sie seit einem halben Jahrhundert diskutiert wird, bei den meisten Menschen eher auf intuitive Ablehnung denn auf Zustimmung. Es ist daher angezeigt, sich zunächst mit einer Reihe von typischen Argumenten zu beschäftigen, die häufig dann vorgebracht werden, wenn jemand behauptet, die Märkte könnten informationseffizient sein.

Wie die vollen Zuschauerräume bei den Showveranstaltungen der berühmten Börsengurus zeigen, ist der Glaube an die Überlegenheit der wahren Profis, der Eingeweihten, der Cleveren und Erfahrenen ungebrochen.

Ich erinnere mich noch lebhaft an eine Veranstaltung einer Tiroler Bank, die Anfang der 90er-Jahre den bekannten Börsenguru *Heiko Thieme* (geb. 1943) eingeladen hatte und hektisch bemüht war, kurzfristig durch Videoübertragungen in benachbarte Säle der Zuschauermassen, die sich überraschenderweise eingefunden hatten, gerecht zu werden. Der schwerste Tages-Kursschock aller Zeiten, der 19. Oktober 1987, war allen noch sehr bewusst aber gleichwohl war die Faszination der Finanzmärkte ungebrochen. Der Star kam in dynamisch federndem Schritt in die Arena und rief, noch laufend, in die Menge: „Der nächste Crash kommt bestimmt! Aber nicht vor dem 23. September 2042. Das habe ich mit der Elliot-Wellen-Analyse wissenschaftlich berechnet!" Beifall! Noch mal Beifall. Großer Beifall. Zu der Zeit hätte in Innsbruck wahrscheinlich nur der Papst, Michail Gorbatschow oder Luciano Pavarotti noch mehr Zuhörer anzuziehen vermocht.

Wenn es um Geld und Finanzen geht, sind die Meinungen ungeteilt, sitzen die Urteile und Vorurteile sehr, sehr tief: Knowledge pays, Wissen zahlt sich aus. Angesichts dessen wäre es naiv, glauben zu wollen, es würde schon ein Blick in die Realität der Finanzmärkte genügen, um lieb gewonnene Überzeugungen ins Wanken zu bringen. In einer meiner ersten Vorlesungen an der Universität Mannheim stellte der Statistikprofessor *Wagenführ* (1905–1975) uns staunenden Studenten überzeugend und auf höchstem Signifikanzniveau den eindeutigen Zusammenhang zwischen sinkenden Geburtenraten und dem Zurückgehen der Storchpopulationen im benachbarten Elsass dar. Natürlich war dies als Warnung vor Fehlinterpretationen statistischer Ergebnisse gedacht und nicht als Aufforderung, bisherige Vorstellungen über das Entstehen neuen menschlichen Lebens zu überdenken und zu alten Theorien aus den frühen Kindertagen zurückzukehren.

Gegen eine fest gefügte und sozial verankerte Theorie hat die Praxis, der bloße empirische Befund, schon immer einen schweren Stand gehabt. Dies hat nicht nur *Galileo Galilei* (1564–1641) am eigenen Leib verspüren müssen: Seine empirischen Befunde widersprachen eben diametral den vorherrschenden Vorstellungen einer geozentrischen Welt und stießen bei Volk und Kirche auf scharfe Ablehnung. Ob eine fest gefügte und sozial verankerte Theorie allerdings auch eine *gute Theorie* ist, steht auf einem anderen Blatt: Vieles spricht dafür, dass unsere Theorie über das Kinderkriegen eine ganz gute ist, selbst wenn der Zusammenhang aus dem Elsass andere Schlüsse nahelegt. Es ist daher nicht auszuschließen, dass der Theorie, wonach die Qualität von Finanzmarktentscheidungen mit steigendem Wissen zunimmt, ein ähnliches Schicksal beschieden sein könnte, wie der ehemals sehr fest gefügten und sozial bestens verankerten Theorie, nach der die Erde den Mittelpunkt des Universums bildet.

Vielen fällt es noch immer schwer, sich (informations-)effiziente Märkte vorzustellen? Fast jedem fällt sofort eine Reihe von Gründen ein, weshalb es in der Realität so etwas wie effiziente Märkte eigentlich nicht geben kann. Sehen wir uns im Folgenden einige dieser typischen Argumente, die gegen die Vorstellung effizienter Märkte vorgebracht werden, einmal genauer an.

10
Nichts in der Praxis ist so perfekt wie in der Theorie

Die Aussage, dass die Praxis immer viel reicher, vielschichtiger und unvollkommener sei als jedes theoretisch ausgedachte Konstrukt, als ein noch so sophistiziertes intellektuelles Gedankengebäude, ist im Grunde immer richtig. Sie ist so richtig, dass man fast schon befürchten muss, der Trivialität geziehen zu werden, wenn man sie ausspricht. Im vorliegenden Fall trifft das Argument aber nicht zu, da die These vom Zufallsverlauf der Aktienkurse, genauso wie ihre Verallgemeinerung zur Effizienzthese, eine aus der Beobachtung der Praxis entstandene Aussage über die reale Welt ist. Sie ist eben nicht eine aus irgendwelchen mehr oder minder realitätsnahen oder realitätsfernen Annahmen abgeleitete Theorie. Sie ist entstanden aus einer minutiösen Beobachtung tatsächlicher Kursverläufe unter Anwendung der verschiedensten statistischen und mathematischen Methoden. *Bachelier* hatte zwar zu Beginn des 20. Jahrhunderts durchaus so etwas wie eine Theorie, diese war aber in der Zeit, in der die Random-Walk-Eigenschaft von Aktienkursen etabliert wurde, gänzlich unbekannt. Man fand empirisch in der Praxis etwas vor, was für die meisten lange Zeit unerklärlich schien. In seiner Entstehungszeit war der Random Walk reine Praxis und nichts als Praxis. Die Theorie wurde durch *Samuelson* erst nachgeliefert, als das Phänomen empirisch voll etabliert und kaum noch zu bestreiten war.

Andererseits war es erst die Theorie, die den Schritt vom Random Walk zur These informationseffizienter Märkte ermöglicht hat.

Seien wir aber etwas weniger besserwisserisch und etwas mehr orientiert am *gesunden Menschenverstand:* Was mit dem obigen Satz auch gemeint sein könnte, ist, dass die realen Finanzmärkte Informationen vielleicht recht gut, aber eben doch nicht so perfekt verarbeiten, wie es die Definition von *Fama* unterstellt. Mag sein, dass dies tatsächlich unmöglich ist, doch dann stellt sich sofort die Frage, welches Präzisionsniveau sinnvollerweise von einer solchen Aussage gefordert werden soll.

Der Salzsee von Utah ist *glatt*, d. h. glatt genug, um darauf Geschwindigkeitsrekorde für Landfahrzeuge durchzuführen. Es gibt für diesen Zweck nichts *Glatteres* auf der Welt. Allerdings ist der Salzsee in Wirklichkeit, d. h. wenn man mit der Hand darüber streicht, äußerst rau. Wer es nicht glaubt, möge hinfahren und es probieren. Auch ist die Oberfläche eines guten, für internationale Turniere zugelassenen Billardtischs *glatt* und wir können es spüren, wenn wir mit der Hand darüber streichen. Betrachtet man die Oberfläche jedoch unter einer Lupe, so erscheint das gewebte Tuch als extrem uneben und faserig.

Bei der Frage, ob ein Finanzmarkt effizient bewertet oder nicht, haben wir es mit demselben Problem zu tun wie bei dem Problem, ob der Salzsee von Utah bzw. der Billardtisch *glatt* sind oder nicht. Die Antwort hängt vom Sinn der Frage ab, d. h. davon, welches Maß an Präzision eine gewisse Aufgabe erfordert. Einem derartigen, sehr praktischen Problemverständnis wird die Effizienzdefinition von *Michael Jensen* (geb. 1939) eher gerecht: *Jensen* bezeichnet einen Markt solange als informationseffizient, als die Kosten, die für Informationsbeschaffung und -verarbeitung aufzubringen sind, größer sind als der daraus erwachsende Nutzen. Eine aufgrund eines guten Informationsstands erzielte höhere Rendite ist für den Investor nämlich dann ohne Wert, wenn die Überrendite so klein ist, dass sie nicht einmal die Kosten abdeckt, die zur Erlangung des dafür erforderlichen Informationsstands aufzubringen sind.

Markteffizienz im Jensen'schen Sinne behauptet daher nicht etwas absolutes, etwas unrealistisches (wie es eine absolut glatte Oberfläche wäre, die es nie geben kann). Sein Effizienzverständnis behauptet etwas, was durchaus sein kann, nämlich dass die verbleibenden Ineffizienzen so klein sind, dass es sich nicht lohnt, Mühe und Kosten aufzuwenden, um sie aufspüren und ausnutzen zu wollen. So wie die Unebenheiten des Salzsees zu gering sind, um ein schnelles Fahrzeug aus der Bahn zu werfen, oder wie die Unebenheiten des feinen Stoffbelags nicht merklich den Lauf der Kugel beeinflussen, so haben die kleinen Unsauberkeiten, die dem Markt bei der Bewertung der Wertpapiere unterlaufen mögen, keinen Einfluss auf die durchschnittlichen Renditen der Marktteilnehmer. Ist das so, so ist der Markt auch dann als informationseffizient zu qualifizieren, wenn der statistische Purist wegen minimaler Autokorrelationen die Random-Walk-Eigenschaft im engeren Sinn verwirft. Märkte müssen nicht in diesem Sinne effizient sein, aber sie können es. Nichts spricht wirklich dagegen.

Wenden wir uns einem anderen, häufig vorgebrachten Argument gegen die Vorstellung effizient bewertender Finanzmärkte zu.

11
Es ist eine Tatsache, dass die Investoren unterschiedlich gut informiert sind

Sicherlich ist es richtig, dass die Investoren in einem Finanzmarkt in hohem Maße unterschiedlich informiert sind. Alles andere wäre schlicht abwegig. Nicht nur das: Sie sind auch in unterschiedlichem Maße befähigt, gegebene Informationen auszuwerten und sie haben ein unterschiedliches Bildungsniveau, ein unterschiedliches Auffassungsvermögen, ein unterschiedlich gutes Verständnis von der Dynamik der Märkte, von wirtschaftlichen Trends, politischen und gesellschaftlichen Veränderungen etc. Alles das ist gleichermaßen gemeint, wenn hier und im Folgenden von Informationsstand die Rede ist.

Wären die Investoren in allen diesen Dingen gleich, d. h. wären alle Investoren tatsächlich in gleicher Weise informiert, so würde daraus denknotwendig eine homogene Verteilung der durchschnittlichen Gewinne und Verluste folgen: Jeder hätte a priori die gleichen Chancen, zu den Gewinnern wie zu den Verlierern zu gehören. Allenfalls könnten unterschiedliche Risikoneigungen die Ursache für unterschiedliche systematische Renditen sein: Sehr risikoscheue Investoren meiden solche Anlageformen, bei denen hohe Renditenerwartungen mit hohen Risiken einhergehen, während eher spekulativ eingestellte Investoren sich verstärkt gerade diesen Titeln zuwenden. In der Kapitalmarkttheorie stellt das Capital Asset Pricing Model (CAPM) einen Denkrahmen bereit, in dem zwar von einem für alle gleichen Informationsstand (homogene Erwartungen), aber unterschiedlichen Risikoneigungen der Marktteilnehmer ausgegangen wird. In diesem Fall ist tatsächlich der einzige Grund für unterschiedlich hohe Erwartungsrenditen die Unterschiedlichkeit in den Risikoneigungen: Investoren mit hoher Risikobereitschaft können mit hohen, Investoren mit niedriger Risikobereitschaft auch nur mit niedrigen durchschnittlichen Renditen rechnen.

Wir wissen, dass die Informationsstände der realen Marktteilnehmer eben nicht gleich sind. Daraus allerdings schließen zu wollen, die zu erwartenden Renditen der im gleichen Risikosegment agierenden, aber unterschiedlich informierten Investoren müssten unterschiedlich sein, gar noch in dem Sinne, dass unterstellt wird, die zu erwartenden Renditen müssten umso höher sein, je höher der Informationsstand ist, genau das wäre ein fataler Fehlschluss.

Vergegenwärtigen wir uns zunächst einmal, wie ein Marktpreis zustande kommt und wie er zu interpretieren ist. Nehmen wir einmal vereinfachend an, alle Marktteilnehmer würden sich bei ihren Kauf- und Verkaufsorders ausschließlich an makro- und mikroökonomischen Daten, an Konjunkturerwartungen, an zu erwartenden Unternehmensergebnissen, Dividenden, Wachstumsraten etc. orientieren, würden also so verfahren wie es die Fundamentalanalyse, die in der Praxis bei weitem vorherrschende Methode der Wertpapieranalyse, verlangt. Sie würden versuchen, den *inneren Wert* der Aktie zu schätzen und diesen dann in Beziehung zum Marktpreis setzen:

- Sind sie der Meinung, der innere Wert sei größer als der Marktpreis, so würden sie die Aktie für unterbewertet halten und sie kaufen wollen.
- Schätzten sie ihn für niedriger ein als den jeweiligen Marktpreis, so würden sie die Aktie für überbewertet halten und versuchen, sich von ihr zu trennen.

Die Schätzung des inneren Wertes ist jedoch ein Vorgang, der selbst von bestens ausgebildeten Analysten nicht punktgenau vorgenommen werden kann, sondern in hohem Maße von Unwägbarkeiten und subjektiven Einschätzungen begleitet ist. Selbst Investoren, die ihre Entscheidungen auf exakt die gleichen Informationen stützen, werden regelmäßig zu anderen Einschätzungen kommen: Manche Marktteilnehmer werden der Aktie einen höheren, andere einen niedrigeren Wert beimessen. Der Marktpreis wird sich dann gerade dort einstellen, wo der *Markt geräumt* ist, d. h. wo sich Angebot und Nachfrage ausgleichen und daher ein Maximum an Umsatz möglich wird. Das ist bei genau dem Preis der Fall, der die subjektiven, sich in Nachfrage und Angebot konkretisierenden Schätzungen in zwei volumengleiche Hälften aufteilt: Die eine Hälfte, die die Aktie für unterbewertet hält und kaufen will und die andere Hälfte, die sie für überbewertet hält und verkaufen will.

Die zentrale Frage ist nun die folgende: Wenn der Kurs im weiteren Verlauf gestiegen sein sollte, können dann diejenigen, die das Wertpapier gekauft und somit einen Gewinn gemacht haben für sich in Anspruch nehmen, richtig entschieden zu haben? Entsprechend müssten dann diejenigen, die auf der Verkäuferseite waren, zugeben, falsch entschieden zu haben? In einem effizient bewertenden Markt wäre dies nicht der Fall: Die einen hatten Glück, die anderen Pech. Bewertet der Markt hingegen nicht informationseffizient, so könnte es sehr wohl sein, dass die eine Entscheidung *besser* ist als die andere, dass diejenigen, die gekauft haben, klüger entschieden haben als die, die verkauft haben (oder natürlich auch umgekehrt). Ob die, die *besser* entschieden haben, dann auch die Gewinner sein werden, ist allerdings nicht gesagt. Dies wäre vergleichbar dem Fall, in dem eine Wette darüber abgeschlossen wird, ob ein Würfel auf eine Zahl kleiner oder größer als drei fällt. Natürlich ist es – gleiche Einsätze unterstellt – klüger, darauf zu setzen, dass das Ergebnis größer ist als drei (Gewinnwahrscheinlichkeit 3:2). Gleichwohl kann es natürlich

Tab. 11.1 Interpretation der eigenen Entscheidung

Im Fall gestiegener Kurse	Im Fall gefallener Kurse
(1) Ich hatte einfach Glück	(2) Ich hatte einfach Pech
(3) Ich habe, wie der tatsächliche Kursverlauf zeigt, richtig entschieden	(4) Ich habe, wie der tatsächliche Kursverlauf zeigt, falsch entschieden
(5) Ich habe richtig entschieden, aber natürlich war auch etwas Glück dabei	(6) Ich habe falsch entschieden und leider hatte ich dabei auch noch Pech
(7) Ich habe vielleicht falsch entschieden (man hätte eher mit fallenden Kursen rechnen müssen), aber ich hatte Glück	(8) Ich habe richtig entschieden, aber es ist dann etwas passiert, womit man nicht hat rechnen können, das war mein Pech

passieren, dass derjenige gewinnt, der auf kleiner als drei gesetzt hat.

Bei einfachen Glücksspielen dürfte es kaum einen Dissens darüber geben, welcher Wetteinsatz fair ist und welcher nicht. Hier weiß nahezu jeder, was eine richtige Entscheidung ist. Jeder weiß auch, welche Rolle dem Faktor Glück zukommt, denn er hat verstanden, was da *gespielt wird*. Im Finanzmarkt sind die Dinge wesentlich vielschichtiger: Die Investoren haben unterschiedliche Vorverständnisse und Theorien über die Funktionsweise des Marktes im Kopf, die sich einander zuweilen sogar widersprechen können. Vieles spricht dafür, dass ein Großteil der Marktteilnehmer eben noch nicht so richtig verstanden hat, was da *gespielt wird*. Sehen wir einmal einen Investor an, der mit steigenden Kursen gerechnet und demzufolge gekauft hat: Je nachdem, welche Entwicklung der Markt tatsächlich genommen hat, könnten möglicherweise die in Tab. 11.1 genannten Überlegungen in seinem Kopf herumgehen.

Jede dieser Erklärung könnte zutreffend sein. Diejenige, zu der ein Investor sich bekennt, hängt davon ab, welche Grundhaltung er zum Markt einnimmt:

(1) und (2) sind Argumente dessen, der von einem informationseffizient bewertenden Markt ausgeht. Erfolg und Misserfolg sind rein zufallsbedingt und nicht auf irgendwelche Leistungen oder Fehlleistungen zurückzuführen.

(3) und (4) sind Argumente dessen, der fest davon überzeugt ist, dass der Markt ineffizient bewertet und dabei der einfachen und unerbittlichen Logik gehorcht, die Guten zu belohnen und die Schlechten zu bestrafen.

(5) und (6) sind Argumente dessen, der grundsätzlich davon ausgeht, dass an der Börse jeder seines Glückes Schmied ist, dass aber andererseits ein gehöriges Maß an Zufälligkeiten und Unwägbarkeiten hinzutritt, durch die eine an sich richtige (oder falsche) Entscheidung sich in ihr Gegenteil verkehren kann.

(7) und (8) sind Argumente dessen, der weiß, dass erfolgreiche oder nicht erfolgreiche Entscheidungen es nicht erlauben, auf die Qualität des Entscheidungsprozesses Rückschlüsse zu ziehen.

Allerdings lässt sich beobachten, dass sich Investoren, die ihr eigenes Verhalten zu rechtfertigen haben, fast ausschließlich der Erklärungen (3) und (8) bedienen:

- Wie selbstverständlich rühmt sich derjenige, dessen Entscheidung von der tatsächlichen Entwicklung bestätigt wird, seiner Fähigkeiten und seines Gespürs für den Markt. Er ist überzeugt, gewonnen zu haben, *weil* er die *richtige* Entscheidung getroffen hat (allenfalls wird er widerstrebend zugestehen, dass auch das *Glück des Tüchtigen* etwas mitgeholfen hat).
- Erweist sich eine Entscheidung hingegen als falsch, so ist der Investor i. d. R. geneigt, für sein Versagen außergewöhnliche Ereignisse, die man nicht hat vorhersehen können, verantwortlich zu machen: „Im Grunde war meine Überlegung schon richtig, ich hatte nur das Pech, dass ausgerechnet in diese Zeit die völlig überraschende und unverständliche Entscheidung der EZB fiel, die Leitzinsen zu …" oder was auch immer.

Dem Prozess der Preisbildung sieht man nicht an, ob der Börsenkurs im Sinne der Effizienzthese alle verfügbaren Informationen korrekt verarbeitet hat oder nicht, ob *Weltbild eins* gilt oder *Weltbild zwei*. Der Börsencomputer fragt nicht danach, wie gut die Entscheidungen waren, die hinter den eingehenden Orders standen: Der Marktpreis ist schlicht derjenige, bei dem auf beiden Marktseiten gleichviel Transaktionsvolumen steht. Auch den Resultaten sieht man nicht an, ob ein Börsengewinn Folge von Glück oder von guter Entscheidungsfindung war. Ob der Markt informationseffizient bewertet oder nicht, in beiden Fällen wird es Gewinner und Verlierer geben. Allenfalls sehr langfristig, bei sehr vielen Beobachtungen, wäre u. U. ein Schluss auf die Fähigkeiten eines Investors zulässig.

Darüber, ob der Markt informationseffizient bewertet, entscheidet allein die Frage, ob die Fehler, die die Marktteilnehmer bei ihren Investmententscheidungen typischerweise machen, auf den zustande kommenden Kurs einen Einfluss haben oder nicht. Für beide Möglichkeiten spricht einiges:

Für *Weltbild eins*, d. h. dafür, dass der Markt informationseffizient bewertet, spricht, dass Fehler von Einzelnen auf das aggregierte Urteil einer Großzahl von Entscheidern nicht notwendigerweise einen Einfluss haben müssen, da sie dazu tendieren, sich gegenseitig aufzuheben. Ich erinnere mich an eine Umfrage, die unser Volkswirtschaftslehre-Professor des ersten Semesters unter Mannheimer Studenten gemacht hat: Er hatte für eine bekannte deutsche Enzyklopädie das Stichwort „Fahrrad" zu schreiben und wollte Angaben über den Weltfahrradbestand machen. Da ihm statistische Daten nicht vorlagen (und es wohl auch keine gab), bat er etwa 50 Studenten um eine Schätzung. Die fünf höchsten und die fünf niedrigsten Schätzungen strich er und aus dem Rest bildete er den Mittelwert. Seine Überlegung war die Folgende: Ich weiß zwar, dass Studenten bei der Schätzung des Fahrradbestandes Fehler machen werden, nehme aber nicht an, dass Studierende der Volkswirtschaftslehre notorische Fahrradbestandsüberschätzer oder notorische Fahrradbestandsunterschätzer sind, ihre Fehler werden sich daher gegeneinander aufheben. Seitdem steht eine zitierfähige Zahl im Lexikon! Wahrscheinlich war diese Methode die beste, die er hat wählen können: Die dahinter stehende Grundidee geht auf die Summierungsthese von *Aristoteles* (Politik III, 11) zurück, wonach das Urteil selbst eines gebildeten Menschen vom Urteil einer Vielzahl einfacher Personen qualitativ übertroffen wird. Für die Väter der Demokratie (z. B. *Jean-Jacques Rousseau, Baron de Montesqieu, John Locke, John Stuart Mill*) war dies eines der zentralen Argumente, um die Überlegenheit der demokratischen gegenüber der aristokratischen Regierungsform zu begründen.

Sehr augenfällig kann dieser Vorgang der Wissensaggregation anhand eines in der Managementausbildung häufig eingesetzten Spiels, des NASA-Spiels, verdeutlicht werden: Nach dem Ausgangsszenario gehören Sie der Besatzung einer Raumfähre an, die den Mond erforschen soll. Nachdem Sie sicher auf dem Erdtrabanten gelandet sind, haben Sie zusammen mit ein paar Kollegen auf einem mitgeführten Mondfahrzeug eine Erkundungsreise unternommen, bei der Sie sich etwa 60 km vom Mutterschiff entfernt haben. Aufgrund eines technischen Schadens können Sie allerdings das Mondfahrzeug nicht mehr benutzen, sondern müssen den Weg zum Mutterschiff zu Fuß zurücklegen, wenn Sie überleben und zur Erde zurückkehren wollen.

In einer Gruppe von vier bis acht Teilnehmern erhält jeder ein Formular, auf dem 15 Ausrüstungsgegenstände aufgeführt sind: Ein Kompass, eine Flasche mit Sauerstoff, ein Päckchen Streichhölzer, eine Gallone Wasser, eine Pistole, ein Fallschirm, eine Packung Kraftnahrung, ein Seil etc. Jeder Einzelne muss nun die Gegenstände nach ihrer Dringlichkeit ordnen: Das Wichtigste erhält die Rangziffer eins, das zweitwichtigste die Rangziffer zwei etc. Da keiner der Teilnehmer einen Erfahrungsvorsprung hat, sind alle auf ihren gesunden Menschenverstand und ihr naturwissenschaftliches Grundverständnis angewiesen. Der Spielleiter sammelt sodann die Formulare ein und vergleicht die Ergebnisse mit einer Expertenlösung, die von Raumfahrtspezialisten der amerikanischen Weltraumbehörde (NASA) erarbeitet worden ist. Jeder Spieler erhält für jede Abweichung von der Expertenlösung Strafpunkte in Höhe der absoluten Rangdifferenz: Hat er z. B. eine Sache, die auf Rang zwei gehört, mit Rang fünf belegt, so erhält er drei Strafpunkte, für eine andere Sache, die laut NASA auf Rang acht aufscheinen sollte und die er an Rang vier gesetzt hat, erhält er vier Punkte usw.

Der Spielleiter errechnet nun zunächst einmal den durchschnittlichen Punktwert, den die Teilnehmer erzielt haben. Darauf ermittelt er eine aggregierte Rangfolge, indem er in eine Tabelle bei jedem Gegenstand sämtliche von den Teilnehmern erteilten Rangziffern einträgt und einen Durchschnitt bildet. Den Gegenstand, bei dem die durchschnittliche Punktzahl am geringsten ist, setzt er in der aggregierten Rangfolge an Platz eins. Der Gegenstand, der die zweitwenigsten Punkte aufweist, wird auf Platz zwei gesetzt etc. Schließlich vergleicht er die aggregierte Rangfolge mit der NASA-Experten-Lösung und bewertet sie, somit erhält er den aggregierten Punktwert.

Es dürfte niemanden überraschen, dass im Ergebnis der aggregierte Punktwert in aller Regel besser ist als der Durchschnitt der Punktwerte der einzelnen Teilnehmer: Ausschlaggebend dafür sind die Diversifikationseffekte, bei denen sich die gemachten Fehler z. T. gegenseitig ausgleichen. Häufig tritt allerdings noch etwas weit Interessanteres zutage: Das aggregierte Ergebnis ist besser als das beste Einzelergebnis! Auch der beste Teilnehmer macht Fehler, die nicht systematisch von allen gemacht werden und die sich somit im Aggregat wegdiversifizieren.

Nachstehend ist das Ergebnis eines derartigen NASA-Spiels, das vor einigen Jahren im Rahmen eines Seminars über Entscheidungstheorie an der Universität Innsbruck durchgeführt wurde, dargestellt. Es nahmen zwölf Studierende teil, die in vier Gruppen (G1, G2, G3,

G4) zu je drei Personen eingeteilt wurden. Innerhalb der Gruppe war Kommunikation möglich, zwischen den Gruppen nicht. Pro Gruppe wurde eine Lösung angeboten.

Tab. 11.2 Das NASA-Spiel

	G1	G2	G3	G4	Agg	NASA	G1	G2	G3	G4	Agg
Streichhölzer	12	15	15	13	*15*	15	3	0	0	2	0
Kraftnahrung	3	2	2	2	*2*	4	1	2	2	2	2
Seil	8	8	5	5	*6*	6	2	2	1	1	0
Fallschirm	9	7	7	6	*8*	8	1	1	1	2	0
Heizgerät	15	12	12	14	*14*	13	2	1	1	1	1
Gewehr	4	13	11	15	*10*	11	7	2	0	4	1
Milchpulver	11	11	13	12	*13*	12	1	1	1	0	1
Sauerstoff	2	1	1	1	*1*	1	1	0	0	0	0
Mondatlas	7	3	3	7	*4*	3	4	0	0	4	1
Schlauchboot	13	14	10	8	*12*	9	4	5	1	1	3
Kompass	10	9	14	11	*11*	14	4	5	0	3	3
Wasser	1	4	4	3	*3*	2	1	2	2	1	1
Signalpistole	14	10	8	9	*9*	10	4	0	2	1	1
Erste-Hilfe-Set	6	5	6	10	*7*	7	1	2	1	3	0
Walkie-Talkie	5	6	9	4	*5*	5	0	1	4	1	0
Strafpunkte:							36	24	16	26	*14*

Wie in Tab. 11.2 zu erkennen ist, war die aggregierte Lösung nicht nur deutlich besser als der Durchschnitt der Einzellösungen (14 statt 25,5 Punkte), sondern auch besser als das von G3 erbrachte beste Einzelergebnis.

Funktioniert der Prozess des Fehlerausgleichs in dieser Weise, so gilt: Traue lieber dem gemeinsamen Urteil von hundert Dummen als dem singulären Urteil eines Klugen. Der Marktpreis ist das gemeinsame Urteil von tausenden mehr oder minder Klugen und von tausenden mehr oder minder Dummen, wohingegen die Auskunft, die Sie am Bankschalter erhalten, lediglich die Meinung eines Einzelnen ist, sei dieser auch noch so kompetent und seriös. Funktioniert der Preisbildungsprozess in der geschilderten Weise, so ist es sehr wohl möglich, dass derjenige, der im Kurs die bestmögliche Einschätzung des Wertes sieht, damit im Allgemeinen richtiger liegt als der bestinformierte Teilnehmer am Kapitalmarktgeschehen. Wohlgemerkt: Das ist möglicherweise, nicht aber notwendigerweise der Fall.

Denn aus der psychologischen Forschung wissen wir, dass Menschen in vielfältiger Weise zu einem gewissen Herdenverhalten neigen, d. h. dazu tendieren, das Verhalten anderer nachzuahmen. Wenn das so ist, werden Fehler gemacht, die in die gleiche Richtung gehen und von denen eben nicht erwartet werden kann, dass sie sich gegeneinander aufheben. Wie die Bilanzskandale der letzten Jahrzehnte (*Enron, Parmalat, Hypo-Alpe-Adria etc.*) zeigen, wissen wir auch, dass sich Investoren von geschönten Jahresabschlüssen, von großen Versprechungen und geschickter Investor Relations verleiten lassen. Auch hier dürften systematische Fehler gemacht werden, die eine unverzerrte und damit informationseffiziente Bewertung des Marktes für unwahrscheinlich erscheinen lassen. Wir werden uns im Zusammenhang mit *Weltbild zwei* diesen Fragen zuwenden.

Investoren sind unterschiedlich gut informiert. Das ist nicht zu bestreiten. Nur folgt daraus nichts für die Frage, ob der Markt effizient bewertet oder nicht: Beides ist mit asymmetrischer Information vereinbar. Wenden wir uns daher einem ähnlichen, aber etwas weitergehenden Argument zu.

12
Wer präziser schätzt, schneidet auch besser ab

Ebenso richtig wie der Satz, dass die Investoren unterschiedlich informiert seien, ist die Aussage, dass besser informierte den zu schätzenden Gegenstand, den *inneren Wert* eines Unternehmens in der Regel präziser abzuschätzen vermögen als Investoren, deren Erfahrungs- und Wissensstand geringer ist. Nur rechtfertigt dies nicht die Behauptung, dass derjenige, der präziser schätzt, auch bessere Entscheidungen trifft. Erst wenn gezeigt werden könnte, dass die Wahrscheinlichkeit, richtige Entscheidungen zu treffen, mit der Exaktheit der Analysen einherginge, erst dann könnte der obige Zusammenhang postuliert werden. Das ist aber gerade nicht der Fall.

Unterstellen wir einmal, im Markt gäbe es zwei Gruppen von Investoren: Die eine Gruppe verfügte über ein hohes fachliches Niveau und mache bei ihren Schätzungen daher nur geringe Fehler, während die Akteure aus der anderen Gruppe deutlich schlechter informiert seien und ihnen somit deutlich größere Fehler unterliefen. Solange bei beiden Gruppen die Fehler nicht systematisch in die eine oder andere Richtung gingen, würde sich die Situation so wie in Abb. 12.1 darstellen.

Sollten nach erfolgter Transaktion die Kurse steigen, sind die Käufer die Gewinner. Sollten die Kurse fallen, sind es die Verkäufer, die sich freuen können. Die Wahrscheinlichkeit, zu der einen

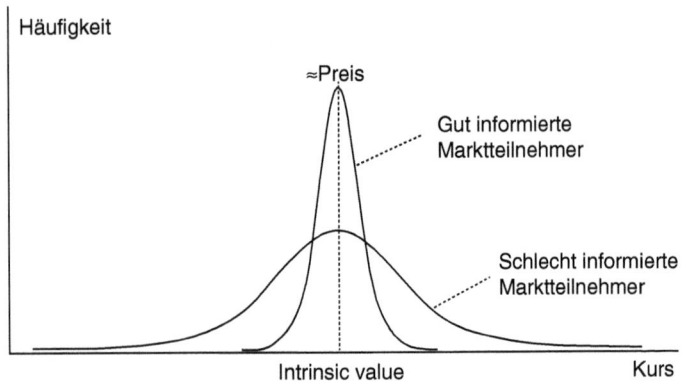

Abb. 12.1 Unterschiedlich informierte Marktteilnehmer: ohne systematischen Fehler

oder der anderen Gruppe zu gehören, ist aber für beide Gruppen gleich: Die bessere Information hat sich nicht ausgezahlt und die Tatsache, schlechter informiert gewesen zu sein, hat keine Nachteile mit sich gebracht.

In diesem Fall ist der Marktpreis Ausdruck des aggregierten Wissens einer Vielzahl von Experten, von denen jeder Einzelne die Ernsthaftigkeit seiner Überzeugung durch den Einsatz seines persönlichen Vermögens (oder das seiner Kunden) dokumentiert. Ein besseres Unterpfand für die Seriosität eines Urteils dürfte es kaum geben.

Es hätte natürlich auch anders sein können: Es hätte z. B. der Fall eintreten können, dass die gut informierten Investoren in ihrer Gesamtheit unverzerrte Schätzer des tatsächlichen inneren Wertes wären. Sie machten zwar Fehler, neigten aber nicht dazu, den Wert der Aktie systematisch als zu hoch oder zu niedrig einzuschätzen. Die schlecht informierten Marktteilnehmer hingegen seien in übertriebener Weise optimistisch: Ihre Schätzungen streuen um einen Wert, der deutlich über dem rea-

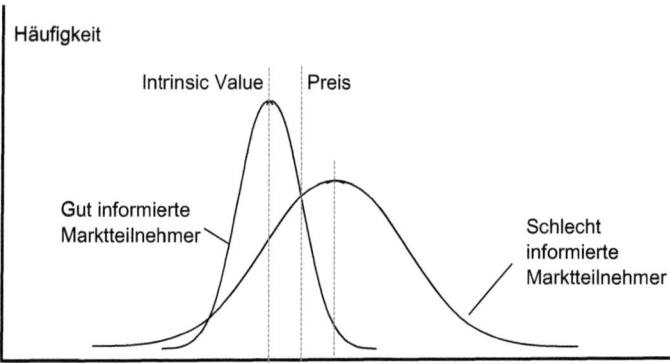

Abb. 12.2 Unterschiedlich informierte Marktteilnehmer: mit systematischem Fehler

listischerweise anzunehmenden und von den gut informierten Investoren angepeilten Wert liegt.

Auch hier (Abb. 12.2) ist der Marktpreis genau der Kurs, bei dem der Markt geräumt ist, d. h. bei dem gleich viel Marktvolumen auf die Käuferseite geht wie auf die Verkäuferseite. Allerdings ist jetzt aufgrund der Annahme einer systematisch zu optimistischen Schätzung der schlecht informierten Marktteilnehmer der Marktpreis zu hoch, das Wertpapier also überbewertet: Dies bevorzugt klarerweise die Verkäuferseite. Da nunmehr *Weltbild zwei* gilt, sind die Gewinn- und Verlustchancen der Beteiligten nicht mehr gleich verteilt:

- Die Mehrheit der gut informierten (alle links von Preis) und eine Minderheit der schlecht informierten Marktteilnehmer (ebenfalls die links von Preis liegenden) gehören zu den Gewinnern.
- Die Mehrheit der schlecht informierten (alle rechts von Preis) und nur eine Minderheit der gut informierten Marktteilnehmer (ebenfalls rechts von Preis) gehören zu den Verlierern.

Die Tatsache, dass gut informierte Investoren weniger Fehler machen dürften als schlecht informierte, ist unbestritten. Nur: Daraus folgt nichts für unsere Fragestellung, ob die Finanzmärkte informationseffizient bewerten oder nicht. Dies hängt ausschließlich davon ab, ob die schlecht informierten eher zu einer systematischen Verzerrung der zu schätzenden inneren Werte neigen oder nicht.

Beides ist möglich. Die Tatsache, dass die Investoren heterogen informiert und in unterschiedlicher Weise befähigt sind, Informationen auszuwerten, ist somit weder ein Argument für noch gegen die Bewertungseffizienz des Marktes. Es ist schlicht nur eine Tatsache, mit der wir uns im Zusammenhang mit *Weltbild zwei* erneut zu beschäftigen haben werden.

Ein anderes beliebtes Argument gegen die Annahme eines effizient bewertenden Marktes ist das Folgende: Ich habe bei meinen Kapitalanlagen eigentlich meistens richtig gelegen.

13
Ich habe bei meinen Kapitalanlagen eigentlich meistens richtig gelegen

Glücklich, wer dies von sich sagen kann. Es sind allerdings Zweifel erlaubt, ob diejenigen, die dies von sich sagen, ganz ehrlich zu sich selbst sind: Die Alltagserfahrung aus Stammtischgesprächen zeigt, dass die Zahl derer, die behaupten, sie würden häufiger richtige als falsche Entscheidungen treffen, einfach weit höher ist als die Zahl derer, die das Gegenteil von sich behaupten und sich somit zu den Verlierern bekennen. Wir haben es hierbei wahrscheinlich mit demselben Phänomen zu tun, das uns immer wieder begegnet: Die Tendenz zur Selbstüberschätzung der eigenen Person. Die meisten Autofahrer sind fest davon überzeugt, dass sie überdurchschnittlich gut fahren. Die meisten Bergsteiger glauben von sich, dass sie sich am Berg überdurchschnittlich umsichtig und risikobewusst verhalten. Die meisten Lehrer sind überzeugt, ihre Aufgabe besser zu erfüllen als der Durchschnitt ihrer Kollegen. Die Psychologie spricht hier von *Overconfidence* bzw. von selektiver Wahrnehmung: Wer sich seine Kauf- oder Verkaufsentscheidung reiflich überlegt hat und erfährt, dass sich der Kurs so entwickelt, wie er erwartet hat, wird dies seiner gut durchdachten und überlegenen Strategie zuschreiben, seinem Verständnis für die wirtschaftlichen Zusammenhänge und seiner Beherrschung der einschlägigen Methoden der Finanzanalyse. Er wird einfach stolz auf sich sein (Kap. 11 Argument 3). Wer hingegen zusehen muss, wie die Kurse sich genau in die andere Richtung entwickeln als die, die er erwartet hat, wird geneigt sein, die Entwicklung als das Ergebnis ungünstiger äußerer Umstände anzusehen, als etwas, womit man nicht hat rechnen können. Er wird versuchen, die Schuld eher woanders als bei sich selbst zu suchen (Kap. 11, Argument 8).

In dem Maße, in dem das gelingt, werden erfolgreiche Engagements psychologisch internalisiert und im Gedächtnis behalten, erfolglose werden externalisiert und möglichst schnell vergessen. Was bleibt, ist das Gefühl, letztlich doch besser zu sein als der Markt. Dieses Gefühl wird als aufrichtig empfunden und keinesfalls als manipuliert.

Trotz dieser möglicherweise typischen Fehleinschätzungen gibt es natürlich immer wieder Investoren, die wirklich sehr erfolgreich waren und das auch belegen können, wenngleich man bei den sogenannten *Nachweisen* vorsichtig sein sollte.

Betrachten wir ein besonders krasses, glücklicherweise aber nur ausgedachtes Beispiel eines beeindruckenden *Belegs*. Ein Portfoliomanager verweist in seinen Werbeschriften darauf, dass er langfristig regelmäßig bessere Ergebnisse zu verzeichnen hätte als der Markt (Index). Er könne dies auch nachweisen: Ein Notar habe ihm mit Unterschrift und Siegel bestätigt, dass er in den letzten fünf Jahren immer besser abgeschnitten hätte als der DAX.

Was ist erforderlich, um ein derartiges Ergebnis zu erreichen? Der Portfoliomanager bildet zu Beginn des ersten Jahres zwei Portefeuilles, deren Zusammensetzungen klar gegenläufig sind, z. B. das eine nur mit new-economy-Titeln, das andere nur mit old-economy-Titeln. Die erste Portefeuilleliste hinterlegt er bei sechzehn Notaren, die andere ebenfalls bei sechzehn Notaren. Am Ende des Jahres hat das eine Portefeuille den DAX *ausperformt* und das andere ist hinter ihm zurückgeblieben. Zu Beginn des zweiten Jahres, geht er zu den sechzehn Notaren, die im ersten Jahr das Outperformer-Portefeuille hatten, bildet wieder zwei gegenläufige Portefeuilles und hinterlegt das eine bei acht Notaren, das andere bei den verbleibenden acht. Diese Prozedur wiederholt er noch drei Mal: Im dritten Jahr geht er noch zu acht, im vierten zu vier und im fünften Jahr zu zwei Notaren. Am Ende des fünften Jahres ist mit Sicherheit einer übrig geblieben, der ihm wahrheitsgemäß die Bestätigung ausfertigt, er habe über fünf Jahre ohne Unterbrechung den DAX geschlagen. Wahrscheinlich wird dann sogar auch der Notar zu einem seiner überzeugtesten Kunden.

Oder: Gehen Sie zu Ihrer Bank und lassen sich über die im Haus angebotenen Investmentfonds informieren. Höchstwahrscheinlich wird man Ihnen einen mehrseitigen Prospekt in die Hand drücken, in dem die verschiedensten Fonds werbewirksam angepriesen werden. Sie werden erfahren, dass die Bank über ein Team von ausgezeichneten, bestens ausgebildeten Portfoliomanagern mit langjähriger internationaler Erfahrung verfügt und alles tut, um die angelegten Mittel ihrer Kunden bestmöglich zu verwalten, denn bei ihr stehe der Kunde im Mittelpunkt. Um ihre Aussage zu untermauern, verweist sie auf die Ergebnisse der letzten zehn Jahre, in denen die angebotenen Fonds nahezu durchweg bessere Ergebnisse erzielt haben als der Leitindex des Marktes, in dem der Fonds seine Mittel veranlagt. Wie kann das sein? Dass die Banken Ihnen bewusst die Unwahrheit sagen, ist wenig wahrscheinlich, da aufgedeckte Unwahrheiten zu einem erheblichen Reputationsschaden führen könnten, den wettzumachen enorme Mittel beansprucht. Vergegenwärtigt man sich hingegen, dass sich nach zehn Jahren kaum mehr als 50 % der aufgelegten Investmentfonds noch im Markt befinden, erklärt sich das Phänomen sehr leicht mit der bekannten *Überlebensverzerrung* (survivership bias). Da es regelmäßig die schlecht gelaufenen Fonds sein werden, die vom Markt genommen werden, ließe sich die oben zitierte Aussage auch folgendermaßen formulieren: Diejenigen von unseren Fonds, die wir vor zehn Jahren angeboten haben und die in dieser Zeit den Markt ausperformt haben,

haben in den letzten zehn Jahren den Markt ausperformt. Eine Aussage, der man schwerlich widersprechen kann.

Doch auch jenseits derartiger, fast schon anrüchiger Tricks wissen wir: Es gibt und gab doch immer erfolgreiche Spekulanten.

14
Es gibt und gab doch immer erfolgreiche Spekulanten

Ja natürlich, die gab es und wird es immer geben. Allerdings sagt diese Feststellung nichts darüber aus, ob die Märkte informationseffizient bewerten oder nicht. Es gibt auch immer wieder erfolgreiche Roulettespieler, von denen niemand ernsthaft wird behaupten wollen, dass ihre Gewinne das Resultat besonderer Fähigkeiten seien – sie haben halt einfach Glück gehabt. Dennoch: Unser Denken ist von Kindheit an so ausgerichtet, jedweden Erfolg, ob im Sport, in der Schule, bei der Partnerwahl oder im Geschäftsleben als Ausdruck überlegener Eigenschaften oder überlegener Leistungen anzusehen. Eine Ausnahme zu machen sind wir allenfalls dann bereit, wenn wir keinen Zweifel daran haben, dass – wie beim Roulette – nur der Zufall der Vater des Erfolgs gewesen sein *kann*, d. h. wenn wir den Mechanismus kennen oder zu kennen glauben. Den Mechanismen der Börse glauben wir zu kennen und er erscheint uns als ein anderer als der der Rouletteschüssel.

Vor etwa 30 Jahren haben wir das Börsenspiel der Wirtschafts- und Börsenzeitschrift *Capital* ausgewertet. In dem Spiel wurden ca. 10.500 Depots eröffnet. Wie bei solchen Börsenspielen üblich, haben viele Spieler – insbesondere Profis – mehrere Depots eingerichtet, weil sie verschiedene Strategien einander gegenüberstellen und auf ihre Leistungsfähigkeit hin haben testen wollen.

Jedem Depot wurde ein Spielkapital von 30.000 DM zugewiesen und man konnte während eines guten Vierteljahres aus einer vorgegebenen Menge deutscher Aktien und Anleihen Käufe und Verkäufe (keine Leerverkäufe) tätigen, die zu den amtlichen Kursen der Frankfurter Wertpapierbörse unter Abzug der damals üblichen Börsenspesen abgerechnet wurden. Gemäß den Spielregeln war derjenige Sieger, dessen Vermögen (d. h. Summe aus zu aktuellen Kursen bewerteten Wertpapiere plus Bargeldbestand) am Ende des Spiels am höchsten war. Es war ein junger Mann Anfang 20, dem es gelungen war, seine 30.000 DM so anzulegen, dass sein Depot am Ende einen Wert von 47.346 DM aufwies. Aufs Jahr umgerechnet entspricht dies einer Rendite von über 500 %! Er erhielt eine stattliche Siegprämie, wurde von einer Hamburger Bank in der Vermögensverwaltung angestellt und erhielt die Gelegenheit, auf dem *Deutschen Börsenforum* seine Investmentstrategie darzustellen. Sein Vortrag wurde vom Publikum mit Begeisterung aufgenommen: Nichts nötigt uns mehr Hochachtung ab, als wenn jemand gute Gründe für sein Handeln anzuführen vermag und der Erfolg ihm recht gibt. Kann der Sieger aber wirklich für sich in Anspruch nehmen, eine beachtenswerte Leistung erbracht zu haben?

Wir haben sodann im Computer ebenfalls 10.500 Depots durchgerechnet, bei denen jedoch die Kauf- und Verkaufsentscheidungen rein zufällig bestimmt wurden. Ein Vergleich der Verteilungen der Enddepotstände der tatsächlichen Spieler und der der Computerläufe zeigte, dass beide nahezu identisch waren (vgl. Abb. 14.1). Da es sich um eine Hausse-Phase gehandelt hat, lag der durchschnittliche Enddepotstand bei etwas über 33.000 DM, die niedrigsten Depots (sowohl der Teilnehmer im Börsenspiel als auch der Computerläufe) bewegten sich um 24.000 DM. Erstaunlicherweise lagen fünf der Computerläufe besser als der Sieger. Der beste Computerlauf kam sogar auf einen Endstand von 53.983 DM. Dies mag Zufall gewesen sein und soll uns zunächst nicht weiter interessieren. In Abb. 14.1

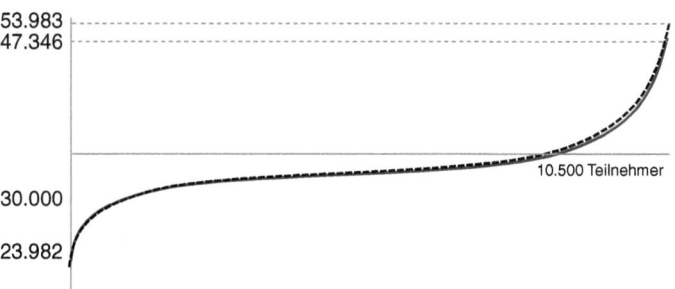

Abb. 14.1 Börsenspiel der Zeitschrift *Capital*

sind die Enddepotstände nach ihrer Höhe geordnet. Dabei sind die Ergebnisse des Capital-Börsenspiels (durchgezogene Linie) denen eines reinen Zufallsexperiments (punktierte Linie) gegenübergestellt.

Allerdings: Nichts, aber auch gar nichts spricht dafür, dass der glückliche Gewinner etwas anderes erreicht hat als ein reines Zufallsergebnis, ein Ergebnis, das nach der statistischen Erwartung in dieser Höhe auftreten *musste*, unabhängig davon, ob die Beteiligten irgend ein Wissen über den Kapitalmarkt hatten oder nicht.

Hätte man dem begeisterten Publikum die Käufe und Verkäufe der Computersimulation N° 3427 vorgetragen und behauptet, sie seien Ausdruck einer besonders hohen finanzwirtschaftlichen Kompetenz gewesen, so wäre man zurecht ausgelacht worden: Jeder weiß, wie ein Zufallszahlengenerator funktioniert. Es wäre auch ein Leichtes gewesen, für jede *Entscheidung*, die der Computer bei Lauf N° 3427 getroffen hat, eine überzeugende Begründung zu liefern (dazu später). Schlussendlich beobachten wir zweimal das gleiche: ein Ergebnis, von dem wir wissen, dass es zufällig zu Stande gekommen ist und ein zweites, das von einem bewusst handelnden Menschen stammt. Das erste Ergebnis schreiben wir dem Zufall zu, das zweite (sogar noch deutlich schlechtere) nötigt uns hingegen Hochachtung ab. Warum nur? Weil wir es so wollen: Unser Bewusstsein bestimmt das, was wir als Realität wahrzunehmen bereit sind.

Auch die Tatsache, dass wir überwiegend nur von Erfolgsmenschen und von Siegern zu hören bekommen, ist einfach zu erklären: Es macht einfach keinen Spaß, abends am Stammtisch davon zu erzählen, wie wir wieder mal Geld verloren haben. Hingegen schmeichelt es uns, von Gewinnen zu berichten, weil dabei immer die Vorstellung mittransportiert wird: Wer Erfolg hatte, muss *gut sein*, er muss *was können*. Der Verleger von Börsenliteratur wird das Manuskript mit dem Titel „Wie ich an der Börse mein Vermögen verlor" ungelesen wieder an den Autor zurückschicken, während er damit rechnet, mit dem Titel „Millionengewinne in zwei Jahren – Erfahrungsbericht eines erfolgreichen Börsianers" hohe Auflagen erzielen zu können. Sehen Sie sich einmal um in den einschlägigen Regalen Ihres Buchhändlers!

Von diesem Strickmuster, der simplen Annahme, dass, wer Erfolg gehabt hat, auch *gut* gewesen sein muss, lebt auch ein Großteil der modernen Management-Literatur: Man lasse erfolgreiche Manager zu Wort kommen, die dem Leser in ihren Lebensberichten und Autobiografien minutiös erklären, warum sie zu welchem Zeitpunkt genau welche Entscheidung getroffen haben, was sie dabei bewegt hat, mit welchen Methoden sie Widerstände überwunden haben etc. Die Schlussfolgerungen zieht der Leser von alleine: Wenn X, der berühmte Vorstandsvorsitzende der äußerst erfolgreichen Y-AG, in dieser Weise seine Entscheidungen getroffen hat, dann muss ich mich nur ähnlich verhalten, um gleichermaßen erfolgreich zu sein. Erfolglose Manager schreiben keine Bücher oder, wenn sie es, um ihre Langeweile zu überbrücken, tun sollten, finden sie keinen Verleger.

Was mit solchen Büchern *bewiesen* wird, ist eigentlich nur: Investoren, die Erfolg hatten, hatten Erfolg (Manager, die Erfolg hatten, hatten Erfolg). Niemand bestreitet, dass es überaus erfolgreiche Investoren gibt. Nur über Markteffizienz ist damit nichts gesagt: Auch in einem effizienten Markt gibt es nicht weniger strahlende Sieger als in einem von Ineffizienzen gekennzeichneten Markt. Gehen wir daher weiter zu einem anderen, sehr beliebten Argument: Wenn sich ein Unternehmen gut entwickelt, so tut dies auch die Aktie.

15

Wenn sich ein Unternehmen gut entwickelt, so tut dies auch die Aktie

Sich mit diesem Argument auseinanderzusetzen, erscheint ganz besonders wichtig, da sich dahinter ein zentrales Fehlverständnis von Märkten verbirgt. Realwirtschaftliche Prognosen auf Preisprognosen in einem Markt übertragen zu wollen, ist schlicht unzulässig. Natürlich ist es möglich, trotz aller Unwägbarkeiten Aussagen über mutmaßliche realwirtschaftliche Entwicklungen eines Unternehmens, einer Branche oder eines Landes in den nächsten Monaten oder Jahren zu machen, aus derartigen Prognosen folgt allerdings so gut wie nichts für die Entwicklung eines Investments in diesen Bereichen.

Auch hier kommt mir eine Begebenheit in den Sinn, die vielleicht geeignet sein könnte, die Zusammenhänge deutlich zu machen. Auf dem *Bozner Treffen* des Jahres 2001, einer Veranstaltung, auf der sich alljährlich Wissenschaftler aus vielen Disziplinen zu einem gemeinsamen Gespräch trafen, hat der damalige Vorstand des deutschen Max-Planck-Instituts für Meteorologie einen beachtenswerten Vortrag gehalten. Dabei hat er anhand einer Fülle von empirischen Belegen gezeigt, um wie viel treffsicherer in den vergangenen beiden Jahrzehnten Wetter- und Klimaprognosen geworden sind. Dies sei gleichermaßen auf neue wissenschaftliche Erkenntnisse, auf bessere und leistungsfähigere Computerprogramme und auf zuverlässigere Beobachtungssysteme (insbesondere Satelliten) zurückzuführen. Am Ende seines Vortrags konnte er es sich aber nicht verkneifen, einen kleinen

Seitenblick auf die Ökonomie zu werfen und meinte, er habe nicht den Eindruck, dass die Prognosen, die von Banken und anderen Experten bezüglich der Entwicklung der Aktienmärkte, Fremdwährungen, Zinsen o.ä. abgegeben würden, heute zuverlässiger seien, als sie es vor 20 Jahren waren. Da ich der einzige Ökonom im Saal war, auf den sich jetzt alle Augen richteten, musste ich reagieren. Mir fiel im Moment nichts anderes ein, als mit einer kleinen Geschichte zu reagieren.

Dabei entwickelte sich in etwa der folgende Dialog:

> *Ökonom: Was Sie da sagen, ist gleichermaßen richtig wie unfair. Ich will nicht bestreiten, dass sich die Erklärungs- und Prognosequalität in den Naturwissenschaften und insbesondere in der Meteorologie deutlich verbessert hat, und dass das in der Ökonomie nicht der Fall ist. Das muss aber so sein, denn das eine hat mit dem anderen nichts zu tun.*
> *Meteorologe: Wieso? In beiden Fällen geht es grundsätzlich um das Gleiche, nämlich darum, mit wissenschaftlichen Methoden eine Aussage über unsichere zukünftige Ereignisse zu machen. Oder ist die Ökonomie gar keine richtige Wissenschaft?*
> *Ökonom: Das Letzte möchte ich überhört haben. Aber schon Ihr erster Satz ist nicht richtig: Es geht nicht um das Gleiche, schon gar nicht grundsätzlich. Bei der Meteorologie geht es, wie bei allen naturwissenschaftlichen Prognosen, um Voraussagen über die Entwicklung der realen Welt. Bei den von Ihnen angeführten ökonomischen Prognosen geht es hingegen um die Prognose von Prognosen.*
> *Meteorologe: Das sind nette Worte, ist aber nicht mein Problem. Ich frage bei der Bank nicht nach Prognosen über Prognosen, ich frage danach, wo der DAX oder der Dollar hingeht. Das mag ein komplexes Problem sein. Auch das Wetter ist ein sehr komplexes Phänomen. Komplexe Probleme erfordern nun einmal komplexe Lösungsansätze. Dann entwickelt doch mal solche! Ich glaube, die Ökonomie greift mit ihren statischen Gleichgewichtsmodellen einfach zu kurz.*

Ökonom: Wir haben auch dynamische Modelle und Ungleichgewichtsmodelle und ...
Meteorologe: ... mag ja sein, aber dennoch taugen eure Prognosen nichts! Ich will ja gar nicht viel. Wie ich von einem Informatiker auf die Frage, in welche Richtung sich die Computertechnologie entwickelt, eine Antwort erwarte, die zumindest eine höhere Wahrscheinlichkeit dafür hat, richtig zu sein als falsch, genauso erwarte ich von einem Wirtschaftler auf die Frage nach dem Dollarkurs eine Antwort, die eine höhere Wahrscheinlichkeit dafür hat, richtig zu sein als falsch. Mehr will ich ja gar nicht. Nur kriege ich diese Antwort nicht!
Ökonom: Lassen Sie mich es einmal so versuchen: Es gibt doch wohl eine europäische wissenschaftliche Vereinigung der Meteorologen, die einmal jährlich einen Kongress durchführt.
Meteorologe: Ja, da gibt es sogar mehrere.
Ökonom: Gut. Nehmen wir an, auf der Tagung in Paris möchte der Veranstalter mit den Teilnehmern ein kleines Spiel durchführen. Bei der Eröffnungsveranstaltung werden Zettel ausgeteilt und jeder Teilnehmer wird gebeten, die Temperatur aufzuschreiben, die seiner Ansicht nach am Sonntag, dem letzten Tag der Tagung, morgens um 10 Uhr Ortszeit auf der der Sonne abgewandten Seite des Obelisken an der Place de la Concorde herrscht.
Meteorologe: Gibt's da was zu gewinnen?
Ökonom: Ja, derjenige, dessen Schätzung der wahren Temperatur am nächsten kommt, erhält einen attraktiven Preis, den ein großzügiger Sponsor ausgesetzt hat. Daher geben auch alle Teilnehmer, samt und sonders namhafte Meteorologen aus der ganzen Welt, mit großem Ernst und unter Aufbietung ihres ganzen fachlichen Wissens eine Prognose ab. Noch vor Abschluss der Eröffnungsveranstaltung gibt der Veranstalter bekannt, dass im Durchschnitt (genauer: Median) eine Temperatur von 17,4 °C geschätzt wurde.
Meteorologe: Was hat das mit dem DAX oder dem Dollar zu tun?

Ökonom: Gleich... Nehmen wir nun an, ich, als absoluter Laie, sitze unmittelbar nach der Eröffnungsveranstaltung in einem Café zufällig mit vier bekannten Meteorologen zusammen und frage sie, ob es nach ihrer Ansicht am nächsten Sonntag eher wärmer sein wird als 17,4° oder eher kälter. Alle vier erklären mir unisono, dass es höchstwahrscheinlich kälter sein wird, und bieten zur Untermauerung ihrer Ansicht eine Fülle von Gründen an, die sie auch wissenschaftlich gut belegen, wenngleich ich als Laie nicht allen Überlegungen folgen kann. Was soll ich jetzt von davon halten? Soll ich mich den Argumenten anschließen?

Meteorologe: Ja sicher. Wenn die vier gute Meteorologen sind und ihre Ansicht wissenschaftlich gut begründet ist, können Sie als Laie gar nicht anders, als sich ihrer Meinung anzuschließen. Selbst ich würde das wahrscheinlich tun, denn wenn vier von mir geschätzten Kollegen die gleiche Meinung vertreten, dann muss ja wohl was dran sein.

Ökonom: Das Dumme ist nur: Mein Mitarbeiter saß am selben Abend an einem anderen Tisch, ebenfalls mit vier anerkannten Meteorologen und stellte ihnen dieselbe Frage. Die Antwort, die er erhielt, war weniger klar: Zwei vertraten mit Nachdruck die Ansicht, dass es wärmer sein müsse, die anderen zwei waren der festen Überzeugung, dass mit einer niedrigeren Temperatur zu rechnen sei. Der Disput unter den beiden Gruppen wurde heftig, aber fair ausgetragen und auf beiden Seiten bediente man sich wieder einer für Laien kaum nachvollziehbaren wissenschaftlichen Sprache. Was hätte mein Mitarbeiter nun für einen Schluss ziehen sollen?

Meteorologe: Das ist natürlich noch schwieriger, zumal es ihm kaum möglich sein dürfte, die Stichhaltigkeit der Argumente zu prüfen. Da ich aber annehme, dass Sie sich mit Ihrem Mitarbeiter über ihre Gespräche unterhalten haben, ist das Ganze ja relativ einfach: Da es 6:2 dafür steht, dass es wahrscheinlich kälter sein wird, würde ich das an Ihrer Stelle auch annehmen.

Ökonom: Ich glaube, dass dieser Schluss unzulässig ist, genauso wie der, den sie zuvor gezogen haben. Sowohl die vier Herren, die an meinem Tisch saßen als auch die vier (hier wa-

ren zwei Damen dabei), die bei meinem Mitarbeiter waren, bildeten – statistisch gesehen – eine Stichprobe aus der Gesamtheit aller Meteorologen, die an dem Spiel teilgenommen haben. Von dieser Gesamtheit weiß ich aber, dass genau die eine Hälfte der Überzeugung war, dass es am Sonntag wärmer sein wird als 17,4° und die andere Hälfte der, dass es kälter sein wird. So ist der Median, wie ihn die Tagungsleitung errechnet hat, definiert. Somit weiß ich, dass die von mir gezogene Stichprobe verzerrt war, die von meinem Mitarbeiter hingegen nicht. Sein Nicht-Wissen ist damit doch wohl viel verlässlicher als mein Wissen.

Meteorologe: Und was ziehen Sie daraus für eine Konsequenz?

Ökonom: Sollte ich eine beliebige Zahl von Meteorologen nach der Sonntagstemperatur gefragt haben und eine eindeutig in eine Richtung gehende Antwort erhalten haben, so weiß ich nur, dass ich die falschen Leute (eine verzerrte Auswahl) befragt habe. Über die Temperatur am Sonntag weiß ich buchstäblich nichts!

Meteorologe: Gut, das leuchtet mir schon ein. Nur nochmals: Was hat das mit Aktien oder mit dem Dollar zu tun?

Ökonom: Der Kurs einer Aktie (oder der Kurs des Dollars, des DAX u.v.m.) ist ebenfalls ein Median der Meinungen. Zum heutigen Kurs ist ein gleich großes Marktvolumen der Meinung, er sei zu hoch und werde daher fallen (die, die verkauft haben), wie es das Volumen derjenigen Marktteilnehmer gibt, die annehmen, er sei zu niedrig und werde daher steigen (diejenigen, die gekauft haben). Damit ist der heutige Kurs wahrscheinlich die beste Schätzung für den morgigen Kurs, die wir haben können. Genauso wie beim Meteorologenkongress: Die ermittelten 17,4° sind wahrscheinlich die beste Schätzung, die man heute über die Temperatur am Sonntag in Paris haben kann.

Meteorologe: Aber man bekommt doch bei den Banken und in den Zeitschriften immer wieder Markttendenzen, Prognosen, Einschätzungen etc.

Ökonom: Ja natürlich, sowohl ich als auch mein Mitarbeiter haben ja auch von den im Café befragten Meteorologen und Meteorologinnen Prognosen und Einschätzungen erhalten.

Nur haben wir daraus nicht mehr erfahren als wir vorher schon wussten: Wahrscheinlich wird es am Sonntag 17,4° warm. Genauso weiß ich, wenn ich von vier Finanzexperten die Ansicht höre, der Dollar werde im Kurs wahrscheinlich steigen, dass ich die falschen Finanzexperten befragt habe. Hätte ich alle befragt, so hätte ich die Bestätigung dafür bekommen, dass der Kurs dahin gehört, wo er jetzt ist. Also frage ich lieber gar nicht.
Meteorologe: Heißt das etwa, dass Prognosen in Ihrem Fach grundsätzlich nicht möglich sind?
Ökonom: Nein, selbstverständlich sind Prognosen möglich. In der Ökonomie ist es nicht anders als in der Meteorologie auch. Prognosen über Tendenzen in der realen Welt (Klima, Wirtschaft) sind sehr wohl möglich: Ich kann eine Wettervorhersage machen und ich kann eine Prognose darüber abgeben, ob in den nächsten Jahren die pharmazeutische Industrie höhere oder niedrigere Wachstumsraten haben wird als die Stahlindustrie oder ob die Inflationsrate in der Türkei höher oder niedriger sein wird als die in der Schweiz. Ich kann aber – weder in der Ökonomie, noch in der Meteorologie – sinnvollerweise eine Aussage darüber machen, ob die besten Prognosen der Fachwelt eher in die eine oder in die andere Richtung verschoben sind. Diese besten Prognosen der Fachwelt nennen wir Ökonomen Marktpreise. Etwas darüber aussagen zu wollen, ob sie eher zu hoch oder eher zu niedrig sind, würde bedeuten, dass man sein privates Urteil über das der financial community als Ganze stellt.
Meteorologe: Sie tun jetzt so, als wären die Marktpreise etwas absolutes, etwas Unfehlbares. Die Marktteilnehmer machen aber doch auch Fehler.
Ökonom: Wahrscheinlich haben Sie recht. So genau wissen wir das nicht. Aber wahrscheinlich machen auch die Meteorologen auf ihrem Kongress Fehler und eine andere Schätzung als 17,4° wäre vielleicht besser gewesen. Wir werden es nie wissen, denn eine höhere oder niedrigere Temperatur als 17,4° am Sonntag beweist gar nichts. Es hilft uns auch nicht, wenn uns später die eine Hälfte erklärt, es hätte so kommen müssen wie es kam und sie hätten es schließlich korrekt vor-

> *hergesagt. Solange wir nicht wissen, welche Hälfte das sein wird ...*
>
> Meteorologe: Wenn man das alles bedenkt, befindet sich die Ökonomie aber in einer misslichen Lage: Unsere Prognosen sind typischerweise solche über naturwissenschaftliche Phänomene, Prognosen, die man guten Gewissens abgeben kann. Die Prognosen, die man von Euch erwartet, sind meist Prognosen über die Prognosen anderer und somit im Grund nicht möglich.
>
> *Ökonom: Danke für das Mitgefühl. Es kommt sogar noch schlimmer: Je besser die Meteorologen werden, umso besser werden ihre Prognosen. Je besser aber die Finanzwirtschaftler werden, umso vollständiger bilden die Marktpreise das aktuell vorhandene Wissen ab und umso schlechter werden daher ihre Prognosen über Marktpreise. Prognosen von Leuten, die besser sein wollen als der Markt, sind notwendigerweise umso schlechter, je besser der Markt ist!*
>
> Meteorologe: Das würde für uns natürlich auch gelten, wenn wir typischerweise Probleme wie in Ihrem Kongressbeispiel zu lösen hätten. Im Grunde sind die Unterschiede zwischen Natur- und Sozialwissenschaften gar nicht so groß. Wir dürfen nur nicht Dinge miteinander vergleichen, die man nicht miteinander vergleichen darf. Blöder Satz, aber Sie wissen schon, wie es gemeint ist.
>
> *Ökonom: Ja, weiß ich. Und jetzt gehen wir in eine Bar und trinken eine Flasche von einem guten Bordeaux.*

Die hier angesprochene Unterscheidung in realwirtschaftliche Prognosen auf der einen Seite und Preisprognosen auf der anderen Seite, ist für das Verständnis von Märkten zentral. Was die Effizienzthese behauptet, ist, dass Prognosen für Marktpreise gerade deswegen unmöglich sind, *weil* die Investoren ihrer Aufgabe, realwirtschaftliche Prognosen abzugeben und ihren Marktentscheidungen zugrunde zu legen, in hervorragender und professionell einwandfreier Weise nachkommen. Es gilt also gerade das Gegenteil der oben angeführten These: Wenn sich die Entwicklung eines Unternehmens (Branche, Land o.ä.) anhand ökonomischer Indikatoren abschätzen lässt, dann lassen sich die entsprechenden Wertpapierpreise eben *nicht* abschätzen.

Gleichwohl hat jeder immer wieder einmal das Gefühl, dass es doch geht. Fast jeder würde heute den Satz unterschreiben: Um die Jahrtausendwende hat man wissen können und wissen müssen, dass die Aktien im Neuen Markt, insbesondere die Kommunikationstechnologiewerte, hoffnungslos überbewertet waren und mit einem baldigen Crash gerechnet werden musste, der dann auch kam. Und weil er kam, gab es natürlich auch sehr viele, die mit Recht darauf verweisen konnten, den Crash vorhergesehen zu haben. Damit kommen wir zum nächsten Einwand: Es gibt immer wieder Situationen, in denen man Aussagen über die mutmaßliche Kursentwicklung machen kann.

16
Es gibt immer wieder Situationen, in denen man Aussagen über die mutmaßliche Kursentwicklung machen kann

Nein, die gibt es höchstwahrscheinlich nicht. Der Marktpreis ist, wie wir gesehen haben, Ausdruck des durchschnittlichen Wissens aller Marktteilnehmer: Es ist der Preis, bei dem gleichviel gute Argumente dafür sprechen, dass er zu hoch ist wie dass er zu niedrig ist. Auf beiden Seiten des Marktes, auf der Käufer- wie auf der Verkäuferseite, finden sich Investoren, die – von Notverkäufen einmal abgesehen – mehr oder minder gut begründete Überzeugungen haben: Die einen, dass es vorteilhaft sei, die Aktie jetzt zu kaufen, die anderen, dass es anzuraten sei, sich jetzt von dem Titel zu trennen. Verkäufe und Käufe sind in den Sekundärmärkten in ihrem Volumen immer gleich und wenn, wie es leider häufig der Fall ist, in der Presse geschrieben wird, derzeit würden *alle Leute* Aktien kaufen (oder verkaufen), wissen wir nur, dass der Redakteur keine Ahnung davon hat, worüber er gerade schreibt. Noch nie war an der Börse die Menge der Käufe größer oder kleiner als die der Verkäufe. Unter allen Umständen steht jedem Käufer auch ein Verkäufer gegenüber und wenn der

Satz gilt, dass alle ihre Aktien verkaufen, gilt notwendigerweise auch der Satz, dass alle Aktien kaufen. Es fragt sich nur, wer das ist. Genau diese Frage wird uns noch eingehend zu beschäftigen haben, wenn wir uns *Weltbild zwei* zuwenden.

Unter Marktbedingungen ist der Marktpreis genau derjenige, bei dem die Verwirrung maximal ist. Man kann das, was am Markt passiert, mit einer typischen Apothekerwaage vergleichen: Wenn auf beiden Waagschalen das gleiche Gewicht liegt, befindet sich die Waage im Gleichgewicht. Wenn auf der Marktwaage die Argumente auf beiden Seiten, der Käufer- wie Verkäuferseite, das gleiche Gewicht, d.h. die gleiche Überzeugungskraft, haben, befindet sich der Markt im Gleichgewicht. Es spricht viel dafür, dass der Kurs steigen wird (bullische Argumente), es spricht auch viel dafür, dass er fallen wird (bearische Argumente), es spricht aber rein gar nichts dafür, dass der einen Gruppe der Argumente mehr Überzeugungskraft beizumessen wäre als der anderen. Der Marktpreis liegt stets da, wo die Unentschiedenheit am höchsten ist: Der Marktpreis ist somit notwendigerweise der ökonomische Ort der maximalen Verwirrung. Kommt in einer derartigen Situation eine neue Information hinzu, so stärkt sie die Überzeugungskraft der einen oder anderen Seite und der Kurs wird solange steigen oder fallen, bis sich die Waage wieder im Gleichgewicht befindet.

Bei einer Fortbildungsveranstaltung mit Vermögensberatern einer Wiener Bank legte mir ein Teilnehmer drei Analysen vor, die er zu einem bekannten britischen Einzelhandelsunternehmen erhalten hatte. Sie stammten nahezu vom selben Tag und wurden von erstklassigen Wertpapierhäusern auf der Basis der kurz zuvor erschienenen Zwischenberichte erstellt: *CL-Alexanders Laing&Cruickshank* riet seinen Kunden zu einem klaren „Buy", *Phillips&Drew* empfahl „Sell" und *Warburg Securities* bekannte sich zu einem verhaltenen „Hold". Dies ist nicht Ausdruck fehlerhafter Arbeit, wie es dem belustigten Berater erschien, sondern denknotwendige Folge eines einwandfrei bewertenden Marktes.

16 Es gibt immer wieder Situationen, in denen man …

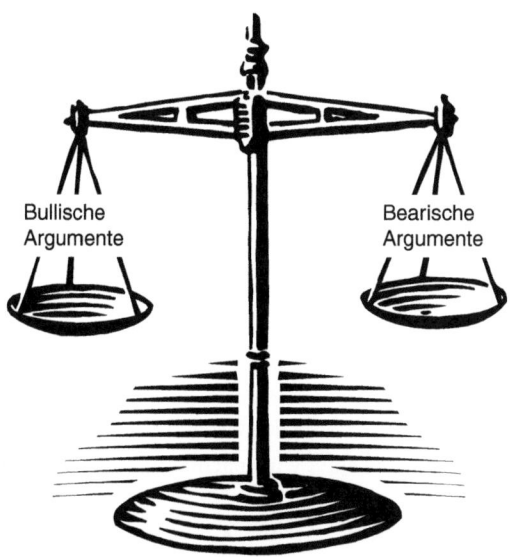

Abb. 16.1 Die Marktpreiswaage

Bemerkenswert wäre es erst, wenn die Meinungen der professionellen Berater alle in die gleiche Richtung gehen würden. Hier müsste man sofort die Frage stellen, wer denn wohl die Gegenpositionen im Markt eingenommen habe. Auch hier sehen wir wieder den fundamentalen Unterschied gegenüber naturwissenschaftlichen Prognosen: Nichts spricht dagegen, dass alle seriösen Wetterdienste für den morgigen Tag Gewitter voraussagen, im Finanzmarkt wäre Vergleichbares unmöglich. (vgl. Abb. 16.1).

Da der Marktpreis den ökonomischen Ort der maximalen Verwirrung darstellt, wird es immer genügend Leute geben, die im Nachhinein, wenn der Kurs die eine oder die andere Richtung eingeschlagen hat, stolz darauf verweisen, *recht gehabt* zu haben. Sie werden es selbst glauben und andere werden es ihnen glauben: Die Tatsachen haben es ja bestätigt. Nach diesem Muster werden unscheinbare Bankangestellte über Nacht zu Berühmtheiten:

Elaine Garzarelli, seinerzeit eine Mitarbeiterin des mittlerweile untergegangenen New Yorker Bankhauses Lehmann Brothers, hat den Markt-Crash im Oktober 1987 *vorausgesagt*: Sie hat ihre Kunden aufgefordert, alle ihre Aktien zu verkaufen und hat einige Tage vor dem Crash in der amerikanischen Zeitung *US Today* ein Fallen das Dow Jones um 500 Punkte prognostiziert. Wenige Tage später war ihre Vorhersage zur Wirklichkeit und sie zum berühmtesten Guru der Wall Street geworden. Wer ihr allerdings in den Folgemonaten sein Geld anvertraut hat, musste erhebliche Enttäuschungen hinnehmen. Der Kommentar von *Burton Malkiel*: „Die Moral der Geschichte ist klar: Wenn eine große Zahl von Leuten Prognosen macht, dann wird immer jemand dabei sein, der das letzte Mal oder auch die letzten Male richtig gelegen hat, aber keiner wird nachhaltig richtige Vorhersagen machen können."

Es hat den Anschein, als hätten derartige Überlegungen längst zu massiven Konsequenzen in der deutschen Bankpraxis geführt. Bereits vor 30 Jahren vereinbarten einige Studierende der Universität Wuppertal, am selben Tag unmittelbar nach Börsenschluss Banken in Köln, Düsseldorf und Wuppertal (drei bedeutende Bankzentren auf engstem Raum) aufzusuchen und sich von ihnen beraten zu lassen. Es handelte sich um die jeweils örtlichen Filialen derselben Institute. Die Studenten einigten sich auf folgende Story, die sie den jeweiligen Kundenberatern vortrugen: Man habe 50.000 DM geerbt und beabsichtige, um mit diesen Dingen etwas vertraut zu werden, das Geld bis zum Studienende, d.h. voraussichtlich in zwei Jahren, in deutschen Aktien zu veranlagen. Zunächst holten sie einen generellen Rat ein, darüber hinaus baten sie die Kundenberater um ihre Meinung zu einer Empfehlung, die sie von einem Freund erhalten hätten. Dieser habe empfohlen, VEBA-Aktien (damals ein extrem konservativer Wert) und AEG-Aktien (im Vorfeld der noch unsicheren Übernahme durch Daimler-Benz der damals spekulativste Titel auf den deutschen Kurslisten) zu kaufen.

16 Es gibt immer wieder Situationen, in denen man …

Zurück an der Universität berichteten sie über ihre Erfahrungen und zu ihrem Erstaunen stellte sich bald heraus, dass diejenigen, die ein bestimmtes Institut (jeweils an den drei Standorten) besucht hatten, übereinstimmend der Meinung waren, dort eine besonders gute, fachlich sehr fundierte und Vertrauen erweckende Beratung vorgefunden zu haben. Nach genauerer Analyse stellten sie allerdings fest, dass die die AEG-Aktie betreffende Empfehlung, die sie in der Kölner Filiale (sehr gut begründet) bekommen hatten, der in der Düsseldorfer Filiale desselben Instituts erhaltenen (ebenfalls sehr gut begründet) genau entgegengesetzt war. Selbstverständlich führte dieses Ergebnis im Seminar zu lebhaften Diskussionen.

Ein paar Jahre später habe ich dieses Ergebnis mit leitenden Mitarbeitern des betreffenden Bankhauses diskutiert und eine sehr überzeugende Erklärung erhalten. Die zentrale Wertpapieranalyse dieses Hauses verstehe sich nicht als eine Instanz, die Prognosen über die Zukunft zu erarbeiten und entsprechende Empfehlungen abzugeben hätte, sondern als Instanz, in der alle Argumente, die für oder gegen ein bestimmtes Papier sprechen, erfasst und mehr und minder wertungsfrei weitergegeben werden. Es werden vor dem Adressaten der Analysen, dem einzelnen Kundenberater in der Zweigstelle, schlicht beide Waagschalen der Marktpreiswaage ausgeleert. Dann liege es an ihm, sich die Argumente herauszugreifen, die ihn am meisten überzeugen und die er am ehesten zu seinen eigenen machen kann. Nur wenn er sich seine eigene Meinung bilde, so die Begründung für dieses Vorgehen, könne er gegenüber den Kunden auch wirklich glaubwürdig sein und allein darauf komme es letztlich an.

Fast alle Banken haben Mutter- oder Spitzeninstitute, die zentrale Analysen erstellen und im eigenen Bereich verbreiten, ohne dass die Mitarbeiter und Nutzer an diese Empfehlungen gebunden sind. In aller Regel wird jedoch eine faktische Bindungswirkung dadurch erreicht, dass ein Berater, der von der Hausmeinung abweicht, dann, wenn seine Empfehlung sich als schlecht, die Hausmeinung sich hingegen als gut herausstellt, unter erheblichen Rechtfertigungsdruck geraten kann. In dem genannten Institut sei dies, so wurde versichert, nicht der Fall. Es könne gar nicht vorkommen, da es eine *Hausmeinung* nicht gäbe.

Überspitzt könnte man formulieren: In einem effizient bewertenden Markt ist es völlig unerheblich, welche Meinung der Berater zu einem bestimmten Titel hat, denn seine Meinung kann weder *falsch*, noch *richtig* sein. Wichtig ist nur, dass er seine Meinung überzeugend kommuniziert und den von ihm beratenen Kunden zum Handeln veranlasst: Der Kunde kauft oder er verkauft im Bewusstsein, das Richtige getan zu haben und die Bank verdient an den dabei entstehenden Transaktionskosten. Ein solches Geschäftsverständnis ist im Falle informationseffizient bewertender Märkte schlüssig und vernünftig! Nur auf denjenigen, der mit der Effizienzthese nichts anfangen kann, mag es zynisch wirken.

17
Die Marktteilnehmer handeln meistens nicht rational, sondern unterliegen bei ihren Entscheidungen massenpsychologischen Einflüssen

,Börsenpsychologie' ist ein Lieblingsthema vieler populärwissenschaftlicher Bücher über den Finanzmarkt. Ihre Hauptbotschaft ist die, dass die Marktteilnehmer vielfältigen psychologischen Einflüssen unterliegen, die sie immer wieder zu Entscheidungen veranlassen, die mit einem rein rationalen finanzwirtschaftlichen Kalkül nicht in Einklang zu bringen sind. Dies führe dazu, dass die Kurse sich von ihren angemessenen Werten wegbewegen und es immer wieder zu systematischen Über- und Unterbewertungen komme. Wem das bewusst sei, der solle sich von massenpsychologischen Einflüssen eben nicht mitreißen lassen, sondern nüchtern, kühl und objektiv die Dinge so sehen, wie sie wirklich sind. Wer sich nämlich erfolgreich von fundamental nicht begründeten, lediglich psychologisch motivierten Modetrends fernhalten könne, sei durchaus in der Lage, sich auf Kosten der anderen, der Herde dummer Schafe, die gedankenlos einem Leithammel hinterherlaufen, Vorteile zu verschaffen. Die Geschichte der Börsen zeige eine Fülle von Irrationalitäten, von *bubbles*, *crashs* und *fads*, die demjenigen, der einen kühlen Kopf bewahrt habe und inmitten der allgemeinen Hysterie finanzwirtschaftlicher Vernunft gefolgt sei, erhebliche Gewinne beschert hätten.

Aber können wir wirklich realistischerweise erwarten, dass uns dies gelingt? Auf *John Maynard Keynes* (1883–1946) geht das Wort zurück, in der Welt der Finanzmärkte gäbe es nichts, das so verheerend sei, wie ein rationales Anlageverhalten in einer irrationalen Welt. Wertpapierkurse sind das Ergebnis menschlicher Entscheidungen und insofern zweifelsohne auch in erheblichem Maße von psychologischen Einflüssen geprägt. Niemand wird dies bestreiten, wenngleich sich die akademische Finanztheorie über lange Zeit mit psychologischen Erklärungsansätzen äußerst schwer getan hat: Seit den 60er-Jahren galt eine andere als die *rein ökonomische*, d.h. rein rationale, Erklärung für reale Phänomene der Finanzmärkte als anrüchig und unwissenschaftlich. Der Grund für diese manchen als verengt erscheinende Problemsicht war nicht die Annahme, der Mensch handle ausschließlich rational (als *homo oeconomicus*), sondern die Überzeugung von *David Hume* (1711–1776), die Vernunft sei lediglich Sklavin der Leidenschaften: Wer wirklich etwas wolle, sei zur Vernunft verdammt und dies lasse anderes in den Hintergrund treten.

In jüngerer Zeit hat sich jedoch die Finanztheorie mit dem Forschungsprogramm des *Behavioral Finance* wieder verstärkt psychologischen Fragestellungen zugewandt: Es wird heute allgemein angenommen, dass es durchaus Erscheinungen wie Herdenverhalten *(herding)*, Übervertrauen *(overconfidence)* oder Untervertrauen *(underconfidence)* gibt, Dinge, die zu Fehlbewertungen im Markt führen können und auch tatsächlich führen. Den meisten sind die spekulativen Blasen *(bubbles)* der letzten Jahrzehnte noch lebhaft in Erinnerung: Die Dotcom-Blase von 2000 und die amerikanische Immobilienblase von 2008, die die schwerste Wirtschaftskrise der Nachkriegszeit ausgelöst hat.

Ob diese Erkenntnis allerdings geeignet ist, in überlegene Anlageentscheidungen umgesetzt zu werden, ist äußerst fraglich. Zunächst sollte sich jeder fragen, warum, wenn es irrationale Kursphasen gibt, es gerade ihm möglich sein sollte, diese als solche zu erkennen und sich außerhalb der vorherrschenden Psychose zu stellen. Wenn die Investoren immer wieder Fehler machen, warum sind es dann immer nur die anderen und wir nicht? Die heutigen Märkte sind hochgradig professionalisiert, so dass wir nicht damit rechnen können, dass *die anderen* unbedarfte Dienstmädchen, Tellerwäscher und Taxifahrer sind: Im Markt stehen uns gut ausgebildete, erfahrene und kritisch abwägende Finanzfachleute gegenüber, die für Banken, Pensionskassen, Investmentfonds und eine vermögende Privatkundschaft arbeiten und die ihrerseits den emotionalen Wirrungen des jeweiligen Zeitgeistes unterliegen.

Die wirklichen Profis wissen nur zu genau, dass auch sie selbst den verschiedensten psychischen Einflüssen ausgesetzt sind, die ihr Entscheidungsverhalten prägen. Es ist ähnlich wie in der Werbepsychologie: Jeder Werbefachmann weiß, dass auch er der Macht der *Geheimen Verführer* unterliegt, während die einfache Hausfrau fest von sich behaupten wird, beim Einkauf von Waschmitteln sich ausschließlich von Preis- und Qualitätsüberlegungen leiten zu lassen. Ähnlich fragwürdig ist die Rede von der breiten *Masse*, von der man sich abheben solle, weil sie heute dies tut (natürlich falsch) und morgen jenes (wieder falsch). Wer sich des Worts von der *Masse* bedient, meint stets nur alle andern, niemals sich selbst. Er sollte bedenken, dass er in den Augen aller anderen hingegen zur *Masse* gehört: Damit gehört jeder von uns nach Ansicht der überwältigenden Mehrheit zur *Masse*! Auch der Autofahrer, dem auf der Autobahn viele Fahrzeuge entgegen kommen, sollte zunächst einmal sein eigenes Fahrverhalten in Frage stellen, bevor er die anderen kurzerhand zu Geisterfahrern erklärt.

Dass finanzwirtschaftliche Entscheidungen nicht nur rational sind, sondern zu einem erheblichen Maß von psychologischen Einflüssen geprägt werden, ist unbestritten. Solange allerdings dieses Wissen nicht geeignet ist, bei der Aufdeckung von Fehlbewertungen hilfreich zu sein, stellt es keinen Beleg gegen die These von der Informationseffizienz dar. Jedenfalls nicht in einem praktisch verwertbaren Sinne. *Burton Malkiel* (geb. 1932) jedenfalls vertritt mit Nachdruck die Meinung, dass Märkte hochgradig effizient sein können, selbst wenn ihre Bewertungen mit Fehlern behaftet sind.

Kommen wir daher zum letzten in der Reihe der Argumente, die üblicherweise gegen die These bewertungseffizienter Märkte ins Feld geführt werden: Da es den inneren Wert einer Aktie nicht gibt, macht die Vorstellung eines effizienten Marktes keinen Sinn.

18
Da es den inneren Wert einer Aktie nicht gibt, macht die Vorstellung eines effizienten Marktes keinen Sinn

Der Aktienkurs ist genau der Preis, bei dem sich Angebot und Nachfrage einander ausgleichen. Die der Börse vorliegenden Angebots- und Nachfragekurven sind wiederum Ergebnis menschlicher Entscheidungen, dargeboten in Form unterschiedlich limitierter Kauf- und Verkaufsorders. Das ist heute so und wird auch in der Zukunft so sein. Auch künftig wird der Kurs nichts anderes sein als das, was mehr oder minder vernunftbegabte Menschen der Aktie als Wert zumessen werden, natürlich wissend, dass das auch in weiterer Zukunft so sein wird. Mehr noch: Betrachten wir den Preisprozess in seinem zeitlichen Ablauf, so stellt er sich als eine Abfolge sich selbst erfüllender Vorhersagen dar: Wenn die Investoren glauben, dass der Kurs steigen wird, dann werden sie verstärkt die Aktie kaufen wollen und der Kurs wird steigen. Wenn sie hingegen mit einem Rückgang der Aktien rechnen, dann werden sie versuchen, die Papiere noch loszuwerden und die Kurse werden fallen. Der Aktienkurs ist somit nicht etwas Reales, sondern das Ergebnis einer komplexen gedanklichen Konstruktion. Diese Zusammenhänge nimmt der bekannte amerikanische Investor die *George Soros* (geb. 1930) zum Anlass, die Logik der Fundamentalanalyse ganz generell infrage zu stellen: Die Finanztheorie sieht den Wert eines jeden Titels als Summe aller in der Zukunft zu erwartenden und auf den jetzt

Zeitpunkt abgezinsten Zahlungen (Dividenden, Zinsen, Boni, Verkaufserlöse etc.). Wenn aber die zukünftigen Zahlungen die heutige Bewertung bedingen und zugleich von ihr abhängen, tritt unwillkürlich eine Zirkelbeziehung auf.

Ist bei so einer Betrachtungsweise überhaupt Platz für die Vorstellung vom *inneren Wert* als von etwas Objektivem, außerhalb des menschlichen Bewertungsaktes Stehendem? Wohl kaum. Wenn es aber keinen Sinn macht, von *inneren Werten* zu reden, dann macht es auch keinen Sinn, von Bewertungseffizienz zu sprechen, denn der Begriff unterstellt die Möglichkeit, eine Beziehung zwischen zwei existierenden Dingen herzustellen: Dem Wert der Aktie und ihrem Kurs.

Eine derartige Sichtweise entspräche der Position des philosophischen Konstruktivismus: Nicht der Wert ist etwas Reales, sondern nur das, was wir uns in unserer Vorstellung als Wert konstruieren. So gesehen liegt es nahe, dass Investoren nicht über den *angemessenen Wert* der Aktie nachdenken, sondern darüber, welche Bewertung sie von den anderen Investoren in nächster Zeit erwarten sollten, d.h. wohin die Meinung des Marktes gehen wird. *John Maynard Keynes* (1883–1946), dem man nachsagt, er habe bei seinen Börsengeschäften meist sehr viel Erfolg gehabt, hat in seinem berühmten *beauty contest* (Schönheitswettbewerb) beschrieben, zu welchen Konsequenzen dies führt.

> Man hätte annehmen können, dass der Wettbewerb zwischen beruflichen Fachleuten mit einer den durchschnittlichen privaten Investor überragenden Urteilsfähigkeit und Kenntnis, die Grillen des sich selbst überlassenen Einzelnen berichtigen würde. Es ergibt sich aber, dass die Tatkraft und Geschicklichkeit des beruflichen Investors und Spekulanten in der Hauptsache anderweitig angewandt wird. Tatsächlich befassen sich nämlich die meisten dieser Menschen nicht mit überwiegend überlegenen langfristigen Voraussagen des wahrscheinlichen Ertragnisses einer Investition während ihrer ganzen Lebensdauer, sondern damit, die Änderungen in der konventionellen Grundlage

der Bewertung mit einem kurzen Vorsprung vor dem allgemeinen Publikum vorauszusehen. Sie befassen sich nicht damit, welchen Wert eine Investition wirklich für einen Menschen hat, der sie als Daueranlage kauft, sondern damit, wie sie der Markt, unter dem Einfluss der Massenpsychologie, nach drei Monaten oder nach einem Jahr bewerten wird. Dieses Verhalten ist überdies nicht das Ergebnis eines verschrobenen Hanges. Es ist das unvermeidliche Ergebnis eines nach den beschriebenen Grundlinien aufgebauten Investitionsmarktes.

…die berufliche Investition (kann) mit jenen Zeitungswettbewerben verglichen werden, bei denen die Teilnehmer die sechs hübschesten Gesichter von hundert Lichtbildern auszuwählen haben, wobei der Preis dem Teilnehmer zugesprochen wird, dessen Wahl am nächsten mit der durchschnittlichen Vorliebe aller Teilnehmer übereinstimmt, so dass jeder Teilnehmer nicht diejenigen Gesichter auszuwählen hat, die er selbst am hübschesten findet, sondern jene, von denen er denkt, dass sie am ehesten die Vorliebe der anderen Teilnehmer gewinnen werden, welche alle das Problem vom gleichen Gesichtspunkt aus betrachten. Es handelt sich nicht darum, jene auszuwählen, die nach dem eigenen Urteil wirklich die hübschesten sind, ja sogar nicht einmal jene, welche die durchschnittliche Meinung wirklich als die hübschesten betrachtet. Wir haben den dritten Grad erreicht, wo wir unsere Intelligenz der Vorwegnahme dessen widmen, was die durchschnittliche Meinung als das Ergebnis der durchschnittlichen Meinung erwartet. Und ich glaube, dass es sogar einige gibt, welche den vierten, fünften und noch höhere Grade ausüben. (*John Maynard Keynes, Allgemeine Theorie der Beschäftigung, des Zinses und des Geldes*, 1936 erschienene deutsche Übersetzung)

Wer in diesem Sinne an seine Investmententscheidungen herangeht, versucht, das Denken anderer zu antizipieren. Von diesen anderen muss er allerdings annehmen, dass sie nicht weniger raffiniert sind als er selbst und ihrerseits versuchen werden, das vorwegzunehmen, was er über sie nachzudenken sich anschickt. Eine Lösung für Probleme dieser Art gibt es nicht. Es mag zwar korrekt sein, zu sagen, dass Aktienkurse das Ergebnis sich verändernder Angebots- und Nachfragekonstellationen sind, die auf veränderte Erwartungen des Anlegerpublikums zurückgehen – es ist aber zweifelhaft, ob es systematisch gelingen kann, diese Erwartungen zu antizipieren.

Sehr deutlich zeigt sich dieses Dilemma bei einer Strategie, die immer wieder propagiert wird, um sich die (vermeintliche?) Dummheit der großen Masse der Investoren zunutze zu machen: Das sogenannte *antizyklische* Investment, wie es z.b. der berühmte Börsenautor *André Kostolany* (1906–1999) vertreten hat. Viele erinnern sich noch lebhaft an ein finanzwirtschaftliches Seminar an der Universität Innsbruck, bei dem *André Kostolany* als Gast geladen war: Obschon über 90 Jahre alt, referierte er über eine Stunde, stand den Studierenden für Fragen zur Verfügung und signierte eigenhändig seine Bücher. Kaum einer der Anwesenden konnte sich der Faszination dieses Mannes entziehen. Eine der typischsten Empfehlungen *Kostolany*'s lautet: Man solle jeweils dann, wenn die *breite Masse* der Investoren ihre Aktien verkauft, in den Markt einsteigen, und dann, wenn die *breite Masse* kauft, die erzielten Gewinne realisieren. Das Problem, das sich dabei stellt, ist vergleichbar dem im Keynes'schen Schönheitswettbewerb: Da die Empfehlung, antizyklisch zu agieren, mittlerweile gängiges Wissen nahezu eines jeden ist, der sich für Finanzmärkte interessiert, wird der etwas raffiniertere Investor zyklisch zu agieren versuchen, um somit antizyklisch zu allen anderen antizyklisch agierenden Investoren zu werden. Noch Raffiniertere werden vielleicht wieder antizyklisch agieren, um damit antizyklisch gegenüber denjenigen zu werden, die in der Absicht, antizyklisch gegen die Antizykliker zu agieren, zyklisch handeln etc.

Es gibt keinen Ausweg aus diesem intellektuellen Dickicht und schon gar keine Lösung: Nicht zur Masse der anderen gehören zu wollen, ist ein Minoritätsspiel (minority game), von dem wir wissen, dass es keine Lösung aufweist und auf das wir im Zusammenhang mit *Weltbild zwei* nochmals zurückkommen werden.

Darüber, ob der von *Keynes* skizzierte Schönheitswettbewerb eine gültige Metapher für den Aktienmarkt darstellt, ist viel geschrieben worden und ein endgültiges Urteil steht bis heute noch aus. *Burton Malkiel* nennt die Keynes'sche Analogie eine Luftschlosstheorie (castle-in-the-air-theory), da ihr ein fester Bezugspunkt, ein Anker, an dem man sich orientieren könnte, völlig fehlt: Der Wert ist letztlich nur das, wovon Menschen meinen, andere hielten dies für den Wert, weil diese wiederum davon überzeugt sein könnten, wieder andere würden dies für den Wert halten können. Ist das so oder gilt doch eher die von den Fundamentalanalytikern vertretene Ansicht, der Wert sei etwas Objektives, dass man vielleicht nicht exakt erfassen, wohl aber mehr oder minder gut abschätzen könne? Wer ein tieferes Verständnis von Finanzmärkten gewinnen will, darf dieser Frage nicht ausweichen. Ich gehe davon aus, dass die Leser dieses Buches um ein solches Verständnis bemüht sind.

Natürlich komme ich nicht umhin, auch meine eigene Position darzulegen. Ich sehe im Schönheitswettbewerb ein intellektuell reizvolles Gedankenspiel, das in keiner modernen Vorlesung über Finanzmärkte fehlen darf. Ich bin aber gleichwohl davon überzeugt, dass es als Metapher für den Aktienmarkt nur bedingt tauglich ist. Vieles ist ähnlich, vieles aber auch deutlich unterschiedlich: In beiden Fällen geht es um subjektive Urteile, aber im einen Fall ist diese Subjektivität problemimmanent, im anderen kann die Erfahrung eine objektive Prüfinstanz bereitstellen. Die Tab. 18.1 soll diese Unterschiede verdeutlichen. Es sei dem Leser überlassen, sich ein eigenes Urteil zu bilden.

Die These, man könne von einem effizienten Markt so lange nicht sprechen, wie ungeklärt bleibe, was unter dem inneren Wert eines Wertpapiers zu verstehen sei, unterscheidet sich allerdings von den zuvor besprochenen Einwänden, die durchweg als Gegenargumente zu *Weltbild eins*, zur These informationseffizienter Märkte verstanden werden wollten. Stellt man nämlich generell den Begriff des inneren Wertes infrage, so sind sowohl *Weltbild eins* als auch *Weltbild zwei* obsolet. Wenn es keine Überbewertungen, keine Unterbewertungen und keine angemessenen

Tab. 18.1 Schönheitswettbewerb versus Aktienmarkt

Schönheitswettbewerb	Vergleich	Realer Aktienmarkt
Ein objektiv gültiges Maß für Schönheit gibt es nicht	Gleich	Ein objektiv gültiges Maß für den Wert einer Aktie gibt es nicht
Vorteilhaft ist es, die Einschätzungen der anderen besser antizipieren zu können	Gleich	Vorteilhaft ist es, die Einschätzungen der anderen besser antizipieren zu können
Personen, die die Schönheit einer Frau besser einschätzen können als andere, gibt es nicht	???	Personen, die den inneren Wert einer Aktie besser einschätzen können als andere, gibt es wahrscheinlich schon
Es ist theoretisch möglich, dass alle dieselbe Frau für die Schönste halten	Ungleich	Es ist theoretisch unmöglich, dass alle dieselbe Aktie für unterbewertet halten
Mit Zeitablauf wissen wir nicht mehr: Nach 20 Jahren kann man nicht sagen, man hätte anders entscheiden sollen	Ungleich	Mit Zeitablauf wissen wir mehr: Nach 20 Jahren kann man durchaus sagen, man hätte anders entscheiden sollen

Bewertungen gibt, schlicht weil uns der Maßstab fehlt, an dem wir dies feststellen könnten, erübrigt sich eine weitere Beschäftigung mit dem Thema. In diesem Falle wäre die Börse, um nochmals *Georg von Siemens* zu zitieren, nicht einmal mehr ein *Monte Carlo ohne Musik*, denn am Roulettetisch ist der Maßstab bekannt: Er beträgt – 1/37 des erbrachten Einsatzes pro Spiel.

Ich weigere mich, eine derart nihilistische Position zu akzeptieren und bemühe mich weiter um ein Verständnis eines der faszinierendsten Phänomene moderner Wirtschaftsgesellschaften, des Finanzmarkts. Sonst hätte ich dieses Buch nicht schreiben dürfen.

19
Vorläufiges Fazit: Märkte könnten durchaus informationseffizient sein

Wir haben alle wesentlichen Einwände, die dem *Weltbild eins*, der These von der Informationseffizienz des Kapitalmarkts üblicherweise entgegengebracht werden, einer kritischen Analyse unterzogen und sie auf ihre Stichhaltigkeit überprüft. Dabei hat sich keines als wirklich schlagend erwiesen. Die Märkte können informationseffizient sein,

- obwohl die Investoren unterschiedlich gut informiert sind,
- obwohl es bessere und schlechtere Analysten gibt, die bei ihren Einschätzungen erhebliche Fehler machen,
- obwohl wir immer wieder sehr erfolgreiche Investoren beobachten können,
- obwohl es durchaus möglich ist, vernünftige Aussagen über die künftige wirtschaftliche Entwicklung von Volkswirtschaften oder von einzelnen Unternehmen zu machen,
- obwohl die Entscheidungen der Investoren nicht nur rational sind, sondern durchaus auch von individual- und sozialpsychologischen Einflüssen geprägt sein können.

Die Möglichkeit, dass Wertpapiere an den Finanzmärkten informationseffizient bewertet werden, sollte somit nicht vorschnell ausgeschlossen werden. Die Frage allerdings, ob auch in der

Wirklichkeit eine informationseffiziente Bewertung stattfindet, ist damit selbstverständlich nicht beantwortet. Sie kann – wenn überhaupt – nicht durch Nachdenken, sondern nur dadurch beantwortet werden, dass man sich die Mühe macht, sich die Realität der Finanzmärkte einmal genau und unvoreingenommen anzusehen. Gehen wir daher einmal ins Rückgebäude unseres zumindest an der Fassade prächtigen finanzwirtschaftlichen Hauses, gehen wir einmal über den Hof in die Werkstatt der empirischen Kapitalmarktforschung. Gehen wir zu den praxisorientierten Handwerkern.

20
Ein paar Blicke in die Werkstatt der empirischen Kapitalmarktforschung

In den gesamten Wirtschafts- und Sozialwissenschaften gibt es nichts, was so häufig, mit so einem ungeheuren Aufwand an statistischer Raffinesse und mit so vielen unterschiedlichen Daten getestet worden wäre wie die These von der Informationseffizienz der Finanzmärkte. Dies liegt nicht daran, dass die Mitarbeiter im Rückgebäude des finanzwirtschaftlichen Hauses fleißiger wären als ihre wissenschaftlichen Kollegen von der Organisationssoziologie, dem Rechnungswesen, der Politikwissenschaft oder der Konsumentenforschung, sondern daran, dass sie das Glück haben, eine Fülle von Daten aus allen Märkten der Welt an der Hand zu haben, die ihnen in maschinenlesbarer Form für ihre wissenschaftliche Arbeit zur Verfügung stehen. In den meisten Bereichen der empirischen Sozialforschung ist man schon sehr zufrieden, wenn es gelingt, zu einem Problem die Ergebnisse von ein paar hundert Befragungen auswerten zu können. *Stephen Taylor* (geb. 1952) hat vor ein paar Jahren auf der Tagung der European Finance Association in Mailand einen Beitrag mit dem Titel *A Hundred Million Data* zur Diskussion gestellt. Er untersuchte die fortlaufenden Notierungen der Londoner Währungsmärkte auf bestimmte statistische Eigenschaften und stützte seine Ergebnisse tatsächlich auf hundert Millionen Kursinformationen! In diesem Buch kann es nur darum gehen, einen kleinen Blick in die Werkstatt zu werfen: Die Fragestellungen, Methoden und Ergebnisse der empirischen Kapitalmarktforschung sind so unterschiedlich, dass sich allenfalls ein kleiner Ausschnitt darstellen lässt. Wenn es dabei gelingt, eine Vorstellung von der Vielfältigkeit der Problemstellungen und der Ergebnisse zu bekommen, wäre das Ziel schon erreicht.

Die ältesten Arbeiten haben wir bereits kennengelernt. In der Anfangszeit der empirischen Kapitalmarktforschung ging es primär um die Frage nach der Vorhersagbarkeit von Kursverläufen: Bereits in einer Studie von 1933 stellte *Alfred Cowles* (1891–1984) die Frage „Können Aktienkursvorhersagen Aktienkurse vorhersagen?" und beantwortete auf der Basis einer umfangreichen Analyse von Newsletters und Börseninformationsdiensten seine Frage mit: „Das ist höchst zweifelhaft". *Holbrook Working* (1895–1985) studierte 1934 die Preisbildung auf Terminmärkten und kam zum Ergebnis, dass die Kursverläufe nicht von Zufallsverläufen zu unterscheiden seien. Auch die oben bereits erwähnte Arbeit von *Maurice Kendall* (1907–1983) aus dem Jahr 1953 ist dieser Frühphase der empirischen Kapitalmarktforschung zuzurechnen. Die Studie von *Harry Roberts* (1923–2004) aus dem Jahr 1959 stellte sich als Auseinandersetzung mit der technischen Wertpapieranalyse dar, deren Grundaussage, Kurse folgten bestimmten Mustern, *Roberts* mit der Bemerkung ablehnt, es handle sich dabei um bloße statistische Artefakte, die auch mithilfe unabhängiger Zufallszahlen erzeugt werden könnten. Bereits 1964 veröffentlichte *Paul Cootner* (1930–1978) einen Sammelband, dem er den Titel *Der Zufallscharakter von Aktienkursen* gab und in dem die ersten empirischen Arbeiten zu Aktienkursverläufen abgedruckt sind. Ab den 50er-Jahren wurden dann weltweit Aktienkurse auf statistische Regelmäßigkeiten hin untersucht und es wurde dabei z. B. versucht, Antworten auf folgende Fragen zu finden:

- Gibt es Trends im Sinne außergewöhnlich langer Bewegungen in ein und dieselbe Richtung? Die wesentliche Grundannahme der Technischen Wertpapieranalyse ist die, dass es dauer-

hafte Trends gibt: „Stocks move in trends" oder „The trend is your friend" sind Glaubenssätze für den größten Teil der Chartisten.
- Gibt es Autokorrelationen, d. h. Abhängigkeiten in dem Sinne, dass die Kursbewegung an einem Tag (Woche, Monat) von dem des Vortags (der Vorwoche, des Vormonats o. ä.) abhängt? Folgt z. B. einem Kursanstieg häufiger ein Kursrückgang oder ein weiterer Anstieg oder lassen sich keinerlei derartige Regelmäßigkeiten finden?
- Gibt es zyklische Bewegungen im Sinne eines regelmäßigen Auf und Abs der Kurse mit halbwegs konstanten Frequenzen und halbwegs konstanten Amplituden? Dies wird z. B. von den Vertretern des Elliot-Wellen-Ansatzes behauptet.
- Lässt sich durch starre, sich an Kursverläufen orientierenden Handelsregeln ein Ergebnis erzielen, das signifikant besser ist als ein reines Zufallsergebnis? Solche Regeln sind z. B. die Filterregeln: Kaufe immer dann, wenn der Aktienkurs um mehr als 1 % über die 100-Tage-Durchschnittslinie steigt. Verkaufe immer dann, wenn der Aktienkurs um mehr als 1 % unter die 100-Tage-Durchschnittslinie fällt.
- Lassen sich durch Anwendung von Indikatoren, die aus vergangenen und aktuellen Kursverläufen berechnet werden können (z. B. Momentum, Advance-decline-line, Stochastik-Indikator etc.), Renditen erzielen, die signifikant über reinen Zufallsrenditen liegen?

Die Antworten auf diese Fragen waren zumindest in den ersten Jahren der empirischen Kapitalmarktforschung klar: Nein, alles das gab es nicht! Zwar ließen sich vereinzelt immer wieder Hinweise auf kleinere Regelmäßigkeiten erkennen, diese waren aber in ihrem Ausmaß so gering, dass für einen Investor keine Chance bestanden hätte, sie zum eigenen Vorteil auszunutzen. Unter dem Mikroskop mag das Tuch, mit dem der Billardtisch bespannt ist, einem Betrachter als extrem rau, uneben und zerklüftet erscheinen, für die Zwecke des Billardspiels hingegen ist es in perfekter Weise *glatt*! Ähnlich war es mit den Aktienkursen: Unter dem *Mikroskop* feinster statistischer Testverfahren mögen sich Abweichungen von der Zufallspfadeigenschaft zeigen, diese *Unebenheiten* sind aber ohne Belang für Zwecke einer gezielten Renditenaufbesserung. Und nur darauf kommt es in der Praxis an!

Die Zufallspfadeigenschaft der Aktienkurse war damit fest etabliert und galt unter Fachleuten als unumstößliche Tatsache. Die *Random-Walk-These* hat die wuchtigen Angriffe all jener, die sie durch empirische Gegenbeweise haben widerlegen wollen, bravourös überstanden und war nicht mehr wegzudiskutieren. Das weltweit meistgelesene Börsenbuch, verfasst von dem schon mehrfach erwähnten Finanzwirtschaftler *Burton Malkiel*, trägt daher auch den bezeichnenden Titel *A Random Walk Down Wall Street*.

Im Grunde hätte dies das Ende der Technischen Wertpapieranalyse bedeuten müssen, die ja exakt das Gegenteil behauptete und damit als widerlegt gelten musste. *Eugene Fama* (geb. 1939), einer der Hauptvertreter der Efficient-Markets-Schule (für die er 2013 den Nobelpreis erhielt) und auch Verfasser wichtiger empirischer Arbeiten, schrieb bereits 1965:

> Da die empirischen Ergebnisse, die in dieser und in vielen anderen Studien vorgelegt wurden, so eindeutig und zahlreich sind, sind die Gegenargumente der Chartisten solange wertlos, als es ihnen nicht gelingt, ähnlich klare empirische Ergebnisse zugunsten ihrer Sicht der Dinge zutage zu fördern.

Derartige Nachweise sind trotz vielfältiger Anstrengungen bis heute ausgeblieben. Da aber der Glaube immer stärker ist als die Tatsachen, blieb die Technische Analyse bestehen und konnte mit dem Aufkommen des Personal Computers sogar eine starke Belebung erfahren. Da sich heute jedermann über das Internet vergleichsweise einfach und problemlos in den Besitz maschinenlesbarer und aktueller Finanzmarktdaten bringen kann und die *Theorien* der Technischen Analyse einfach programmierbar sind, wird eine Fülle problemlos zu bedienender Börsensoftware angeboten, die auf diesen und ähnlichen Ansätzen beruht.

> Es ist allerdings höchst unwahrscheinlich, dass diese Programme noch irgendjemand anderem nützen als demjenigen, der sie für gutes Geld vertreibt! Ein Trost für die Nutzer: Wenn die Märkte ein hohes Maß an Effizienz aufweisen, werden sie ihnen auch nicht systematisch schaden. Es wird Nutzer geben, die mit diesen Programmen (zufällige) Verluste erleiden, aber auch Nutzer, die mit ihnen (ebenso zufällige) Gewinne verbuchen können. Die letzteren werden an die Qualität der Programme glauben, neue Versionen erwerben und das Programm an ihre Freunde und Bekannten weiterempfehlen. Und es wird neue Nutzer geben, die...
> Es wird aber auch Nutzer geben, deren Erwartungen enttäuscht werden. Sie wenden sich einem anderen Produkt zu, mit dem sie dann (zufällige) Verluste erleiden oder aber (ebenso zufällige) Gewinne verbuchen können. Im zweitgenannten Fall werden sie an die Qualität des Programms glauben, neue Versionen erwerben und das Programm an ihre Freunde und Bekannten weiterempfehlen. Und somit wird es neue Nutzer geben, die... etc.
> Wie einfach doch manche Geschäftsideen sind!

Spätestens in den siebziger Jahren wurde es schlicht langweilig. Auf den großen internationalen Tagungen der Finanzwirtschaftler wurden immer neue Untersuchungen präsentiert, die letztlich immer wieder dasselbe Ergebnis erbrachten. Autokorrelationen in den finnischen Aktienkursen? Fehlanzeige! Zyklizitäten bei spanischen Versorgungswerten? Fehlanzeige! Erfolg mit Filterstrategien bei deutschen Bankaktien? Fehlanzeige! Etc.

Die Fülle der *Weltbild eins* unterstützenden Arbeiten und die kompakte Geschlossenheit des Effizienzmodells hat sehr viele, die vorher von der Machbarkeit eines systematischen Börsenerfolgs überzeugt waren, zum Umdenken veranlasst. Die prominenteste Stimme kam sicher von *Benjamin Graham* (1894–1976), einem der beiden Autoren des Klassikers der Wertpapieranalyse und dem Nestor der Fundamentalanalyse, der kurz vor seinem Tod bekannt hat: „Ich sehe mich nicht mehr als Verfechter elaborierter Techniken der Wertpapieranalyse mit dem Ziel, überlegene Anlagemöglichkeiten ausfindig zu machen... Ich habe mich auf die Seite der Efficient-markets-Schule geschlagen."

Mitte der 80er-Jahre indes begann sich die Situation zu wandeln. Zunehmend wurden von seriösen und wissenschaftlich unbestritten anerkannten Autoren empirische Befunde vorgelegt, die die Random-Walk-Eigenschaft der Aktienkurse in Frage stellten. So wurde z. B. gezeigt,

- dass die Zufallspfadeigenschaft für Wochenrenditen amerikanischer Aktienportefeuilles im Zeitraum 1962 bis 1985 nicht gilt, da sie, schwach zwar, aber doch signifikant positiv autokorreliert sind (d. h., es besteht eine Abhängigkeit zwischen den Kursbewegungen zu verschiedenen Zeitpunkten),
- dass die Renditen zeitlichen Mustern gehorchten: im Januar sind sie höher als in anderen Monaten, am letzten Tag eines Monats sind sie höher als zu allen anderen Tagen, Montags sind sie geringer als an anderen Wochentagen, an Tagen vor Feiertagen sind sie höher als sonst,
- dass entgegen der Random-Walk-These technische Indikatoren wie z. B. das *Momentum* künftige Kursverläufe zum Teil erklären können.

Die Tatsache, dass derartige Effekte über einen längeren Zeitraum nachweisbar existieren, sagt allerdings nichts darüber aus, ob ihre aus Nutzung überlegene Anlageergebnisse möglich macht. Selbst *Lo* (geb. 1960), Mitautor des Bestsellers *A Non-Random Walk Down Wall Street* zeigt sich als extrem skeptisch gegenüber den Versuchen, aus den nachgewiesenen Verletzungen der Random-Walk-Eigenschaft Kapital in Form überlegener Renditen schlagen zu wollen.

20 Ein paar Blicke in die Werkstatt der empirischen ...

Die empirische Kapitalmarktforschung geht allerdings weit über die Frage hinaus, ob die Kursverläufe Regelmäßigkeiten aufweisen, die mit der Random-Walk-Annahme nicht in Einklang zu bringen sind. In sogenannten *event studies* wird überprüft, ob ein bestimmtes, zu einem klar definierten Zeitpunkt stattgefundenes Ereignis einen signifikanten Einfluss auf den Verlauf des jeweiligen Aktienkurses hatte oder nicht. Die erste Untersuchung dieser Art stammt von den amerikanischen Finanzwirtschaftlern *Fama, Fisher, Jensen* und *Roll* und wurde 1969 veröffentlicht. Die Autoren untersuchten die Reaktion amerikanischer Aktienkurse auf *Stock Splits* (ähnlich einer Ausgabe von Gratisaktien) in den Jahren 1927 bis 1959. Stock Splits gelten als ein ganz deutliches Signal der Stärke eines Unternehmens: Keine Gesellschaft würde einen Stock Split durchführen, wenn sie nicht sicher wäre, in den nächsten Jahren die nunmehr vergrößerte Zahl von Aktien angemessen mit Dividende versorgen zu können. Die Autoren der Studie konnten zeigen, dass die Aktienkurse bereits zweieinhalb Jahre vor der Bekanntgabe des Stock Split auf diese positive Nachricht zu reagieren begannen, aber ab dem Veröffentlichungszeitpunkt kaum noch weitere Reaktionen mehr auszumachen waren: Die Information war zu jedem Zeitpunkt in den Kursen voll verarbeitet! Selbst ein Investor, der die Sekretärin bestochen hätte, die die Pressemitteilung über die Maßnahme am Tag vor ihrer Veröffentlichung getippt hatte, hätte daraus keinen nennenswerten Vorteil mehr ziehen können.

Das mit dieser Untersuchung geschaffene methodische Instrumentarium hat in der empirischen Kapitalmarktforschung viele Nachahmer gefunden und eine Fülle interessanter Ergebnisse zutage befördert. Es wurde untersucht, welche Auswirkung eine Gewinnankündigung einer Unternehmung auf ihre Kurse hat, wie und wann sich Gewinnschätzungen von Analysten, Paketanzeigen (Mitteilung eines Investors darüber, mehr als einen bestimmten Prozentsatz der Aktien zu besitzen), Änderungen des Dividendensatzes, Übernahmeangebote, Begebung von Optionsanleihen, Änderungen in den Bilanzierungsmethoden und vieles mehr auf die Aktienkurse auswirken. Auch hier war das Bild ähnlich wie bei den Stock Splits: Überwiegend zeigte sich, dass die Kursreaktionen auf derartige Ereignisse dann, wenn sie der Öffentlichkeit bekannt werden, weitestgehend abgeschlossen sind. Genau das ist es, was die mittelstrenge Effizienzthese behauptet: Die Kurse spiegeln zu jedem Zeitpunkt alle öffentlich verfügbare Information in vollem Umfang wider! Allerdings gab es auch Fälle, in denen auch nach Veröffentlichung bewertungsrelevanter Ereignisse noch Kursreaktionen zu verzeichnen waren. Auch hier gilt daher, dass sich sowohl diejenigen, die die These von der Informationseffizienz vertreten wollen, durch empirische Untersuchungen bestätigt sehen, als auch diejenigen, die von der Existenz nicht unerheblicher Ineffizienzen ausgehen: Der Billardtisch ist gleichermaßen glatt wie rau.

Die wohl beeindruckendsten und am wenigsten mit methodischen Problemen behafteten Tests sind die, bei denen geprüft wird, ob einzelne Personen, Personengruppen oder Institutionen in der Lage sind, ihr Wissen in einer Weise umzusetzen, die ihnen die Erzielung überdurchschnittlicher Renditen erlauben würde. Können Finanzanalysten, Börsenhändler, Fondsmanager, Autoren von Börsenbriefen etc. die ihnen zur Verfügung stehende Information dazu nutzen, überdurchschnittliche Renditen zu erzielen? Insbesondere zur Performance von Investmentfonds sind weltweit sehr viele Studien durchgeführt worden: Eine der ersten Arbeiten stammt von *Michael Jensen* (geb. 1939). Er untersuchte die Renditen von 115 amerikanischen Investmentfonds in den Jahren von 1955 bis 1964. Das Ergebnis war für die Fondsmanager niederschmetternd: Die Renditen von 89 der 115 Fonds (77 %) lagen unter der jeweiligen Marktrendite. Wer während dieser Zeit sein Geld in Investmentfonds angelegt hatte, musste sich am Ende des Zehnjahreszeitraums mit etwa 15 % weniger zufrieden geben als derjenige, der einfach in den Markt investiert hätte. *Jensen* konnte auch zeigen, dass dieses Ergebnis seine

Ursache nicht in den für die Verwaltung des Fonds notwendigen Transaktionskosten hatte: Betrachtet man das Ergebnis ohne Transaktionskosten, so sind es immerhin noch 72 der 115 Fonds (63 %), die nur unterdurchschnittliche Renditen erzielt haben. Die durchschnittliche Minderrendite aller Fonds lag im Zehnjahreszeitraum bei − 8,9 %!

Im Jahr 1984 hat für den deutschen Markt *Paul Lerbinger* (geb. 1955) eine ähnliche Untersuchung vorgelegt. Nach seinen Berechnungen lagen im Zeitraum von 1970 bis 1979 die Renditen aller deutschen Aktienfonds deutlich unter den jeweiligen Marktrenditen. Interessant ist sein Versuch, plausible Erklärungen für dieses zur damaligen Zeit durchaus noch überraschende Ergebnis zu geben:

- Die Portfoliomanager könnten durchaus monopolistische Information besitzen, aber sie verfahren nach dem Aschenbrödelprinzip und geben die guten Investments in das eigene Portefeuille oder in das ihrer besten Kunden, während die schlechten Investments in das Portefeuille der von ihnen betreuten Fonds Eingang finden (eine angesichts des enormen Konkurrenzdrucks unter den Fonds doch wohl eher unwahrscheinliche Interpretation).
- Die Portefeuillemanager sind systematisch unfähig: Nach dem aus der Betriebssoziologie bekannten Peter-Prinzip steigt jeder in der Hierarchie auf, der sich an der Position, an der er sich befindet, gut bewährt hat. Erst wenn die Stelle ihn überfordert, bleibt er auf ihr sitzen. *Lerbinger* hält es für möglich, dass die guten Portfoliomanager in der Bankhierarchie aufsteigen und nur die schlechten im Bereich des Fondsmanagements verbleiben.

Neuere Ergebnisse finden sich in den Arbeiten von *Burton Malkiel*. Die Abb. 20.1 zeigt, dass es in den Jahren von 1997 bis 2007 nur 16 % der europäischen Fonds geschafft haben, ein Ergebnis zu erzielen, das besser gewesen wäre als der Index MSCI (Morgan

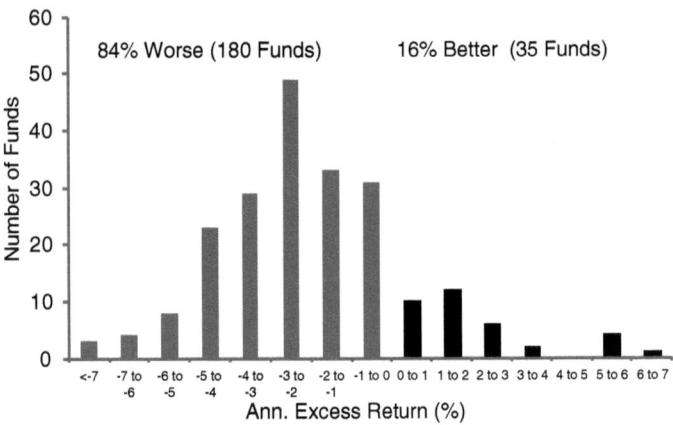

Abb. 20.1 Überrenditen europäischer Aktienfonds, 1997–2007

Stanley Capital International): 84 % der europäischen Aktienfonds blieben teils erheblich hinter dem Bezugsindex zurück!

Natürlich gibt es immer wieder Aktienfonds, deren Ergebnisse klar über den jeweiligen Marktrenditen liegen. Daraus folgt zunächst einmal gar nichts, denn es gibt auch täglich Leute, die nach dem Besuch von Casino Austria mehr Geld in der Tasche haben als zuvor. Auch daraus folgt nicht, dass es erfolgreiche Methoden des Roulettespiels gibt.

Die entscheidende Frage ist: Gibt es irgendwelche Anzeichen dafür, dass ein gutes Ergebnis eines Fonds etwas mit überlegenen Fähigkeiten der Fondsmanager zu tun hat und daher erwartet werden darf, dass dieser Fonds auch in Zukunft überdurchschnittliche Ergebnisse zu erwirtschaften verspricht? Von dieser Annahme gehen die sogenannten Dachfonds aus, Fonds, die das ihnen anvertraute Geld regelmäßig in denjenigen Fonds investieren, deren vergangene Performance sehr gut war.

Die Tab. 20.1 sollte jedoch zur Skepsis mahnen: Die 20 besten Fonds der Jahre 1990–1994 befanden sich in den darauffolgenden

Tab. 20.1 Persistenzen gibt es nicht. (Malkiel 2003)

	1990–1994		1995–1999	
Investmentfonds	Rang	Rendite (%)	Rang	Rendite (%)
Oppenheimer Main St Growth & Income	1	25,03	129	24,27
CGM Capital Developement	2	24,76	134	24,09
PBHG Growth	3	24,37	261	15,43
American Cent Ultra Inv	4	23,05	21	33,78
Kaufmann	5	22,36	210	19,92
Berger Growth	6	21,25	53	29,28
Constellation A	7	19,99	183	22,05
AIM Fidelity Blue Chip Growth	8	19,77	105	25,32
Parnassus	9	19,50	275	11,45
Fidelity Adv Equity Growth Instl	10	19,49	54	29,01
Chase Vista Capital Growth A	11	19,32	245	17,66
MainStay Capital Apprec	12	19,19	31	31,32
Fidelity Contrafund	13	19,01	150	23,59
Westcore Midco Growth	14	18,87	233	18,40
Invesco Dynamics	15	18,22	61	28,26
Van Kampen Emerg Growth A	16	17,78	56	28,87
Brandywine	17	17,60	236	18,15
Fidelity Destiny II	18	17,14	4	39,06
Delaware Trend A	19	16,94	170	22,54
Chase Vista Growth & Income	20	16,79	224	19,30
Durchschnitt der 20 untersuchten Fonds		20,02		24,09
Durchschnitt aller Fonds		10,37		23,83
Index Standard & Poors 500		10,85		26,17
Zahl der erfassten Fonds		283		283

fünf Jahren gleichermaßen im oberen, im mittleren und im unteren Segment der Performanceskala, ein Zusammenhang der vermuteten Art ist nicht feststellbar. Persistenzen gibt es nicht, daher kann aus der Tatsache, dass ein Investmentfonds in der Vergangenheit gute Ergebnisse erzielt hat, nicht geschlossen werden, dass er auch in der Zukunft überdurchschnittlich gut abschneiden dürfte.

Im Gegenteil: Es kann noch viel schlimmer kommen, wie es Tab. 20.2 zeigt. Die 19 besten Fonds der Jahre 1994–1999 fanden sich in den Jahren 2000–2005 durchwegs am Ende der Performanceskala (Gesamtzahl der erfassten Fonds: 424). Was war passiert? Offenbar waren die erfolgreichen Fonds in der zweiten Hälfte der 90er-Jahre jene, die voll auf die Bereiche Hightech, Telekommunikation und Internet gesetzt haben und die dann am brutalsten vom Platzen der Dotcom-Blase zu Beginn des neuen Jahrtausends getroffen wurden: Der Index der NASDAQ (größte US-Börse mit dem höchsten Anteil an sogenannten New-Economy-Titeln) fiel binnen weniger Monate um fast 80 %. Dieselben Fondsmanager, die sich zuvor noch rühmen konnten, die Entwicklung richtig eingeschätzt und auf das richtige Pferd gesetzt zu haben, wurden auf einmal äußerst wortkarg.

Schon früh hat der Markt auf diese Ergebnisse reagiert und Fonds angeboten, die über kein aktives Portefeuille-Management mehr verfügen, sondern ihre Mittel so veranlagen, dass die Gewichtungen der einzelnen Papiere der Gewichtung im Index selbst entsprechen. Der erste Fonds dieser Art wurde 1975 aufgelegt, aber erst in den 90er-Jahren wurde diese Anlageform wirklich populär. Da die Indexfonds einfach den ganzen Markt halten, können sie ihren Zeichnern eine Rendite garantieren, die allenfalls um einen sehr kleinen Betrag (den sogenannten tracking error) von der Rendite des jeweiligen Bezugsindex abweicht. Offenbar hat die Finanzkrise von 2008 dazu beigetragen, dass das Vertrauen in die Fähigkeit von klassischen Fondsmanagern stark eingebrochen ist: Im Jahr 2008 hatten die aktiv gemanag-

Tab. 20.2 Negative Persistenzen um die Jahrtausendwende. (Malkiel 2008)

	1994–1999		2000–2005	
Investmentfonds	Rang	Rendite (%)	Rang	Rendite (%)
RS Inv. Emerg Growth	1	37,54	410	−9,35
Janus Mercury	2	35,92	397	−8,11
Fidelity New Millenium	3	35,82	229	−0,48
Janus Twenty	4	34,89	394	−7,72
Fidelity Aggr Growth	5	32,70	422	−15,67
Van Kampen Emerg. Growth A	6	31,94	403	−8,47
Janus Enterprise	7	31,15	414	−9,58
Legg Mason Value Tr Prm	8	31,11	167	2,45
Van Kampen Emerg. Growth B	9	30,90	409	−9,17
TAIDEX Janus Growth	10	30,21	395	−8,00
Janus Venture	11	29,97	387	−7,02
TAIDEX Janus Growth T	12	29,85	401	−8,39
Morgan Stanley Inst	13	29,47	253	−1,22
Putnam OTC Emerg Growth A	14	29,10	424	−19,25
Phoenix Mid-Cap Growth A	15	29,10	402	−8,41
Janus Growth and Income	16	28,43	250	−1,13
Harbor Cap Apprec. Inst.	17	28,38	341	−4,28
Fidelity OTC	18	28,16	371	−6,18
USAA Aggr. Growth	19	27,84	405	−8,51

ten Aktienfonds in Europa Nettomittelabflüsse in Höhe von etwa 230 Mrd. zu verzeichnen, während im gleichen Jahr die börsengehandelten Indexfonds um etwa 55 Mrd. zulegen konnten. Von 2008 bis 2014 hat sich in Europa das Volumen der heute verbreitetsten Form von Indexfonds, der börsennotierten ETFs (exchange traded funds), fast vervierfacht.

Der weitaus größte Teil der Untersuchungen zur Fonds-Performance betrifft die Aktienfonds. Das Bild ist aber bei den Rentenfonds nicht wesentlich anders. So konnten *Blake/Elton/Gruber* am US-amerikanischen Markt zeigen, dass die Rentenfonds eine Unterperformance aufweisen, die in etwa den von ihnen verursachten Kosten entspricht: Die am Markt erzielte Bruttorendite entsprach in etwa dem Markt selbst. Eine Untersuchung im deutschen Markt kam zu ähnlichen Ergebnissen und die Autoren *Theissen* und *Greifzu* kamen zu dem Schluss, dass es Fonds mit systematisch besserem oder schlechterem Management nicht gibt: Alle seien mehr oder minder gleich und zwar gerade so, wie es ihnen der Markt in unerbittlicher Weise vorgibt.

Die Untersuchungen über die Performance von Investmentfonds stellen die wohl populärsten Arbeiten im Bereich der empirischen Kapitalmarktforschung dar. Natürlich wurden noch viele andere Fragestellungen aufgeworfen und mit empirischen Daten belegt:

- Die von Brokerhäusern erarbeiteten und öffentlich bekanntgegebenen Aktienempfehlungen wurden auf ihren Informationsgehalt hin untersucht: Eine Anlagestrategie, sie sich auf die Empfehlungen stützt, unterscheidet sich nicht signifikant von einem Zufallsinvestment.
- Ähnliche Leistungen wurden den Finanzanalysten und Wertpapierberatern bescheinigt: Da nur weniger als ein Prozent der Gewinnveränderungen durch die Prognosen erklärt wird, sind diese im Grunde wertlos! Außerdem gibt es auch hier keine Persistenzen: Analysten, die in einem Zeitabschnitt eine gute Prognose abgegeben haben, hatten in den darauffolgenden Perioden keine höhere Treffsicherheit als die anderen auch.
- *Scholes* untersuchte die Auswirkung des Pakethandels im amerikanischen Markt und konnte zeigen, dass der Markt unterschiedlich reagiert, je nachdem, wer die Transaktion ausgelöst hat: Waren es Insider oder insidernahe Personen, so fiel die

Kursveränderung deutlich stärker aus als in den Fällen, in denen der Trade auf Outsider zurückging. Offenbar findet nicht nur die Information selbst, sondern auch das Wissen um die Herkunft der Information in den Marktpreisen ihren Niederschlag. In der Informationsökonomik werden Informationen über das Wissen anderer als *Informationen zweiter Ordnung* bezeichnet. Weiter unten werden wir noch sehen, dass derartige Information häufig handlungsleitend sein kann.

Wie bei den Untersuchungen über die Kursverläufe gab es auch bei den weitergehenden empirischen Tests eine Fülle von Belegen, die mit der Vorstellung eines informationseffizient bewertenden Marktes nicht in Einklang zu bringen sind:

- An der New Yorker Börse haben Aktien, die in den vergangenen Jahren überdurchschnittlich gut abgeschnitten hatten, in den darauf folgenden Jahren signifikante Minderrenditen gegenüber dem Markt aufzuweisen. Aktien hingegen, die zuvor eher schlecht performten, wiesen in den darauffolgenden Jahren Überrenditen gegenüber dem Markt auf. Ähnliche Effekte wurden für den deutschen Markt festgestellt.
- Aktien, die in der öffentlichen Wahrnehmung eher ein Schattendasein fristeten (sogenannte out-of-favor stocks, value stocks), erwiesen sich als ein besseres Investment als die vielgepriesenen *glamour stocks*.
- Aktien, die ein geringes Kurs-Gewinn-Verhältnis (KGV) oder ein überdurchschnittliches Verhältnis zwischen Bilanzkurs und Börsenkurs (book-to-market-ratio) aufzuweisen hatten, erzielten ein überdurchschnittlich gutes Ergebnis.
- Zwischen Dividendenrendite (= Dividende dividiert durch Aktienkurs) und Kursverlauf sind Zusammenhänge festgestellt worden, die es unter Gültigkeit der Effizienzthese eigentlich nicht geben dürfte.

- Unternehmen mit einer geringen Börsenkapitalisierung schneiden, auch unter Berücksichtigung unterschiedlicher Risiken, über lange Frist signifikant besser ab als solche mit hoher Börsenkapitalisierung (small-firm-effect).

Da die These vom Zufallsverlauf der Kurse und ihre Erweiterung, die Effizienzthese, mittlerweile akademisch bestens etabliert war, musste alles, was ihr zuwider lief, als etwas Eigenartiges, von der Norm Abweichendes interpretiert werden. Alle genannten Effekte werden daher als *Anomalien* bezeichnet (30 Jahre zuvor hätte man sie wahrscheinlich als Selbstverständlichkeiten akzeptiert). Diese *Anomalien* waren einerseits zwar statistisch signifikant, andererseits in ihrem absoluten Ausmaß oft sehr gering. Daher ist die Diskussion darüber, ob sie eher eine vernachlässigbare Randerscheinung oder eine echte Widerlegung der Effizienzthese darstellen bis heute nicht verstummt. Es ist auch völlig unklar, ob die festgestellten Abweichungen von der reinen Lehre des Zufallspfads geeignet sein könnten, denjenigen Investoren, die sie ausnutzen wollen, Renditen zu bescheren, die nachhaltig über dem Durchschnitt liegen. Selbst viele überzeugte Vertreter der Behavioral-Finance-Schule scheuen davor zurück, dies zu behaupten.

Wenn von effizienten Märkten die Rede ist, ist meist die mittelstrenge Form der Effizienz gemeint. Daher fallen Ergebnisse, die Insidern eine gewisse Überrendite bescheinigen, nicht unter das Verdikt einer Anomalie. Die tatsächliche Existenz von Insidergewinnen empirisch zu belegen, ist naturgemäß nur bedingt möglich: Da die Nutzung von kursrelevanten Insiderinformationen strafbar ist, wird niemand sich einem empirischen Forscher gegenüber dazu bekennen. Zudem ist es oftmals für Insider ein leichtes, bei der Durchführung der Geschäfte durch die Zwischenschaltung von *Strohmännern* die eigene Identität zu verbergen. Gleichwohl können die großen, bekannt gewordenen Strafprozesse gegen Insider (vgl. den Fall *Ivan Boesky* Ende der

20 Ein paar Blicke in die Werkstatt der empirischen …

80er-Jahre) als ein gewisses Indiz für den Erfolg von Insidergeschäften angesehen werden. Außerdem: Verboten ist den Insidern nur das Ausnutzen privater Informationsvorsprünge, die geeignet sein können, bei ihrem Bekanntwerden erhebliche Kursreaktionen auszulösen. Andere Geschäfte durch leitende Unternehmensangehörige sind zwar nicht verboten, müssen aber der Aufsichtsbehörde anzeigt werden, die sie dann in sogenannten *insider reports* veröffentlicht. Untersuchungen, die sich auf diese Berichte stützten, haben ergeben, dass Unternehmensinsider durchaus in der Lage sind, bei ihren Transaktionen überdurchschnittliche Gewinne zu erzielen. Wenn dies schon für die *harmlosen* Geschäfte gilt, gilt es wohl in besonderem Maße für die nicht beobachtbaren, unter das Insiderverbot fallenden Geschäfte. In ihrer strengen Form kann daher die Effizienzthese ziemlich klar widerlegt werden. Dies gilt allerdings nur für die Geschäfte, die von den Insidern selbst getätigt werden. Investoren hingegen, die versuchen, die in den *insider reports* gelieferten Informationen auszunutzen und sich an die Aktionen der Insider *anzuhängen*, können daraus keinen Nutzen mehr ziehen, wie mehrfach empirisch belegt werden konnte.

21
Empirische Kapitalmarktforschung: Was nun?

Die Auseinandersetzung mit typischen Argumenten, die prima facie der These informationseffizienter Märkte zu widersprechen schienen, erwiesen sich als nicht haltbar, so dass wir folgern mussten, die realen Finanzmärkte *könnten* durchaus effizient sein. Bei der Beantwortung der Frage, ob sie es auch tatsächlich *sind*, haben wir den Leser auf die empirische Kapitalmarktforschung vertröstet und nun stehen wir, wie es scheint, mit einigermaßen leeren Händen da. Wir wissen zwar eine ganze Menge, ein klares Bild ist dabei aber nicht entstanden. In der Einleitung zu dem weit mehr als tausend Seiten umfassenden Sammelband über die Effizienzmarktthese schreibt der Herausgeber *Lo*, dass selbst nach drei Jahrzehnten intensiven Bemühens um ein gesichertes empirisches Wissen ein solches noch nicht entstanden ist.

Die Ursachen für dieses Scheitern sind vielfältig:

- Wie fast immer in den Sozialwissenschaften haben wir es mit einem Mehrhypothesenproblem zu tun: Wenn wir prüfen wollen, ob die Informationen korrekt in den Preisen abgebildet werden, benötigen wir ein Bewertungsmodell, das uns erlaubt, den Begriff „korrekt" zu definieren. Wenn wir dann feststellen, dass der vermutete Zusammenhang nicht besteht, kann dies daran liegen, dass die Hypothese falsch ist, aber auch darin, dass das Bewertungsmodell nicht adäquat ist. Ob das

eine oder das andere gilt, ist in der Regel nicht eindeutig zu entscheiden.
- Wir haben oben am Beispiel des Billardtischs gesehen, dass die Frage, ob er glatt ist oder nicht, nur vor dem Hintergrund der beabsichtigten Verwendung beantwortet werden kann: Es mag durchaus sein, dass er zum Zweck des Billardspiels glatt genug ist, für einen Flohzirkus hingegen nicht. Genauso verhält es sich mit dem Konzept der Markteffizienz. Es mag durchaus so sein, dass das theoretische Konzept eines reinen Zufallsverlaufs mit hoher Signifikanz statistisch widerlegt werden kann, der Markt aber gleichwohl als effizient im ökonomischen Sinn gelten muss, dann nämlich, wenn es wirtschaftlich nicht möglich ist, die Abweichungen vom Zufallsverlauf für die Verbesserung der Anlageentscheidungen zu nutzen. Die klassische Form des Random Walk, wie ihn *Bachelier* vermutet hatte, ist sicherlich widerlegt, denn dass die Aktienkursveränderungen nicht einer Normalverteilung folgen, hat Mandelbrot bereits in den 60er-Jahren eindrücklich gezeigt. Dennoch kann der von der Effizienzmarktthese geforderten No-free-lunch-Eigenschaft Gültigkeit zukommen.
- Alle empirischen Untersuchungen beziehen sich auf einen klar definiertes Feld, eine klar definierte Zeitspanne und eine klar definierte Methode und können zunächst einmal nur dafür Gültigkeit beanspruchen. Dies ist auch in den Naturwissenschaften so – doch anders als dort, reagiert in der Ökonomie das analysierte Feld auf das empirisch ermittelte Ergebnis. So wurde Ende der siebziger Jahre festgestellt, dass man mit einem Investment in Aktien mit einem niedrigen Kurs-Gewinn-Verhältnis (KGV, price-earnings-ratio) überdurchschnittliche Renditen hat erzielen können. Selbstverständlich hatte die Veröffentlichung dieses Zusammenhangs Folgen für das Investorenverhalten und das wiederum führte dazu, dass der KGV-Effekt, selbst wenn er in dem untersuchten Zeitraum gegolten haben sollte, erodieren musste. Ein ähnlicher Effekt war

zu beobachten bei den Junk-Bonds (Anleihen mit schlechter Bonität und hohen Nominalrenditen): Offenbar hatte längere Zeit der Markt das Diversifikationspotenzial unterschätzt und denjenigen, die weit gestreute Junk-Bond-Portefeuilles zusammengestellt haben, erhebliche risikoangepasste Überrenditen ermöglicht. Auch dieser Marktfehler ist nach seinem Bekanntwerden vollständig verschwunden (manche sagen sogar, in sein Gegenteil verkehrt worden). Die Marktteilnehmer machen zwar immer wieder Fehler, sind aber ganz einfach lernfähig. Da dem Schnee diese Fähigkeit abgeht, sind empirische Analysen über Art, Zeitpunkt und Dynamik von Lawinen in einem Alpental über einen längeren Zeitraum gültig als es die Ergebnisse der empirischen Kapitalmarktforschung sind.
- In der Kapitalmarktforschung arbeiten weltweit tausende von PhD-Studenten, Universitätsassistenten und -professoren. Sie alle benutzen die gleichen Datenbanken und haben ähnliche Fragestellungen. Rein statistisch ist bei einem gegebenen Datensatz die Wahrscheinlichkeit dafür, dass sich bestimmte Zusammenhänge als signifikant erweisen, obgleich sie rein zufälliger Natur (oder das Ergebnis von Scheinkorrelationen) sind, nicht unerheblich. Je mehr Untersuchungen angestellt werden, umso größer wird die Wahrscheinlichkeit für einzelne bemerkenswerte Ergebnisse. Dieses Phänomen des Data Mining ist bekannt und mit dem Begriff auch sehr schön beschrieben: Aus tausenden Tonnen wertloser Alluvialböden findet der Bergmann einen prächtigen Diamanten. Aus Millionen von Daten findet der fleißige empirische Forscher ein hoch interessantes, publikationswürdiges Ergebnis. Dies wäre durchaus noch hinzunehmen, es gehört zum Risiko wissenschaftlicher Forschung. Es ist aber nie auszuschließen, dass wir es in der empirischen Forschung auch mit unredlichen Forschern zu tun haben, die ein empirisches Feld mit den unterschiedlichsten Hypothesen und erklärenden Variablen getestet haben, aber nur jene Testläufe veröffentlichen, bei denen sich

die gewünschten Signifikanzen ergeben haben. Im Nachhinein lässt sich immer leicht die Hypothese finden, die auf die vorgefundene Realität passt und die dann eindrucksvoll bestätigt wird. Sauberes wissenschaftliches Arbeiten erfolgt in entgegengesetzter Richtung: Aus einer konzisen Theorie wird eine Hypothese abgeleitet, die dann die Feuertaufe des empirischen Tests überstehen muss. Auf die erstgenannte Weise kann ein grob verzerrtes Bild einer Realität vermittelt werden, in der die Ausnahmen wesentlich mehr Aufmerksamkeit erregen als die Regel.

- Was ist eigentlich die Regel? Auch Wissenschaft unterliegt modischen Strömungen. Als in den 60er- und 70er- Jahren die Effizienzthese neu war und sich gegen überkommene Vorstellungen hat durchsetzen müssen, waren Beiträge, die dabei hilfreich waren, bei Herausgebern von Fachorganen und Tagungsveranstaltern höchst willkommen. Sie wurden publiziert und bekamen die Gelegenheit, sich in der Scientific Community zu präsentieren. Als dann in den Siebzigern das *Weltbild eins* voll anerkannt war und es begann, langweilig zu werden, waren die Herausgeber und Veranstalter daran interessiert, Gegenpositionen zur Diskussion zu stellen, die Effizienzthese unter Beschuss zu nehmen. Kennzeichnend ist die Sprache: Was der These informationseffizient bewertender Märkte zuwider lief, wurde als *Anomalie* bezeichnet, als etwas, das eine Regelwidrigkeit, eine Abweichung vom ehernen Gesetz (griechisch: *nómos*) darstellte. So sehr war die Effizienzthese, unser *Weltbild eins*, damals schon zum Paradigma geworden. Und nichts ist für einen Wissenschaftler herausfordernder, als sich der Flut affirmativer Positionen des Mainstreams entgegenzustellen: Natürlich gut begründet und empirisch sauber belegt. Eine persönliche Anmerkung: Auch das wurde dann relativ schnell langweilig.
- Zuweilen ist umstritten, wie Erscheinungen, die sich eindeutig feststellen lassen, zu interpretieren sind: Stellen Sie eine

Verletzung der Effizienzmarktthese dar, wie die einen meinen, oder ist das nicht der Fall, wie es andere sehen? Ein typischer Fall stellen die hohen Kursvolatilitäten dar. *Robert Shiller* (geb. 1946), zusammen mit *Eugene Fama* (geb. 1939) und *Lars Hansen* (geb. 1952) Nobelpreisträger des Jahres 2013, hat in einem viel beachteten Beitrag die These aufgeworfen, dass die starken Volatilitäten, die sich in den Aktienkursen beobachten lassen, nicht mit der These eines informationseffizienten Marktes vereinbar seien: Wenn rationale Kurse den Barwert zukünftiger Dividendenströme abbilden, dürften sie nicht stärker schwanken als Informationen über eben diese Dividendenströme. Wenige Jahre später legte *Robert Merton* (geb. 1947), ebenfalls Nobelpreisträger der Ökonomie (1997), zusammen mit einem Kollegen eine Arbeit vor, in der gezeigt wurde, dass unter der Existenz von Dividendenglättungen die hohen und von ihnen nicht bestrittenen Kursvolatilitäten die Effizienzmarktthese nicht nur nicht infrage stellen, sondern – im Gegenteil – sie unterstützen.

Werden die vorstehenden Überlegungen primär von Vertretern der Effizienzmarktthese, unserem *Weltbild eins*, ins Feld geführt, so haben die Vertreter der Gegenposition, diejenigen, die davon überzeugt sind, die Märkte wiesen erhebliche Ineffizienten auf, natürlich auch gewichtige Argumente auf ihrer Seite:

- Die Tatsache, dass es eher die älteren Arbeiten sind, die die Effizienzmarktthese stützen, während neuere Arbeit eher geeignet sind, ihre Gültigkeit zu erschüttern, sollte zu denken geben. In der Anfangszeit der empirischen Kapitalmarktforschung war das methodische Instrumentarium bei Weitem noch nicht so weit entwickelt, wie es heute der Fall ist. Sollte man nicht den Ergebnissen der moderneren und sophistizierteren Methoden mehr Vertrauen entgegenbringen als den gröberen Techniken von früher?

- Die Vertreter der reinen Effizienzlehre haben in der Vergangenheit schon öfter angesichts einer überwältigenden empirischen Evidenz zurückstecken müssen: So vertritt heute niemand mehr die starke Form des Random Walk mit identisch normalverteilten Kursänderungsschritten und Beta, die zentrale Größe der Kapitalmarkttheorie, mit der bei empirischen Untersuchungen die Risikoadjustierung vorgenommen wurde, findet kaum noch Verwendung. Sollte man nicht erwarten, dass dieser Prozess der Erosion von *Weltbild eins* weitergeht?
- Es ist unbestreitbar, dass menschliches Verhalten nur zum Teil von rationalem Kalkül geprägt ist. Sehr viel wichtiger sind emotionale, vielleicht sogar irrationale Handlungsantriebe, die in der klassischen Finanzwirtschaftslehre ausgeblendet bleiben. Euphorien und Hysterien, Crashs, Bubbles, Fads u. v. m. sind beobachtbare Vorgänge an den Finanzmärkten und man kann sie nicht, so wie es die Effizienzmarktthese tut, einfach ignorieren.
- Betrachtet man die enormen Aufwendungen, die die großen Banken und Brokerhäuser täglich in Finanzanalyse, Informationsgewinnung und -verarbeitung stecken, so ist schwer vorstellbar, dass dies erfolgt, obwohl es keinerlei Vorteile in Form besserer Veranlagungen liefert.

Sie sind schon sehr fleißig, die Mitarbeiter im Rückgebäude des finanzwirtschaftlichen Hauses. Sie leisten großartige Arbeit, denn durch sie wissen wir heute unverhältnismäßig mehr über Finanzmärkte als dies jemals der Fall war. Auf die hier aufgeworfene Frage, ob die realen Finanzmärkte nun informationseffizient seien oder nicht, vermochten sie aber bislang keine schlüssige Antwort zu liefern und es steht nicht zu erwarten, dass das in Zukunft der Fall sein wird. Zu vielschichtig sind die Probleme.

Interessanterweise sind es eher die Praktiker, die von einem theoretisch zugespitzten, sehr scharfen Effizienzbegriff ausgehend die Effizienzmarktthese ablehnen, um ihrem gewohnten Tagesgeschäft nachgehen zu können. Dagegen halten die Theoretiker überwiegend mit einem ins praktische gewendeten, weicheren Begriff von Markteffizienz eher an der These fest, weil sonst ihr prachtvolles Gebäude instabil werden könnte. Lassen wir einmal *Richard Roll* (geb. 1939), einen der bekanntesten amerikanischen Finanzwirtschaftler, der gleichermaßen in der akademischen Lehre wie in der Investmentpraxis sehr erfolgreich tätig ist, zu Wort kommen. In einem Round-Table-Gespräch zum Thema sagte er:

> Ich habe selbst versucht, Geld, eigenes und das meiner Kunden, in Investments zu stecken, die geeignet waren, die Anomalien, die von meinen akademischen Kollegen entdeckt wurden, auszunutzen … Aber bis heute habe ich noch keinen Cent an den vermuteten Marktineffizienzen verdient. Ich bin mit Bob (gemeint ist *Robert Shiller*, KS) einer Meinung, dass Psychologie eine wichtige Rolle für das Verhalten der Investoren spielt. Aber ich muss darauf bestehen, dass eine wahre Marktineffizienz eine praktisch ausnutzbare Anlagemöglichkeit mit sich bringen muss. Wenn da nichts ist, was Investoren über kurz oder lang zu ihrem Vorteil verwenden können, fällt es mir schwer, die Meinung zu akzeptieren, dass nicht alle Information in den Preisen ihren Niederschlag gefunden hätte… Reale Investmentstrategien erbringen nicht die Ergebnisse, die sie nach Ansicht der Verfasser akademischer Studien erbringen sollten. (*Richard Roll* anlässlich eines Symposiums an der Universität Michigan 1992).

Mit diesen Studien hat *Roll* natürlich Studien von Fachkollegen im Auge, die die Effizienzthese infrage stellen, gleichwohl aber als akademische Lehrer klassische Kapitalmarkttheorie lehren, die von informationseffizient bewertenden Märkten ausgeht. Denselben Spagat gibt es bei den Praktikern, die sich zur Bewertung von Optionen der berühmten *Black/Scholes-Bewertungsformel* bedienen und dabei implizit von einem informationseffizienten Markt ausgehen. Die Anwendung der Formel setzt nämlich voraus, dass Aktienkurse einem lognormal verteilten Zufallspfad folgen. Befragt man dieselben Leute nach der Random-Walk-Eigenschaft der Aktienkurse, so werden sie regelmäßig antworten: Das ist eine nette Theorie, als ich studiert hatte, habe ich auch davon gehört und darüber nachzudenken hat viel Spaß gemacht, aber die Realität unserer heutigen Finanzmärkte ist eine andere.

Die Sache ist verworren. Noch verworrener als die Sache selbst ist nur noch die Interpretation der Sache.

22
Das Informationsparadoxon, die eigentliche Herausforderung

Offenbar lässt uns die Empirie, der Blick in die Realität unserer Finanzmärkte, bei der Frage, ob diese informationseffizient bewerten oder nicht, einigermaßen im Stich. Notgedrungen müssen wir daher wieder zurück zur Theorie. Im Jahr 1980 haben *Sanford Grossman* (geb. 1953) und *Joseph Stiglitz* (geb. 1943, Nobelpreis für Ökonomie 2001) gezeigt, dass es aus wirtschaftstheoretischen Gründen eine volle Informationseffizienz nicht geben kann, da sie zu ökonomisch nicht haltbaren Ergebnissen führen müsse. Mit einem Beitrag unter dem vielsagenden Titel „Über die Unmöglichkeit informationseffizienter Märkte" leiteten sie eine völlig neue und bis heute andauernde Diskussionslinie ein. Ihr Kernargument ging in die wissenschaftliche Literatur unter der Bezeichnung *Informationsparadoxon* ein.

Wäre nämlich der Kapitalmarkt wirklich im strengen Sinne informationseffizient, so hätte kein Investor mehr einen Anreiz, Kosten und Mühe einzusetzen, um sich Informationen zu beschaffen. Da unter der Bedingung der Markteffizienz die Kurse alle verfügbare Information voll widerspiegeln, wüsste ein Finanzanalyst bereits im Vorhinein, dass am Ende eines aufwändigen und kostenintensiven Informationsverarbeitungsprozesses nur das Ergebnis stehen könnte: Der aktuell notierte Kurs der Aktie ist korrekt in dem Sinne, dass er die zu erwartenden und abgezinsten zukünftigen Dividendenflüsse richtig wiedergibt. Er weiß auch, dass, sollte er zu einem anderen Urteil kommen, der

Fehler eher bei ihm liegt als beim Markt. Unter diesen Bedingungen ist es gänzlich sinnlos, sich um Informationen zu bemühen und diese nach den üblichen Regeln der Finanzanalyse auszuwerten. Wenn sich aber kein Investor mehr informiert, so gibt es keinen Grund mehr für die Annahme, die Märkte würden informationseffizient bewerten, denn Informationseffizienz ist die Folge von Informationsbeschaffung und Informationsverarbeitung von Investoren, die nach ihrem eigenen Vorteil streben. Nur weil sie dies tun, ist alles Wissen in die geltenden Kurse eingeflossen. Tun sie es nicht, weil es sich aus ihrer individuellen Sicht nicht lohnt, kann das, was wir einen informationseffizient bewertenden Markt nennen, in einer Welt rationaler Akteure nicht der Fall sein.

Das Informationsparadoxon schließt jedoch die empirische Gültigkeit eines effizienten Marktes nicht aus, denn es wäre durchaus vorstellbar, dass jeder Investor persönlich davon überzeugt ist, der Markt sei eben nicht effizient, er weise permanent Fehlbewertungen auf und es sei ihm möglich, diese Fehlbewertungen durch gute Analyse zu erkennen und zu seinem eigenen Vorteil auszunutzen. Da die Investoren immer wieder in der wissenschaftlichen und populärwissenschaftlichen Presse darin ermuntert werden, die Idee eines informationseffizienten Marktes als ein theoretisches Hirngespinst zur Seite zu legen, ist es nicht unrealistisch zu erwarten, dass sie sich der Herausforderung, den Markt zu schlagen, stellen und in ihrem Eifer damit genau jene Markteffizienz herbeiführen, von deren Nichtexistenz sie ausgehen. Für einen Wirtschaftstheoretiker ist ein solches Ergebnis allerdings unbefriedigend, da es unterstellt, dass die Marktteilnehmer sich nachhaltig in der Wahrnehmung der Realität täuschen. Aber es ist durchaus möglich.

Grossman/Stiglitz lösen sich von der reinen Lehre der Informationseffizienz und versuchen, eine Art *gleichgewichtiges Maß an Ungleichgewicht* zu entwickeln, in dem die Preise zwar durchaus Signalwirkung haben, diese aber nicht vollständig ist, d. h. eben nicht, wie *Fama* es formuliert hat, *alle* verfügbare Information *voll* widerspiegeln. Das macht es möglich, dass es für einen Teil der Investoren lohnend wird, Ressourcen aufzuwenden, um sich Informationen zu beschaffen und sie auszuwerten. *Grossman/Stiglitz* entwickeln ein Modell eines Marktes, auf dem ein Wertpapier gehandelt wird, dessen Wert zu einem gewissen Maß abgeschätzt werden kann. Auf diesem Markt agieren zwei Gruppen von Investoren: Die einen, die sich einfach nur am Marktpreis orientieren und die anderen, die sich der Mühe unterziehen, Informationen zu beschaffen und Finanzanalyse zu betreiben. Die Details des wirtschaftstheoretisch durchaus anspruchsvollen Modells brauchen nicht weiter dargestellt zu werden. Nur so weit: Einerseits ist der Informationsgehalt des Marktpreises umso höher, je mehr Investoren Finanzanalyse betreiben. Andererseits ist der Nutzen aus der Finanzanalyse umso höher, je exklusiver sie ist, d. h. je weniger Investoren sich so verhalten. Aus dem Zusammenspiel dieser Wirkungen ergibt sich das gleichgewichtige Maß an Ungleichgewicht dort, wo sich eine bestimmte Zahl von Investoren Informationen zu Kosten beschafft, die gerade den Vorteil, den diese Information bringt, kompensieren. Ein neu hinzutretender Marktteilnehmer wäre somit indifferent in der Entscheidung, ob er sich informieren solle oder nicht: Im ersten Fall würde die informationsbedingte Mehrrendite gerade die Kosten decken, im zweiten Fall bliebe er uninformiert, hätte aber keine Kosten zu tragen.

Grossman/Stiglitz betonen gegen Ende ihres Aufsatzes, dass ihnen daran gelegen war, die Effizienzthese neu zu definieren, nicht aber, sie über Bord zu werfen. Auch haben sie nichts über den gesellschaftlichen Nutzen von Information gesagt und nichts darüber, ob informationseffiziente Märkte gesellschaftlich wünschenswert sind oder nicht. Mit diesen Fragen werden wir uns später noch zu beschäftigen haben.

23
Weltbild eins ist möglich, aber unwahrscheinlich

Die Arbeit von *Grossman/Stiglitz* hat einen wesentlichen Beitrag zum besseren Verständnis von Finanzmärkten geleistet. Sie stellt einen Meilenstein in der finanzwirtschaftlichen Theorieentwicklung dar, da sie den Begriff der Informationseffizienz relativiert hat. Von *Lo* (geb. 1960) stammt der richtige Hinweis, dass kein Ingenieur einen Test durchführen wird, ob eine bestimmte Maschine vollständig energieeffizient ist. Eine solche kann es aus angebbaren Gründen nie geben. Stattdessen wird er ein relatives Effizienzmaß verwenden: Eine Maschine ist dann im Höchstmaß effizient, wenn sie von keiner anderen, die denselben Zweck erfüllt, übertroffen wird. In diesem Sinne ist auch eine perfekte Markteffizienz ökonomisch nicht vorstellbar, dient uns aber als wichtige Benchmark zur Beurteilung des realen sozialen Systems Kapitalmarkt.

Wie wir gesehen haben, spricht theoretisch wie empirisch vieles dafür, dass die Informationseffizienz des Marktes so hoch ist, dass es für einen Investor angeraten ist, bei seinen Anlageentscheidungen von einem informationseffizient bewertenden Markt auszugehen. Es kann aber auch anders sein und auch dafür gibt es theoretisch wie empirisch gute Begründungen. Wir können uns also nicht in Sicherheit wiegen und schon gar nicht mit wohlfeilen Sätzen wie „Es ist doch empirisch erwiesen, dass…" die Debatte beschließen. Genauso wenig konnte das das Nobelpreiskomitee im Jahr 2013, als es den Wirtschaftsnobelpreis gleichermaßen den beiden Antipoden in dieser Diskussion zuerkannte: Einerseits dem glühenden Verfechter der Effizienzthese *Eugene Fama* (geb. 1939 und Professor an der Universität Chicago) und andererseits *Robert Shiller* (geb. 1946 und Professor an der Universität Yale), einem Begründer der Behavioral-Finance-Schule und frühen Warner vor der Finanzkrise von 2007/2008. Beide sind übrigens neben ihrer akademischen Tätigkeit in vielfältiger Weise in der Praxis tätig. Der Vollständigkeit halber sei angemerkt, dass der Nobelpreis 2013 auch an *Lars Peter Hansen* (geb. 1952 und wie *Fama* Professor an der Universität Chicago) ging, dessen statistischen Methoden dazu beigetragen haben, moderne Finanzmärkte und insbesondere das Risikoverhalten der in ihnen handelnden Akteure besser zu verstehen.

Die Verleihung des Wirtschaftsnobelpreises an *Fama* und *Shiller* hat einen anderen Nobelpreisträger (von 2008) und sehr kritischen Beobachter aktueller gesellschaftlicher Entwicklungen und sich ändernder Moden in Wirtschaftstheorie und praktizierter Wirtschaftspolitik, *Paul Krugman* (geb. 1953 und Professor an der Universität Princeton) zu den folgenden sarkastischen Bemerkungen veranlasst:

> Viele Leute mögen immer schon gedacht haben, die Ökonomie sei die einzige Wissenschaft, in der zwei Leute das Gegenteil voneinander behaupten können, und beide einen Nobelpreis bekommen. Aber selbst solche Leute werden es nicht für möglich gehalten haben, dass zwei Ökonomen mit sich widersprechenden Thesen im selben Jahr denselben Nobelpreis gemeinsam erhalten. (The New York Times, 14. Oktober 2013)

Genau das aber ist passiert und meines Erachtens ist das gut so. Natürlich haben beide Preisträger gute Begründungen für ihre Position und das erstaunliche ist, dass sie sogar in ihren Grundüberzeugungen gar nicht so weit voneinander entfernt liegen. Man könnte daher geneigt sein, zu meinen, es handle sich um reine akademische Spitzfindigkeiten: Much noise about nothing. So ist es aber nicht. Ob man eher der Meinung ist, die Märkte seien effizient oder nicht, hat gewaltige Auswirkungen auf das Investorenverhalten, es entscheidet darüber, ob wir *Weltbild eins* oder *Weltbild zwei* zur Referenz für unser Handeln erklären. Dies wiederum entscheidet über die Sinnhaftigkeit eines ganzen Wirtschaftszweigs. Mit diesen Problemen werden wir uns noch intensiv zu beschäftigen haben, wenn wir uns *Weltbild zwei* zuwenden.

Zum Abschluss des Kapitels über *Weltbild eins* möchte ich dem prominentesten Vertreter dieser Position, *Eugene Fama*, das abschließende Wort geben. Ich erinnere mich lebhaft an ein freundschaftliches Gespräch, das ich als junger Wissenschaftler aus der finanzwirtschaftlichen Diaspora (Finanzmärkte waren in Deutschland zu dieser Zeit kaum ein Thema an den Universitäten) mit *Eugene Fama* anlässlich dessen Forschungsaufenthalts an der Freien Universität Brüssel führen durfte. Schon damals ging es um genau die Themen, um die es in diesem Buch geht und schon damals war *Fama* eher ein Vertreter von *Weltbild eins* und ich doch eher skeptisch. Das folgende Interview stammt aus der Frankfurter Allgemeinen Zeitung vom 7.12.2013:

Herr Fama, am Dienstag bekommen Sie den Nobelpreis, heute halten Sie Ihre Nobel-Vorlesung. Worauf freuen Sie sich mehr?
Auf den Dienstag natürlich, das ist weniger Arbeit. Da gibt es den Preis, ein Bankett, das Treffen mit dem König und der Königin.
Aber heute findet das intellektuelle Duell statt. Sie bekommen den Preis ja zusammen mit Robert Shiller, Ihrem intellektuellen Gegner. Wer darf als Erstes sprechen?
Das geht glücklicherweise nach Alter, deshalb rede ich zuerst. Aber ich glaube nicht, dass es ein Duell wird. Robert Shiller und ich sind uns einig über die Fakten, wir interpretieren sie nur unterschiedlich. Das sagen wir übrigens beide.

Shiller sagt, die von Ihnen entwickelte Vorstellung, dass Märkte effizient sind, sei einer der größten Irrtümer in der Geschichte des ökonomischen Denkens.

Da hat er unrecht. Die Idee hat Berge von Forschung nach sich gezogen, die dafür gesorgt haben, dass wir die Märkte besser verstehen. Nach diesem Kriterium ist sie ein großer Erfolg, dagegen kann keiner etwas sagen.

Das war sie zweifellos. Aber seit der Finanzkrise glauben viele nicht mehr daran. Sie bleiben dabei?

Ja. Der Markt ist rational, das glaube ich noch immer. Preise an Finanzmärkten spiegeln stets die verfügbaren Informationen wider.

Es gibt keine irrationalen Preisübertreibungen?

Korrekt. Ich glaube nicht an Blasen. Hier sind die Fakten zum Thema Blasen: Blasen beinhalten, dass Preise hochgehen und dass man vorhersehen kann, wann sie wieder heruntergehen. Aber Leute haben versucht zu prognostizieren, wann die Preise wieder heruntergehen. Und es gibt keinen Beweis, dass sie es können. Sie alle können also über Blasen reden, aber es gibt keinen Beweis, dass sie existieren. Deshalb mag ich das Wort Blase nicht.

Das ist, als würden Sie sagen, es gibt keine Erdbeben, weil Sie sie nicht vorhersehen können. Man erkennt ein Erdbeben doch, wenn es da ist.

Wenn Sie es eine Blase nennen wollen, wenn Preise erst hochgehen und dann runtergehen, dann haben Sie recht. Doch die Leute, die das Konzept von Blasen verwenden, sagen, dass man sie vorhersehen und verhindern kann. Das ist etwas anderes. Daran glaube ich ganz und gar nicht.

Wenn es keine Blasen gibt und keine irrationalen Übertreibungen: Wieso steigen und fallen Preise dann manchmal so extrem?

Es geht um Angebot und Nachfrage. Sie bestimmen, wo die Preise sich hinbewegen. Die Finanzkrise beispielsweise wurde ausgelöst durch eine riesige Rezession. Deshalb haben die Leute ihre Häuser nicht mehr abbezahlt, deshalb sind die Banken in die Krise gekommen. Keiner hat diese Rezession vorhergesehen.

23 Weltbild eins ist möglich, aber unwahrscheinlich

Ich dachte, es sei andersherum: Die Rezession wurde durch die vielen faulen Kredite ausgelöst?

Wieso sollten die Menschen aufhören, ihre Häuser abzubezahlen, wenn es ihnen doch gut geht? Das ist unlogisch. Die Leute erzählen gerne Geschichten, aber man sollte ihnen nicht alles glauben.

Nehmen wir ein aktuelles Beispiel. Wie erklären Sie sich, dass die Preise für Häuser in Deutschland derzeit so rasant steigen?

Ich kenne mich am deutschen Immobilienmarkt nicht aus. Aber am Ende geht es, wie gesagt, immer um Angebot und Nachfrage. Die Preissteigerungen bedeuten, dass es eine sehr starke Nachfrage nach Häusern gibt, die viel schneller wächst als das Angebot. Es kann sein, dass aus institutionellen Gründen in Deutschland zu wenig gebaut wird, also das Angebot hinterherhinkt. Oder die Nachfrage ist schlicht explodiert.

Wieso sollte sie? Ist es nicht irrational, wenn die Leute auf einmal mehr Häuser haben wollen?

Wieso? Deutschland ist nicht so stark von der Finanzkrise getroffen worden wie etwa Amerika. Die Rezession war nicht so schlimm. Wenn die Wirtschaft wächst und die Leute Geld haben, steigt die Nachfrage. Das ist doch ganz normal, mit Irrationalität hat das nichts zu tun.

Und was, wenn die Preise in zwei Jahren abrupt fallen. Ist dann die Nachfrage eingebrochen?

Genau, zum Beispiel wenn die Wirtschaft einbricht.

Was ist mit den Zentralbanken? Ist ihr billiges Geld nicht auch verantwortlich für Preisblasen?

Nein, die Zentralbanken sind nicht so mächtig, wie die meisten Menschen denken. Das sieht man doch derzeit. Sie können so viel Geld ausgeben, wie sie wollen, und die Zinsen bleiben nahe null.

Aber die Zentralbanken setzen doch den Zins.

Wirklich? Ich würde sagen, sie reagieren auf den Markt. Ihr Einfluss auf das Zinsniveau ist gering, das habe ich kürzlich nachgewiesen. Die Zentralbanken können nicht verhindern, dass die Zinsen derzeit extrem niedrig sind.

Also sind EZB und Fed überhaupt nicht wichtig?

Es wird ihnen mehr Macht zugeschrieben, als sie tatsächlich haben. Sie liefern gute Geschichten für die Medien.

Aber die Märkte reagieren doch auch auf alles, was die Fed macht. Nicht nur die Journalisten.

Nicht so sehr. Wirklich nicht so sehr.

Alles, was Sie erzählen, klingt so, als könnten wir nichts tun, um die nächste Krise zu verhindern oder vorherzusehen.

Genau, niemand kann das. Alle versuchen es, aber es gibt keinen Beweis, dass es klappt. Natürlich, es gibt Menschen, die über Jahre hinweg gute Vorhersagen treffen. Aber wenn man sieht, wie wenige das sind, sollte man skeptisch sein und sich fragen, ob die nicht einfach Glück gehabt haben.

Das ist aber deprimierend.

Tja, aber so sieht es aus. Man kann es nicht ändern.

Und eine Finanzkrise wie 2008 können wir auch nicht verhindern?

Doch, das ist möglich. Wir müssen den Banken vorschreiben, viel mehr Kapital vorzuhalten. So viel, dass 2008 sich nicht wiederholen kann, und noch ein bisschen mehr als Sicherheit.

Wie viel wäre das?

Ich kenne die Antwort nicht, aber es gibt Leute, die so etwas errechnen können. Und dann müssen wir das schnell angehen. Kapital erhöhen kann man nur in guten Zeiten, in schlechten Zeiten geht das nicht. Da hauen wir die Banken heraus – auch das haben wir in der Finanzkrise gelernt.

Hätten wir sie besser pleitegehen lassen?

Das hätte womöglich fürchterliche Konsequenzen gehabt, das wagt kein Politiker, ob rechts oder links. Deshalb ist diese Frage irrelevant. Aber man hätte die Banken natürlich verstaatlichen können.

Verstaatlichen? Das sagt ein Chicago-Ökonom?

Ich bin kein Freund von Verstaatlichung, im Gegenteil. Aber die Banken haben in der Finanzkrise gelernt, dass sie jedes Risiko eingehen können, denn wenn die Dinge sich schlecht entwickeln, wird der Staat sie retten. Das ist eine fürchterliche Botschaft. Eine Verstaatlichung hätte ihnen gezeigt, dass sie eben manchmal auch verlieren. Dann wären die Anreize besser.

Können wir den Banken noch vertrauen, wenn es darum geht, wie wir unser Geld anlegen?

Wenn sie uns die besten Aktien herauspicken wollen, dann nicht. Niemand kann den Markt dauerhaft schlagen, auch keine Bank. Das ist vielfach untersucht.

23 Weltbild eins ist möglich, aber unwahrscheinlich

> Wieso versuchen es dann so viele?
>
> *Darauf habe ich keine Antwort, das verblüfft mich immer wieder. Viele lassen sich sicher blenden von den Geschichten über die wenigen, die dann doch gewinnen. Sie übersehen, dass das in den meisten Fällen einfach Glück ist. Sie verstehen zu wenig von Wahrscheinlichkeitsrechnung.*
>
> Sind die Leute irrational?
>
> *In dieser Hinsicht vielleicht.*
>
> Wie legen Sie selbst Ihr Geld an, wenn man nicht gewinnen kann? Einfach per Zufall?
>
> *Es gibt zwei Lehren aus meiner Forschung. Erstens: Gib nicht zu viel Geld aus für Leute, die glauben, sie könnten die besten Aktien oder Anlagen herauspicken. Sie können es nämlich nicht. Ich habe also einen billigen Geldmanager gewählt. Zweitens: Überlege genau, wie viel Risiko du eingehen willst. Es ist nämlich so, dass man für mehr Risiko langfristig besser entlohnt wird. Kurzfristig aber kann es gehörig schiefgehen. Da muss man selbst entscheiden, was einem lieber ist.*
>
> Und Sie? Lieben Sie den Nervenkitzel des Risikos, oder schlafen Sie lieber ruhig?
>
> *Ich lege selbst gerne riskant an. Das macht man etwa, indem man auf den Aktienmarkt wettet, also Aktien statt Anleihen kauft.*
>
> Und welche Aktien, wenn eh keiner weiß, welche gut laufen?
>
> *Man kauft sie alle. Und wenn man gerne besonders riskant anlegt wie ich, dann wählt man sich unter den Aktien noch diejenigen aus, die besonders schwankungsanfällig sind.*
>
> Werden Sie Ihr Nobelpreisgeld genau so anlegen?
>
> *Nein, das stifte ich der Universität Chicago, der ich alles verdanke.*

Das ist *Fama*, die authentischste Stimme von *Weltbild eins*. Wenden wir uns nunmehr *Weltbild zwei* zu. Bei allem Verständnis für *Weltbild eins* fühlt sich der Verfasser eher in *Weltbild zwei* zu Hause.

Es geht aber nicht nur um emotionale Befindlichkeiten. Dieses Buch will ein praktisches Buch sein, es will dem Investor etwas an die Hand geben, was in konkrete Anlageentscheidungen umgesetzt werden kann. Solange wir uns *Weltbild eins* verhaftet fühlen, sind die praktischen Handlungsempfehlungen sehr schnell identifiziert:

In einem effizienten Markt spiegeln die Kurse sämtliche Information in vollem Umfang wider. Es spielt also keine Rolle, ob jemand seine Entscheidungen dem Zufall überlässt, klassische Fundamentalanalyse betreibt, von der Charttechnik überzeugt ist, die Einschätzungen anderer Marktteilnehmer studiert oder die Sonnenfleckenaktivität beobachtet. Was immer er tut, es ist weder zu seinem Vorteil noch zu seinem Nachteil: In jedem Fall kann er mit dem Marktdurchschnitt rechnen. Hinsichtlich der zu erwartenden Rendite gilt somit: Anything goes, do what you like! Seine Mühe darf nur nichts kosten, weil dies das Ergebnis belasten könnte.

Hinsichtlich des Risikos gilt: Engagements sollten so gestreut sein, dass nach Möglichkeit keine unsystematischen Risiken mehr im Portefeuille verbleiben. Unter unsystematischen Risiken versteht man solche, die sich durch breite Streuung vermeiden lassen. Am besten erfolgt dies durch ein Investment in ganzen Märkten (Internationale Indexfonds, ETFs). Das systematische Risiko, das Risiko, dass sich der gesamte Markt in eine negative Richtung entwickelt, bleibt allerdings bestehen.

Unter Gültigkeit von *Weltbild zwei* stellen sich jedoch die Dinge dramatisch anders dar. Deswegen müssen wir uns damit beschäftigen.

Teil III

Nicht informationseffiziente Märkte *(Weltbild zwei)*

Für viele kommt allein die Tatsache, dass man sich von *Weltbild eins* löst, einem Befreiungsschlag gleich. Endlich sind wir diesen perfektionistischen Wahn los und können wieder das tun, was dem gesunden Menschenverstand entspricht: Da wir wissen, dass die Marktteilnehmer immer wieder dazu neigen, Fehler zu begehen, die sich auf den Marktpreis auswirken, gibt es auch immer wieder Über- und Unterbewertungen, die sich durch sachkundige Analyse aufspüren lassen. Wir können wieder, ohne ein schlechtes Gewissen haben zu müssen, Jahresabschlussanalyse betreiben, Einschätzungen von Experten einholen, die internationale Finanzpresse studieren, die Märkte beobachten usw. All dieses lässt sich, wie wir oben gesehen haben, unter dem Begriff der Fundamentalanalyse zusammenfassen. Bekanntlich geht die Fundamentalanalyse von den drei Grundannahmen aus,

1. dass der Markt kurzfristig nicht perfekt funktioniert und daher die Aktienkurse und die inneren Werte regelmäßig nicht übereinstimmen (wäre dies nicht der Fall, so wären wir wieder in *Weltbild eins* und der Blick auf den Kurszettel stellte das einfachste Verfahren der Bestimmung innerer Werte dar),

2. dass der Markt auf mittlere Frist gesehen recht gut funktioniert, da die Aktienkurse immer wieder zu den inneren Werten hin tendieren (wäre dies nicht der Fall, so wäre die Erwartung nicht gerechtfertigt, dass ein unterbewerteter Wert steigt bzw. ein überbewerteter Wert fällt),
3. dass es einem aufmerksamen und erfahrenen Investor möglich ist, die Abweichungen zwischen Kurs und innerem Wert festzustellen (wäre dies nicht der Fall, so wäre Fundamentalanalyse sinnlos).

Abbildung 23.1 soll diese Zusammenhänge verdeutlichen: Die Kurse (durchgezogene Linie) sind nur in Ausnahmefällen gleich den inneren Werten (punktierte Linie), folgen ihnen aber im Großen und Ganzen.

Diesen Zusammenhang hat André Kostolany (1906–1999) an dem Bild vom Mann mit seinem Hund zu verdeutlichen versucht: Ein Mann geht auf der Straße spazieren. Er hat seinen Hund dabei. Und wie Hunde sich verhalten, läuft er vor und kommt wieder zu seinem Herrchen zurück. Dann läuft der wieder vor, sieht, dass er zu weit gelaufen ist, und kommt wieder zurück. So geht es die ganze Zeit. Am Ende kommen sie beide

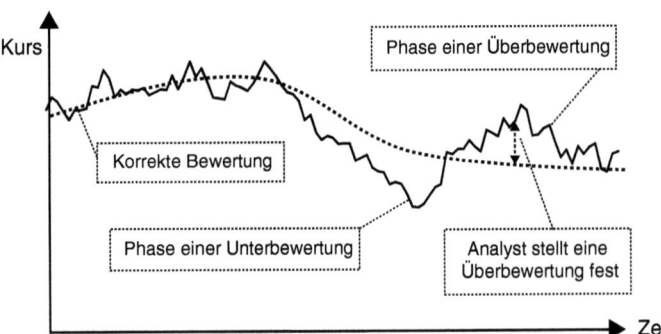

Abb. 23.1 Fundamentalanalytischer Zusammenhang von Kurs und innerem Wert

am gleichen Ziel an. Doch während der Mann einen Kilometer zurückgelegt hat, ist der Hund herumgerast und hat vier Kilometer zurückgelegt. Der Mann ist die Wirtschaft und der Hund ist die Börse.

Den Hund haben wir bereits ganz zu Beginn unserer Überlegungen kennengelernt und er wird uns, allerdings in einem anderen Zusammenhang, später noch zu beschäftigen haben. Kommen wir aber erst einmal zurück zu unseren drei Kernannahmen der Fundamentalanalyse. Die problematischste dieser Annahmen ist sicherlich die dritte. Es wird unterstellt, dass jedem Einzelnen, jedem, der Fundamentalanalyse betreibt, gelingt, was den anderen offenbar nicht gelingt. Die Tatsache, dass der Markt ein Wertpapier über- oder unterbewertet, ist ja gerade Ausdruck dessen, dass die anderen Marktteilnehmer diesen Fehler überwiegend nicht erkennen. Zwar ist zum gegebenen Kurs gleich viel Marktvolumen auf der Käufer- wie auf der Verkäuferseite, gleichwohl ist der Fundamentalanalytiker davon überzeugt, dass die Seite, die er gewählt hat, die richtige und die andere die falsche ist. Hinter dieser Position steht nicht nur bloße Selbstüberschätzung (die sicherlich auch eine Rolle spielt), sondern ein grundsätzliches Missverständnis über die Funktionsweise eines Finanzmarkts. Um dieses Missverständnis zu überwinden, müssen wir ein wenig ausholen und uns mit der zentralen Kategorie jedweder Form von Finanzanalyse, nämlich der Information, etwas genauer beschäftigen. Im Kern ist Finanzanalyse nichts anderes als Sammeln und verständiges Auswerten von Information im Bestreben, bessere Entscheidungen zu treffen als man sie ohne diese Information hätte treffen können. Oben hatten wir bereits gesehen: Im Kern geht es um Information, um sonst nichts!

24
Die vertrackte Information

Für einen Naturwissenschaftler ist es unbestritten, dass mehr Information nicht zu einer Verschlechterung, wohl aber zu einer Verbesserung seines Wissensstandes führen kann und damit die Qualität seiner Entscheidungen entweder unverändert lässt oder verbessert. Dies ist der Fall, da eine neue Information den Menschen nicht daran hindert, genau das zu tun, was er auch ohne diese Information getan hätte: Somit gilt, dass dann, wenn er sein Entscheidungsverhalten nicht ändert, die Information für ihn einen Wert von null aufweist, aber dann, wenn sie ihm eine bessere Entscheidung erlaubt, positiv zu bewerten ist. Im finanzwirtschaftlichen Sinn ähnelt so gesehen eine Information einer Kaufoption: Wenn sie aus dem Geld liegt und eine Ausübung meine finanzielle Situation verschlechtern würde, werde ich das nicht tun, sondern sie wertlos verfallen lassen. Wenn die Option im Geld liegt und es mir erlaubt, durch Ausübung des Optionsrechts wesentlich günstiger in den Besitz der Sache zu kommen als am Markt, dann werde ich dies tun und einen Vorteil in der Höhe der Differenz verbuchen können.

> Ein kleines Entscheidungsspiel möge diesen Zusammenhang verdeutlichen: Fritz möchte seinen Bruder besuchen, der ein paar Stunden von ihm entfernt wohnt. Er hat die Wahl zwischen drei verschiedenen Strecken: Die kürzeste führt über den Berg, die üb-

liche über die Landstraße und die längste, aber schnellste über die Autobahn. Welche die günstigste ist, hängt vom Wetter ab, wobei wir vereinfachend annehmen, die Wetterbedingungen seien gleich wahrscheinlich. Nachstehend sind die Kosten (Summe aus Zeit, Treibstoff, Maut etc.) für jede der Varianten und unter verschiedenen Wetterbedingungen aufgeführt. Vereinfachend nehmen wir an, die Bedingungen seien gleich wahrscheinlich:

	Sonne	Schnee	Regen	E(Kosten)
Bergstrecke	16	28	10	18
Landstraße	16	14	12	14
Autobahn	10	16	22	16

Fritz wird natürlich die Strecke mit den geringsten zu erwartenden Kosten wählen: Unter den gegebenen Bedingungen ist dies die Landstraße mit Durchschnittskosten von 14.

Angenommen, er erfährt nun kurz vor der Abreise, dass es aufgrund der Temperaturen keinesfalls regnen wird. Ob es schneit oder die Sonne scheint, ist noch unklar. Unter dieser Bedingung wird er seinen Plan ändern und die Autobahn wählen: Hier belaufen sich die zu erwartenden Kosten auf $(10+16)/2 = 13$, während er auf der Bergstrecke mit $(16+28)/2 = 22$ und auf der Landstraße mit $(16+14)/2 = 15$ rechnen muss. Die Information über das Wetter war somit für ihn sehr wertvoll.

Hätte er hingegen erfahren, dass es wärmer wird und somit auf keinen Fall mit Schnee zu rechnen ist, wird er die Route über den Berg vorziehen, da sich die zu erwartenden Kosten auf $(16+10)/2 = 13$ belaufen, während sie auf der Landstraße bei $(16+12)/2 = 14$ und auf der Autobahn bei $(10+22)/2 = 16$ liegen. Auch hier war die Information über das Wetter wertvoll.

Hielte es schließlich der Wetterbericht nur für unmöglich, dass die Sonne scheint, nicht aber, dass es schneit oder regnet, so würde sich Fritz wie zuvor für die Landstraße entscheiden: Die zu erwartenden Kosten liegen hier bei $(14+12)/2 = 13$, während er bei den

> anderen beiden Strecken mit jeweils 19 rechnen müsste. In diesem
> Fall hat aber die Information ihn nicht zu einer Änderung seiner
> Entscheidung veranlasst und ist somit wertlos.
> Würde Fritz jemandem etwas dafür bezahlen, dass er ihn wissen
> lässt, ob morgen die Sonne scheint oder nicht? Natürlich nicht, denn
> er könnte sich mit diesem Wissen nicht besser stellen als zuvor. Jemandem hingegen, der ihm mitteilt, ob es warm oder kalt sein wird,
> d. h. ob Niederschlag als Regen oder als Schnee auftreten wird, wäre
> Fritz durchaus bereit, etwas für die Information zu bezahlen. Da es
> keine Rückwirkungen zwischen der Entscheidung und den Umweltzuständen gibt (es schneit nicht, *weil* wir über den Berg fahren wollen), hat Information immer nur einen Wert gleich oder größer null.

Eine Information hat in den Naturwissenschaften auch keinen direkten Einfluss auf den Gegenstand, über den sie informiert. Wenn es den Lawinenforschern gelingt, Art und Faktoren der Lawinenauslösung präziser zu bestimmen, werden die Schneekristalle am Berg deswegen ihr Verhalten nicht ändern. Zwar kann der Lawinenwarndienst präzisere und damit wertvollere und von den Menschen ernster genommene Prognosen abgeben, für den Abgang oder Nichtabgang von Lawinen ist dies allerdings ohne Belang. Wir haben oben gesehen, dass genau dies in Finanzmärkten anders sein kann: Die Veröffentlichung einer Strategie, mit der nachweislich in den vergangenen zehn Jahren eine überdurchschnittliche Rendite hat erzielt werden können, kann sehr wohl auf das Entscheidungsverhalten der Marktteilnehmer derart einwirken, dass der festgestellte Zusammenhang vollständig verschwindet. Bei einigen der oben dargestellten Marktanomalien war genau dies der Fall.

Offenbar müssen wir sehr klar unterscheiden, ob wir es zu tun haben mit Entscheidungen gegen die Natur oder mit Entscheidungen gegen intelligente, an ihrem eigenen Nutzen orientierte Personen. Die erstgenannten sind Gegenstand der klassischen

Entscheidungstheorie, die zweitgenannten sind Gegenstand der Spieltheorie. Entscheidungen in Märkten sind eindeutig vom zweiten Typus. Umso mehr verwundert es, dass allzu oft auch in ökonomischen Texten von einem naturwissenschaftlichen und nicht von einem spieltheoretischen Informationsverständnis ausgegangen wird. Das im Eingangskapitel angeführte Zitat aus dem Handwörterbuch der Betriebswirtschaftslehre „Je besser der Entscheidende informiert ist, desto besser ist seine Entscheidung", ist kennzeichnend für die sich aus der ingenieurwissenschaftlichen Tradition herleitende Betriebswirtschaftslehre. Noch heute würde wahrscheinlich die Mehrheit der Betriebswirtschaftler ihr Einverständnis zu diesem Satz geben.

John Holland hat den Finanzmarkt als ein komplexes adaptives System bezeichnet. Eine erste Vorstellung darüber, was das bedeutet, mögen die folgenden entscheidungs- und spieltheoretischen Überlegungen zum Wert von Informationen liefern. Der Leser sei eingeladen, sich auf die Überlegungen einzulassen. Es lohnt sich. Wenn ihm jedoch das Ganze zu technisch und zu verwirrend erscheint (es ist zugegebenermaßen ein wenig verwirrend), kann er das Kapitel ohne Weiteres überspringen. Er muss mir dann allerdings die am Ende des Kapitels gezogenen Schlussfolgerungen einfach glauben.

Betrachten wir ein Zwei-Personen-Spiel mit den Spielern Paul und Otto, die jeweils zwischen zwei Aktionen (für Paul P1 und P2, für Otto O1 und O2) wählen können. Allerdings ist zunächst nicht bekannt, welches der beiden Auszahlungsfelder (Feld x, Feld y) angewandt wird, d. h. wieviel die Spieler letztlich erhalten. Wir haben es hier somit mit einer Entscheidungssituation zu tun, die gleichermaßen Elemente einer Entscheidung gegen die Natur (Welches Feld kommt: x oder y?) sowie spieltheoretische Elemente aufweist (Wählt Paul P1 oder P2, wissend, dass Otto zwischen O1 und O2 wählen kann? Wählt Otto O1 oder O2, wissend, dass Paul zwischen P1 und

Tab. 24.1 Bimatrix-Spiel zum Informationsnutzen (Muster A)

Muster A					
Feld x	**O1**	**O2**	**Feld y**	**O1**	**O2**
P1	12 | 10	12 | 8	P1	2 | 2	14 | 10
P2	10 | 10	10 | 8	P2	10 | 16	18 | 20

P2 wählen kann?). Die Zahl vor dem senkrechten Strich stelle den Gewinn in Euro für Paul, die Zahl nach dem senkrechten Strich den Gewinn für Otto dar. Beide seien bestrebt, so zu entscheiden, dass sie damit einen möglichst hohen Gewinn erzielen können.

Wir werden uns drei verschiedene Muster ansehen, die in ihrer Struktur gleich sind, nur unterschiedliche Auszahlungen aufweisen. Betrachten wir zunächst Muster A in Tab. 24.1.

Da *keine Informationen* darüber vorliegen, welches Feld gespielt wird, wird sich Paul für P2 entscheiden, denn

– sollte Otto die Strategie O1 wählen, bekommt Paul mit P1 einen Erwartungsgewinn von $(12+2)/2 = 7$ und mit P2 von $(10+10)/2 = 10$
– sollte Otto die Strategie O2 wählen, bekommt Paul mit P1 einen Erwartungsgewinn von $(12+14)/2 = 13$ und mit P2 von $(10+18)/2 = 14$.

In beiden Fällen ist Strategie P2 vorzuziehen. Analog dazu wird sich auch Otto für O2 entscheiden, denn

– sollte Paul die Strategie P1 wählen, bekommt Otto mit O1 einen Erwartungsgewinn von $(10+2)/2 = 6$ und mit O2 von $(8+10)/2 = 9$,
– sollte Paul die Strategie P2 wählen, bekommt Otto mit O1 einen Erwartungsgewinn von $(10+16)/2 = 13$ und mit O2 von $(8+20)/2 = 14$.

Beide haben somit eine klar dominante Strategie und können jeweils mit einem durchschnittlichen Gewinn von 14 rechnen.

Unterstellen wir nun, beiden Spielern wird, bevor sie ihre Strategie wählen, mitgeteilt, welches der beiden Felder zum Einsatz kommt (*öffentliche Information*). Wie leicht zu erkennen ist, werden die Spieler nunmehr im Fall von Feld x stets die Strategien P1 und O1 wählen, im Fall von Feld y hingegen stets die Strategien P2 und O2. In beiden Fällen handelt es sich um streng dominante Strategien. Somit ergibt sich ein zu erwartender Gewinn von (12 + 18)/2 = 15 für Paul und ebenfalls (10 + 20)/2 = 15 für Otto. Beide haben, da sie jetzt in jedem Feld die für sie optimale Strategie wählen konnten, aus der öffentlichen Information einen Vorteil erlangt.

Nunmehr sei angenommen, Paul erhalte vertraulich die Information, welches Feld gespielt wird, ohne dass Otto von Pauls Informationsvorteil weiß. Otto wird daher wie im Fall ohne Information seine Strategie O2 wählen, während Paul sich situationsabhängig für P1 (Feld x) oder P2 (Feld y) entscheidet. Somit kann Paul mit (12 + 18)/2 = 15 und Otto mit (8 + 20)/2 = 14 rechnen. Paul hat sich aufgrund seines Informationsvorteils besser gestellt, während Ottos Gewinn unverändert geblieben ist. Daran hätte sich auch dann nichts geändert, wenn Otto von Pauls Informationsvorteil gewusst hätte, denn auch dann hätte er sich für O2 entschieden.

Nehmen wir schließlich an, Otto erhalte vertraulich die Information über das gespielte Feld, ohne dass Paul von Ottos Informationsvorteil weiß. Paul wird daher wie im Fall ohne Information seine Strategie P2 wählen, während Otto sich situationsabhängig für O1 (Feld x) oder O2 (Feld y) entscheidet. Somit kann Paul mit (10 + 18)/2 = 14 und Otto mit (10 + 20)/2 = 15 rechnen. Wie zuvor erlangt nur derjenige, der besser informiert ist, daraus einen Vorteil. Auch hier hätte sich nichts geändert, wenn Paul von Ottos Informationsvorteil gewusst hätte, denn auch dann hätte er sich für P2 entschieden.

Alle diese Ergebnisse entsprechen dem, was man vernünftigerweise hat erwarten können: Eine öffentliche Information, die es den Beteiligten ermöglicht, sich situationsabhängig optimal zu verhalten, ist für alle von Nutzen und ein Informationsvorsprung nützt dem, der ihn erhält, unabhängig davon, ob der andere Kenntnis über diesen Informationsvorsprung hat oder nicht.

Tab. 24.2 Bimatrix-Spiel zum Informationsnutzen (Muster B)

Muster B					
Feld x	**O1**	**O2**	**Feld y**	**O1**	**O2**
P1	18 | 16	28 | 10	P1	2 | 2	14 | 10
P2	12 | 26	26 | 24	P2	10 | 16	18 | 20

Im Tab. 24.2 ändern wir die Eintragungen in Feld x und führen die Analyse erneut durch (Muster B).

Da anfangs *keine Informationen* darüber vorliegen, welches Feld gespielt wird, wird sich Paul wie zuvor für P2 entscheiden, denn

– sollte Otto die Strategie O1 wählen, bekommt Paul mit P1 einen Erwartungsgewinn von $(18+2)/2 = 10$ und mit P2 von $(12+10)/2 = 11$,
– sollte Otto die Strategie O2 wählen, bekommt Paul mit P1 einen Erwartungsgewinn von $(28+14)/2 = 21$ und mit P2 von $(26+18)/2 = 22$.

Analog wird sich auch Otto für O2 entscheiden, denn

– sollte Paul die Strategie P1 wählen, bekommt Otto mit O1 einen Erwartungsgewinn von $(16+2)/2 = 9$ und mit O2 von $(10+10)/2 = 10$,
– sollte Paul die Strategie P2 wählen, bekommt Otto mit O1 einen Erwartungsgewinn von $(26+16)/2 = 21$ und mit O2 von $(24+20)/2 = 22$.

Beide haben somit wieder eine dominante Strategie, aufgrund derer jeder mit einem durchschnittlichen Gewinn von 22 rechnen kann.

Unterstellen wir nun wieder, beide Spieler erhalten eine *öffentliche Information* darüber, welches der beiden Felder zum Einsatz kommt. Wieder werden die Spieler im Fall von Feld x die Strategien P1 und O1 wählen, da sie, unabhängig vom Zug des jeweils anderen, stets besser sind als die Strategien P2 und O2 (Dominanzbeziehung). Im Fall von Feld y gilt dasselbe für P2 und O2. Damit ergibt sich ein Gewinn von $(18+18)/2 = 18$ für Paul und von ebenfalls

(16 + 20)/2 = 18 für Otto. Damit hat aber die öffentliche Information beide schlechter gestellt, als sie ohne die Information waren. Sie wären bereit, dafür zu bezahlen, dass die Information unterbleibt!

Nunmehr gehen wir wieder davon aus, Paul erhalte vertraulich eine Information über das gespielte Feld, ohne dass Otto von Pauls Informationsvorteil weiß. Otto wird daher wie im Fall ohne Information seine Strategie O2 wählen, während Paul sich situationsabhängig für P1 (Feld x) oder P2 (Feld y) entscheidet. Somit kann Paul mit einer Ergebnisverbesserung auf (28 + 18)/2 = 23 rechnen, während Otto mit (10 + 20)/2 = 15 einen erheblichen Nachteil in Kauf zu nehmen hat.

Unterstellen wir jedoch, dass Otto sich des Informationsvorteils von Paul bewusst ist, dann haben wir es mit einem typischen Insiderfall zu tun: Die Outsider wissen in der Regel, *wer* Insider ist, sie wissen auch, *dass* der Insider mehr weiß als sie selbst, sie wissen aber nicht, *was* der Insider weiß. Diese Information zweiter Ordnung (Wissen über das Wissen anderer) kann natürlich zur Folge haben, dass die Outsider das Insiderverhalten antizipieren und ihre Entscheidungen danach ausrichten: Da Otto Pauls situationsabhängige Entscheidung (P1 im Fall von Feld x, P2 im Fall von Feld y) kennt, errechnet sich sein Erwartungsgewinn nunmehr mit Strategie O1 als (16 + 16)/2 = 16 und mit Strategie O2 als (10 + 20)/2 = 15. Er wird sich somit für O1 entscheiden. Damit ergibt sich ein Gewinn für Paul von (18 + 10)/2 = 14 und für Otto von (16 + 16)/2 = 16. Beide haben sich durch die asymmetrische Information schlechter gestellt als zuvor. Der Insider Paul hat sogar den größeren Verlust zu beklagen: Er wäre somit sogar bereit, bis zu acht Euro dafür zu bezahlen, nicht in die fatale Rolle des Insiders gebracht zu werden!

Betrachten wir schließlich den Fall, dass Otto einen Informationsvorteil erhält, den Paul nicht erahnt. Paul wählt somit wieder P2, während Otto sich situationsabhängig für O1 (Feld x) oder O2 (Feld y) entscheidet. Damit beläuft sich der Gewinn für Paul auf (12 + 18)/2 = 15 und für Otto auf (26 + 20)/2 = 23. Wieder dasselbe Bild: Derjenige, der besser informiert ist, gewinnt etwas dazu, während der andere erheblich verliert.

Tab. 24.3 Bimatrix-Spiel zum Informationsnutzen (Muster C)

Muster C					
Feld x	O1	O2	Feld y	O1	O2
P1	16/8	2/10	P1	14/18	16/14
P2	18/12	4/18	P2	10/14	10/6

Letztlich nehmen wir an, Otto sei Insider und Paul wisse das. Er errechnet infolgedessen für seine Strategie P1 einen Gewinn von $(18+14)/2 = 16$ und für P2 von $(12+18)/2 = 15$. Da er somit P1 wählt, beläuft sich der Erwartungsgewinn für Paul auf 16 und für Otto auf $(16+10)/2 = 13$. Auch in diesem Fall hat der Informationsvorteil dem Insider erheblich geschadet: Otto wäre bereit, bis zu 9 € dafür zu bezahlen, nicht in die Insiderrolle zu kommen.

Sehen wir uns jetzt Muster C in Tab. 24.3 an, auch auf die Gefahr hin, die Leser damit zu langweilen. Die Gefahr der Langeweile dürfte allerdings geringer sein als die Gefahr, noch nicht genug getan zu haben, um die Leser aus dem vertrauten und für uns alle übermächtigen ingenieurwissenschaftlichen Denken herauszuführen. Denn erst wenn das gelungen ist, können wir den Versuch wagen, uns ernsthaft mit den Zusammenhängen in einem komplexen System wie dem Finanzmarkt zu beschäftigen. Eine gewisse Vorkehrung gegenüber allzu großer Langeweile besteht allerdings darin, dass für Muster C nur die Ergebnisse aufgeführt werden. Es sei dem Leser überlassen, ihr Zustandekommen im Sinne der vorangegangenen Logik selbst nachzuvollziehen.

Im Fall ohne Information sind für beide Beteiligten die Strategien P1 und O1 dominant: Paul kann mit einem Ergebnis von 15, Otto von 13 rechnen. Bei öffentlicher Information hingegen werden im Fall von Feld x die Strategien P2 und O2 gewählt, im Fall von Feld y die Strategien P1 und O1. Paul erzielt im Schnitt neun und damit sechs weniger als im Fall ohne öffentliche Information, während Otto im Schnitt mit 18, d. h. mit fünf mehr als im Fall ohne öffentliche Information rechnen kann.

> Erhält Paul eine vertrauliche Nachricht (d. h. Otto weiß nichts davon), so stellt er sich mit 16 um einen Euro besser und Otto mit 15 um zwei Euro besser als im Fall allseitiger Unwissenheit. Weiß hingegen Otto von Pauls Insidereigenschaft, so stellt sich Paul mit 10 um fünf Euro schlechter, während Otto mit 16 einen Vorteil von drei Euro verbuchen kann.
>
> Erhält hingegen Otto eine vertrauliche Nachricht, so stellt auch er sich mit 14 um einen Euro besser, während Paul mit nur acht Euro rechnen kann und somit gegenüber der Situation allseitiger Unwissenheit sieben Euro einbüßt. An diesem Ergebnis ändert sich im Fall von Muster C nichts, wenn Paul von Ottos Insidereigenschaft Kenntnis hat.

Bei Entscheidungen gegen die Natur hängt das Ergebnis unserer Entscheidung davon ab, welche heute noch unsichere Umweltkonstellation eintreten wird. Dabei ist uns bewusst, dass das Eintreten bestimmter Umweltkonstellationen nicht von der von uns gewählten Entscheidung abhängt: Der Schnee bleibt im nächsten Winter vielleicht aus, aber nicht, *weil* wir entschieden haben, einen Skilift zu bauen, er wäre auch ohne diese Investition ausgeblieben. Ganz anders sind die Zusammenhänge in einem spieltheoretischen Kontext, in dem die Reaktion des einen von den anderen antizipiert wird. Nicht nur das: Unser Verhalten wird auch davon beeinflusst, dass das Verhalten unserer Gegner von deren Einschätzung über unser eigenes Verhalten geprägt ist. Jeder Schachspieler kennt das.

Die Analyse anhand der drei Muster war deswegen einigermaßen erhellend, weil sie gleichermaßen spieltheoretisches Denken (Markt) wie wahrscheinlichkeitstheoretisches Denken (Natur) miteinander verbindet. Genau dieses Zusammentreffen zweier einander entgegenstehender Handlungskonzepte ist kennzeichnend für den Aktienmarkt. Auf der einen Seite handelt es sich im

Markt um ein Spiel, eine Auseinandersetzung von intelligenten Personen, die alle versuchen, besser zu sein als die anderen, wissend, dass auch diese genau dasselbe versuchen. Zum anderen hängen die Ergebnisse auch von zufälligen Einflüssen ab, die in der Natur des Wirtschaftens liegen, aber auch auf menschliches Entscheidungsverhalten zurückgeführt werden können: Allzu oft entscheiden die Akteure eben nicht im Sinne jener Hyperrationalität, die ein spieltheoretischer Ansatz unterstellt. Gleichwohl machen es sich jene zu einfach, die im Duktus einer gewissen intellektuellen Überheblichkeit schlicht davon ausgehen, dass die anderen Fehler machen, die es ihnen im Gegenzug erlauben, auf deren Kosten Vorteile zu lukrieren. Was passiert, wenn die anderen genau dasselbe wollen, wird einfach nicht thematisiert. Wie in vielen Bereichen unseres Lebens ist es auch im Finanzmarkt angeraten, sich von der Maxime leiten zu lassen: Die anderen mögen zwar nicht klüger sein als wir, sie sind aber auch nicht dümmer.

Im Folgenden gehen wir davon aus, dass das Gewinninteresse der Beteiligten die Triebfeder ihres Handelns darstellt. *David Hume* (1711–1776) hat den Satz geprägt, Vernunft sei der Sklave der Leidenschaften. Er wollte damit deutlich machen, dass jemand, der wirklich etwas will, gezwungen ist, bei der Verfolgung seines Ziels so rational wie möglich vorzugehen. Jeder von uns macht zwar immer wieder Fehler, zieht aber in der Regel die Strategien vor, die ihm ein besseres Ergebnis ermöglichen. Die Einsicht, den anderen genauso viel Intelligenz zuzubilligen, wie man selbst für sich in Anspruch nimmt, zwingt aber dazu, dem spieltheoretischen Zugang zum Finanzmarktverständnis den Vorrang einzuräumen. Das wiederum führt notwendigerweise zu einem radikalen Umdenken in Bezug auf den Wert von Informationen, wie die vorstehenden Beispiele gezeigt haben sollten.

In einem Markt (einem Spiel) ist nämlich nahezu alles möglich:

Eine öffentliche Information, eine Information also, die allen gleichermaßen zugeht

- kann alle besser stellen (Muster A),
- kann alle schlechter stellen (Muster B),
- kann manche besser und andere schlechter stellen (Muster C).

Eine vertrauliche Information an einen oder an einzelne Marktteilnehmer (wobei die anderen sich des Informationsvorteils ihres bzw. ihrer Gegenspieler nicht bewusst sind und sich daher genauso verhalten wie im Falle des Fehlens jeglicher Information)

- kann alle Beteiligten besser stellen (Info an Paul, Muster C),
- kann den/die informationsmäßig Begünstigten besser stellen und den/die anderen unberührt lassen (Muster A),
- kann den/die informationsmäßig Begünstigten besser und den/die anderen schlechter stellen (Muster B, Info an Otto bei Muster C).

Eine Insiderinformation an einen oder an einzelne Marktteilnehmer (die Outsider sind sich des Informationsvorteils des/der Insider bewusst, haben aber keine Kenntnis darüber, welche Information die Insider haben)

- kann den/die Insider besser stellen und die Ergebnisse des/der anderen unberührt lassen (Muster A),
- kann den/die Insider besser und den/die Outsider schlechter stellen (Information an Otto bei Muster C),
- kann den/die Outsider besser und den/die Insider schlechter stellen (Information an Paul bei Muster C),
- kann alle Beteiligten schlechter stellen (Muster B).

Das Einzige, was nicht geschehen kann, ist, dass der Empfänger einer vertraulichen Information durch diese einen Nachteil erfährt. Solange der andere sich nämlich seines Informationsnachteils nicht bewusst ist, wird er genauso entscheiden, wie er es im Fall allseitigen Unwissens getan hätte. Die Entscheidung des besser Informierten wird somit zu einer Entscheidung gegen die Natur, da er nicht mit der Rückwirkung des/der anderen auf seine Entscheidung rechnen muss und das Ergebnis ausschließlich davon abhängt, auf welche Seite (x oder y) die Münze fällt.

Die vorstehenden Überlegungen sollten eindrücklich dazu gemahnt haben, bei der Analyse von Spielen oder Märkten Abschied zu nehmen von der allseits vertrauten Vorstellung, besser informiert zu sein, stelle stets einen Vorteil dar. Das *kann* so sein, *muss* aber nicht so sein. Im Finanzmarkt ist es nicht so.

25
Was ist Information im Finanzmarkt wert?

Im Finanzmarkt *kann* es gar nicht so sein. Wenn man als Maßgröße nicht die absolut erzielte Rendite, sondern die Differenzrendite, d. h. die Differenz zur Marktrendite verwendet, wird es Investoren geben, deren Differenzrendite positiv ist (die den Markt *outperformt* haben), wie auch Investoren, deren Differenzrendite negativ ist (die den Markt *underperformt* haben).

> Sowohl für die Handlungsweise der einzelnen Akteure als auch für die Beurteilung ihrer Ergebnisse (der so genannten ‚Performance') spielt es keine Rolle, ob man von den absoluten Renditen oder Differenzrenditen ausgeht: Es ist dasselbe, ob Sie von Ihrem Portfoliomanager erwarten, dass er eine möglichst hohe Rendite erzielt oder dass er die Differenz zwischen der Portefeuillerendite und dem Markt möglichst groß werden lässt. Es ist dasselbe, ob Sie als Rennfahrer die Strecke in der kürzesten Zeit zurücklegen oder ob Ihre individuelle Zeit am stärksten hinter der Durchschnittszeit zurück bleibt.

Geht man von der Differenzrendite aus, so stellt sich der Finanzmarkt als ein Nullsummenspiel dar, bei der die Summe der Gewinne der Summe der Verluste entspricht. Zu jedem Zeitpunkt teilt der Börsenkurs den Markt in genau zwei Hälften: auf der einen Seite sind die Käufer (die Nachfrage), auf der anderen Seite die Verkäufer (das Angebot). Bewegt sich in der Folgezeit der Kurs nach oben, so waren die Käufer die Gewinner und die Verkäufer die Verlierer, bewegt er sich hingegen nach unten, so drehen sich die Positionen gerade um. Dem Marktvolumen, das Gewinne zu verzeichnen hat, steht somit stets ein ebenso großes Marktvolumen gegenüber, das Verluste hat in Kauf nehmen müssen.

Dass es, wo es relative Gewinner gibt, auch relative Verlierer geben muss, gilt grundsätzlich –unabhängig davon, ob wir von einem effizient bewertenden Markt (*Weltbild eins*) oder von einem weniger als effizient bewertenden Markt (*Weltbild zwei*) ausgehen. Es besteht jedoch ein entscheidender Unterschied:

- Im effizient bewertenden Markt ist die Zugehörigkeit zur Gewinner- oder zur Verliererseite rein zufällig. Diese Zuordnung kann nicht durch einen höheren Informationsstand, durch mehr Erfahrung oder durch mehr Gespür für Marktprozesse beeinflusst werden. Der Gewinner hat einfach Glück gehabt und der Verlierer Pech.
- Im weniger als effizient bewertenden Markt können diese Eigenschaften (im Folgenden kurz unter dem Begriff *Information* zusammengefasst) durchaus Einfluss auf das Ergebnis und damit darauf haben, ob man eher damit rechnen kann, zu den Gewinnern oder zu den Verlierern zu gehören.

In *Weltbild zwei* wird man davon ausgehen können, dass sehr gut informierte Investoren, die erhebliche Mittel für einen umfänglichen Stab professioneller Finanzanalysten aufwenden, die weltweit aktiv sind und die in den wichtigsten Märkten der Welt Primärresearch betreiben, eher zu den Gewinnern gehören. Sie sind in der Lage, den inneren Wert von einzelnen Aktien, von Branchen oder von ganzen Volkswirtschaften zumindest so gut einzuschätzen, dass sie etwaige Fehlbewertungen mit einer gewissen Treffsicherheit identifizieren und somit Positionen im Markt eingehen können, die sich mit größerer Wahrscheinlichkeit als richtig denn als falsch erweisen. *André Kostolany* (1906–1999) hat immer die Ansicht vertreten, derjenige könne reich werden, dem es gelänge, in 51 % der Fälle richtig und in 49 % der Fälle falsch zu liegen. Gelingt es tatsächlich, so werden andere, die vielleicht auch erhebliche Mittel in ein professionelles Portefeuillemanagement stecken aber mit jenen finanziell nicht mitzuhalten vermögen, auf die Verliererseite gedrängt.

Ein Investor, der sich nur nebenher mit finanzwirtschaftlichen Fragen beschäftigt, stützt seine Entscheidungen im Wesentlichen auf unspezifische, mehr oder minder zufällig in das Blickfeld rückende Kriterien: Image des Unternehmens, Akzeptanz seiner Produkte, Nähe zum Heimatort, Bekanntheitsgrad des Managements, Anmutung der Marke etc. Wenn er sich intensiver mit den Finanzmärkten zu beschäftigen beginnt, weitere Informationen beschafft und diese nach den anerkannten Regeln der Fundamentalanalyse auswertet und interpretiert, werden zwei gegenläufige Effekte zu gewärtigen sein:

- Mehr Wissen, mehr Sachkenntnis, mehr Erfahrung, mehr Vertrautheit mit den Dingen, mehr Gespür für sich verändernde Marktbedingungen, all das wird dazu führen, dass die Einschätzungen, die der Investor hinsichtlich der Werthaltigkeit bestimmter Finanztitel vornimmt, in geringerem Maße mit Fehlern behaftet sein werden. Dies hat zweifellos auf die Qualität seiner Entscheidungen einen positiven Einfluss.
- Mit zunehmender Professionalisierung rücken aber auch die klassischen Informationsquellen der Finanzanalyse in den Vordergrund: Jahresabschlüsse, Halb- und Vierteljahresberichte, internationale Finanzpresse (z. B. Wall Street Journal, Financial Times, Handelsblatt), Börsenbriefe (z. B. Bernecker, marketwatch, Bloomberg Markets), Presseverlautbarungen, Ad-hoc-Mitteilungen der Unternehmen etc. Angesichts der Aufgabe, die zukünftigen Gewinnerwartungen des Unternehmens möglichst gut abzuschätzen, stellen aber auch diese Informationen lediglich eine Teilmenge aus dem gewaltigen

Tab. 25.1 Schätzpräzision und Entscheidungsgüte

Händler	1	2	3	4	5	6	7	8
Schätzung IW (innerer Wert)	10	10	12	12	13	17	19	21
Schätzfehler bei Wert = 14	4	4	2	2	1	3	5	7

Fundus an Informationen dar, die für eine sachgerechte Bewertung des Unternehmens erforderlich wären. Für jede Teilmenge gilt aber, dass sie in Bezug auf die Gesamtmenge verzerrt oder unverzerrt sein kann. Ist sie unverzerrt, so liefert sie wie eine repräsentative Stichprobe ein Bild, das dem der Gesamtmenge nahe kommt. Ist sie hingegen verzerrt, so werden alle, die sich dieser Information bedienen, zu den gleichen falschen Schlussfolgerungen kommen. Das allerdings hat erhebliche Fehlbewertungen im Markt zur Folge, durch die gerade diejenigen geschädigt werden, die sie verursacht haben, die ihre Entscheidung auf eine weit verbreitete, allerdings eine nach oben oder unten verzerrte Informationen gestützt haben.

Im Finanzmarkt kommt es eben nicht darauf an, präzise Schätzungen vorzunehmen, sondern vielmehr darauf, die richtige Marktseite zu erkennen. Das kleine Beispiel in Tab. 25.1 möge dies verdeutlichen:

> Nehmen wir an, acht Händler, die unterschiedlich gut informiert sind, versuchten, den Wert einer Aktie einzuschätzen, deren tatsächlicher Wert 14 betrage. Auf der Basis ihrer Information nehmen sie eine Schätzung des inneren Werts der Aktie (zweite Zeile) vor und geben Order, die Aktie dann zu kaufen, wenn der Marktpreis unter dem geschätzten Wert liegen sollte, liege der Marktpreis über dem Schätzwert, so sei zu verkaufen. Aufgrund dieser Marktorders

ergibt sich ein markträumender Preis von 12,50. Zu diesem Preis verkaufen die Händler 1-2-3-4 (sie halten das Papier für überbewertet), während die Händler 5-6-7-8 es für unterbewertet halten und die Position des Käufers einnehmen.

Tatsächlich ist das Wertpapier um 1,50 unterbewertet, was vorteilhaft für die Käufer und nachteilig für die Verkäufer ist. Betrachtet man aber die Schätzfehler beim angenommenen Wert von 14, so zeigt sich, dass die Verkäufer mit einem durchschnittlichen Fehler von $(4+4+2+2)/4 = 3$ präziser geschätzt haben als die Käufer mit dem durchschnittlichen Fehler von $(1+3+5+7)/4 = 4$. Die besseren Schätzer haben verloren und die schlechteren Schätzer gewonnen. Nicht auf die Präzision kommt es an, sondern darauf, ob man mit der Einschätzung des Kurses richtig liegt: Ist der aktuelle Marktpreis zu hoch oder zu niedrig? Im Beispiel lag auch der fünfte Händler richtig: Obwohl er den Wert der Aktie unterschätzt hat, hat er sie gekauft, weil der Markt ihren Wert für noch geringer eingeschätzt hatte als er selbst.

Unter denen, die den inneren Wert einigermaßen gut (Fehler ± 3) abgeschätzt haben, befinden sich gleich viele Gewinner wie Verlierer. Dasselbe gilt für diejenigen, die größere Fehler (> 3) gemacht haben. Es geht eben nicht um Schätzpräzision: Die Händler 5 bis 8 lagen trotz z. T. erheblicher Schätzfehler auf der richtigen Marktseite.

Kommen wir wieder zurück zu den beiden Effekten eines ansteigenden Informationsniveaus. Wenn sich offenbar bessere Information sowohl positiv als auch negativ auf das Anlageergebnis auswirken kann, müssen wir die Frage beantworten, welcher dieser beiden gegenläufigen Effekte der stärkere ist, eine Frage, die nur vor dem Hintergrund des Zusammenwirkens heterogener Investoren beantwortet werden kann. Herkömmliche wirtschaftstheoretische Ansätze, die regelmäßig auf dem Prinzip des Gleichgewichts zwischen homogenen (repräsentativen) Akteuren beruhen, sind nicht in der Lage, die Vielschichtigkeit eines Marktprozesses, der sich als Zusammenwirken vieler Akteure darstellt, angemessen zu erfassen. An der Universität Innsbruck wandte man sich daher sehr früh einer Methode zu, die in den Naturwissenschaften bereits weit verbreitet war, der man aber noch vor 20 Jahren in den Wirtschaftswissenschaften überwiegend mit Skepsis begegnete, der Computersimulation. Heute ist diese Methode auch in den Wirtschaftswissenschaften, meist unter der Bezeichnung *agentenbasierte Modellierung* (ABM) bestens etabliert, da sie Erkenntnisse ermöglicht, die mit den herkömmlichen Techniken der analytischen Ökonomik nicht erzielbar wären. Die jährlich erscheinenden Sammelbände zu *Artificial Economics* im Springer-Verlag zeugen von der Vielfalt der Fragestellungen. Zwar lässt sich das Verhalten eines ganzen Marktes in seiner Komplexität nicht angemessen erfassen, wohl aber das Verhalten der in ihm handelnden Akteure: Im Grunde versucht nämlich jeder, das für ihn beste Ergebnis zu erzielen und besser zu sein als die anderen. Es liegt also nahe, einen einfachen Markt dadurch zu simulieren, dass man virtuelle Akteure in dieser Weise modelliert und sie im Computer interagieren lässt. Letztlich geht es dann nur darum, das Beobachtete ökonomisch sinnvoll zu interpretieren und auf seine Gültigkeit zu überprüfen. Was passiert in dem künstlichen Markt und warum? Können die im Simulationsmodell erzielten Erkenntnisse auf reale Märkte übertragen werden?

26

Schlägt Dummheit Mittelmäßigkeit?

Bereits vor mehr als 30 Jahren hat der Verfasser die These aufgestellt, dass Kapitalanleger, denen durchaus ein gewisses Maß an Professionalität bescheinigt werden kann, die aber nur mittelmäßig informiert sind, mit schlechteren Anlageergebnissen rechnen müssen als gänzlich unerfahrene und uninformierte Investoren. In einer Replik fragte ein Fachkollege angesichts des zur damaligen Zeit völlig unerwarteten Ergebnisses voller Zweifel: „Schlägt Dummheit Mittelmäßigkeit?" Die These widerspricht offenkundig der Sicht der Dinge, die uns seit unserer frühesten Kindheit begleitet: In allen Bereichen unseres Lebens, in der Schule, im Sport, im Berufsleben gilt das eherne Gesetz, dass derjenige eine höhere Aussicht auf Erfolg hat, der sich mehr anstrengt, der nachhaltiger trainiert, der mehr Einsatz erbringt. Natürlich gibt es auch glückliche Fügungen, die beim Erfolg Pate stehen, das *Glück des Tüchtigen,* in der Regel ist es aber die Leistung, die zählt.

Dass dieser Zusammenhang im Finanzmarkt offenbar nicht gilt, zeigt die zu Beginn angestellte simple Überlegung: Da ein Hund, der mit Schwanzwedeln darüber entscheidet, ob eine Aktie gekauft oder verkauft (nicht gekauft) wird, mit gleicher Wahrscheinlichkeit auf der richtigen wie der falschen Marktseite liegt und somit mit einer durchschnittlichen Rendite (Indexrendite) rechnen kann, ist es nicht vorstellbar, dass alle anderen, die schließlich mehr wissen als der Hund, mit einem überdurchschnittlichen Ergebnis rechnen können. Dass das so sein muss, liegt auf der Hand. Wie sich die Zusammenhänge im Einzelnen darstellen, konnte allerdings erst mithilfe der Simulationsstudien gezeigt werden. Im Klappentext zu einem der ersten finanzwirtschaftlichen Bücher, in denen die agentenbasierte Methode Anwendung fand, schrieb im Jahr 2000 der Altmeister der modernen Finanzwirtschaft, *Harry Markowitz*, dass diese Methode den Weg in die Zukunft der Finanztheorie weise. Sollten wir uns nur auf die analytische Problemlösung beschränken, so betrieben wir Theorie rein zu unserer Unterhaltung, nicht aber mit dem Ziel, die wirtschaftliche Realität verstehen oder gar gestalten zu wollen. Derart mit dem Segen des Schöpfers der Portefeuilletheorie begleitet, werden im Folgenden Simulationsergebnisse in einfachster Weise dargestellt. Wenn es dabei gelänge, ein Gespür für die Komplexität eines Finanzmarktes zu bekommen, wäre bereits viel erreicht.

Gegeben sei ein Markt, auf dem ein *Wertpapier* gehandelt wird, das sich als die Summe von zehn Idealmünzen darstellt. Eine Idealmünze (auch: Laplace-Münze) weist jeweils mit gleicher Wahrscheinlichkeit einen Wert von einem oder null Euro auf. Der Wert (innere Wert) dieses Wertpapiers ist somit zufällig zwischen null und zehn Euro verteilt. Jeweils zehn Personen, die Händler H0, H1 bis H9, agieren in diesem künstlichen Markt, indem sie jeweils genau ein Wertpapier kaufen oder verkaufen, je nachdem was sie gerade für vorteilhaft halten. Wie in der Portefeuilletheorie üblich, betrachten wir nur eine Periode, um stets dieselben Ausgangsbedingungen zu haben: Das Wertpapier wird heute gekauft und morgen (in einer Woche, einem Monat, einem Jahr) wieder verkauft und somit das Geschäft abgerechnet. Kennzeichnend für diesen virtuellen Markt ist ein wesentliches Merkmal realer Finanzmärkte, die Tatsache nämlich, dass die Marktteilnehmer unterschiedlich informiert sind. Dazu wird angenommen, dass Händler H0 keine der Münzen kennt, H1 die erste, H2 die ersten beiden, H3 die ersten drei etc. H9 weist den höchsten Informationsstand auf, weil ihm neun der zehn Münzen bekannt sind. Da er die letzte Münze nicht kennt, ist auch er nicht vollkommen informiert.

Jeder Marktteilnehmer ist in unserem künstlichen Markt so programmiert, dass er genau das tut, was er nach allgemeiner Überzeugung tun soll. Er bildet auf der Basis der ihm vorliegenden Information eine bestmögliche Einschätzung des inneren Wertes: Diese beste Schätzung ergibt sich als Summe der Werte der Münzen, die ihm bekannt sind, zuzüglich dem Erwartungswert der Münzen, die ihm verborgen sind (selbstverständlich ist der Erwartungswert einer Idealmünze stets ½). Diese Handlungsweise entspricht somit der des oben dargestellten Fundamentalanalytikers. Ist der Marktpreis höher als der von dem Händler eingeschätzte innere Wert, so wird er das Wertpapier für überbewertet halten und es abzustoßen versuchen, ist der Marktpreis niedriger, so hält er es für unterbewertet und wird es kaufen wollen.

Betrachten wir ein Beispiel: Die Händler sind wie angegeben unterschiedlich informiert und das Wertpapier hat einen Wert von 5 €, da die Münzen in der Reihenfolge 0001101101 gefallen sind. Für H5 ergibt sich somit eine Schätzung des inneren Wertes von IW = 4,5 €: Er sieht, dass die ersten fünf Münzen zusammen einen Wert von 2 € aufweisen und addiert dazu 2,5 €, den Erwartungswert der ihm unbekannten fünf Münzen. In entsprechender Weise verfahren alle anderen Händler und kommen zu den unter „geschätzter IW" angeführten bestmöglichen Einschätzungen auf der Basis der ihnen vorliegenden Information (vgl. Tab. 26.1).

An den Börsen wird der Kurs üblicherweise (im sogenannten Call-Markt, d. h. bei nicht fortlaufender Notierung) nach dem sogenannten Meistausführungsprinzip ermittelt. Es gilt dabei, den Kurs ausfindig zu machen, bei dem der Umsatz maximal ist. Im Beispiel ist das bei einem Preis zwischen 4,0 und 4,5 gegeben. Da hier bei einer Spanne das Mittel gewählt wird, ergibt sich ein Kurs von 4,25 €. Dieser Kurs ermöglicht einen Umsatz von vier Stück, wobei H0, H1, H5, H7, H8 und H9 kaufen wollen, wohingegen H2, H3,

Tab. 26.1 Beispielmarkt mit der Münzfolge 0001101101

Händler	H0	H1	H2	H3	H4	H5	H6	H7	H8	H9
Gesehene Münzzahl	0	1	2	3	4	5	6	7	8	9
Davon auf 1 liegend	0	0	0	0	1	2	2	3	4	4
Erwartungswert Rest	5,0	4,5	4,0	3,5	3,0	2,5	2,0	1,5	1,0	0,5
Geschätzter IW in Euro	5,0	4,5	4,0	3,5	4,0	4,5	4,0	4,5	5,0	4,5
Käufer/Verkäufer P =4,25	K	K	V	V	V	K	V	K	K	K
Gewinne in Euro	0,50	0,50	−0,75	−0,75	−0,75	0,50	−0,75	0,50	0,50	0,50

H4 und H6 als Verkäufer auftreten. Angesichts eines tatsächlichen Werts von 5 € bedeutet ein Kurs von 4,25 eine Unterbewertung in Höhe von 0,75, was die Käufer begünstigt und für die Verkäufer von Nachteil ist. Da sich beim Preis von 4,25 sechs Käufer, aber nur vier Verkäufer gegenüberstehen, muss in diesem Fall wie an realen Börsen eine Repartierung (Kontingentierung) vorgenommen werden, um den Markt zu räumen. Dies erfolgt in unserem Fall derart, dass die Order der Käufer nur zu zwei Dritteln erfüllt wird: Die Verkäufer erleiden somit einen Verlust in Höhe von 0,75 € und die Käufer können einen Gewinn in Höhe von 0,50 € (= 2/3 von 0,75 €) verbuchen. Natürlich braucht eine Repartierung nicht vorgenommen werden, wenn sich zum markträumenden Preis gleich viele Käufer und Verkäufer gegenüberstehen.

Die im Beispiel angenommene Münzfolge 0001101101 ist nur eine von $2^{10} = 1024$ möglichen Fällen. So gibt es z. B. allein 252 unterschiedliche Folgen von 1 und 0, deren Summe 5 beträgt:

Zahl der Folgen mit Wert = 0	1
Zahl der Folgen mit Wert = 1	10
Zahl der Folgen mit Wert = 2	45
Zahl der Folgen mit Wert = 3	120
Zahl der Folgen mit Wert = 4	210
Zahl der Folgen mit Wert = 5	252
Zahl der Folgen mit Wert = 6	210
Zahl der Folgen mit Wert = 7	120
Zahl der Folgen mit Wert = 8	45
Zahl der Folgen mit Wert = 9	10
Zahl der Folgen mit Wert = 10	1
Summe	1024

In den Simulationen wurden für jeden dieser 1024 Fälle ein Marktergebnis nach derselben Methode wie im obigen Beispiel berechnet und anschließend ein Mittelwert gebildet. Dieser gibt an, mit welchem Ergebnis ein Händler, der über einen gewissen Informationsstand verfügt und diese Information seinen Entscheidungen zugrunde legt, im Durchschnitt rechnen kann. Tabelle 26.2 zeigt die Ergebnisse in Eurobeträgen.

Wie zu erwarten war, spielt es eine Rolle, wie gut man informiert ist. Die besser informierten Händler H5 bis H9 gewinnen und die schlechter informierten Händler H0 bis H4 verlieren: Wo es Gewinner gibt, gibt es auch Verlierer. Dass sich die

Tab. 26.2 Simulation mit ausschließlich Fundamentalanalytikern

Händler	H0	H1	H2	H3	H4	H5	H6	H7	H8	H9
Gewinn	−0,34	−0,38	−0,40	−0,37	−0,31	0,03	0,22	0,39	0,51	0,64

Tab. 26.3 Simulationsergebnis mit positiver Konstante

Händler	H0	H1	H2	H3	H4	H5	H6	H7	H8	H9
Gewinn	0,16	0,12	0,10	0,13	0,19	0,53	0,72	0,89	1,01	1,14
Diff zu 0,50	−0,34	−0,38	−0,40	−0,37	−0,31	0,03	0,22	0,39	0,51	0,64

Volumina von Gewinnen und Verlusten genau ausgleichen, ist hier der Tatsache geschuldet, dass in der Simulation der durchschnittliche Gewinn null ist. In realen Märkten erzielt ein Investment in Aktien in der Regel natürlich eine positive Rendite. Die Nullsummeneigenschaft gilt aber auch hier, wenn man nicht die absoluten Ergebnisse betrachtet, sondern die Differenzgewinne (erzieltes Ergebnis minus Marktdurchschnitt). Würde z. B. ein Engagement im simulierten Markt durchschnittlich einen Gewinn von 0,50 € erbringen, so würden sich die Ergebnisse wie in Tab. 26.3 darstellen.

Die absoluten Gewinne sind zwar alle positiv und die Differenzgewinne weisen wieder die gewünschte Nullsummeneigenschaft auf. Diese Überlegungen sind insofern von Bedeutung, da ansonsten die Frage auftreten könnte, warum Händler, die systematisch auf der Verliererstraße sind, überhaupt an dem Spiel teilnehmen. Angesichts eines Durchschnittsgewinns von 0,50 lohnt sich die Teilnahme für alle: Auch die Verlierer stellen sich im Schnitt besser als bei einer Nichtteilnahme, da der Durchschnittsgewinn höher ist als ihr relativer Verlust.

> Auch in den realen Kapitalmärkten liegt die durchschnittliche Aktienrendite deutlich höher als die Verzinsung von Staatsanleihen. In Deutschland lag diese Differenz in den zwei Jahrzehnten von 1991 bis 2010 bei durchschnittlich 6,3 %. Daraus folgt, dass selbst ein Investor, dessen persönliche Rendite um 2 % hinter der des Marktes zurückgeblieben wäre, mit deutschen Aktien immer noch ein um jährlich 4,3 % besseres Ergebnis erzielt hätte als mit Bundesanleihen. Auch für die *Verlierer* hätte sich somit die Teilnahme am deutschen Aktienmarkt durchaus gelohnt und dies in einer Periode mit zwei schweren Crashs an den internationalen Finanzmärkten (Dotcom-Blase zu Beginn des Jahrtausends, Finanzkrise 2008).

Bemerkenswert ist jedoch nicht die Tatsache, dass es Gewinner und Verlierer gibt (das ist selbstverständlich!), sondern die Tatsache, dass der Zusammenhang zwischen Informationsstand und erwartetem Gewinn nicht linear ist. Am schlechtesten schneidet nämlich nicht der gänzlich uninformierte Händler H0 ab, sondern H2, der immerhin die Lage der beiden ersten Münzen kennt. Zweifellos ist seine Schätzung des inneren Wertes des Wertpapiers präziser, d. h. weniger mit Fehlern behaftet als die von H0: Während H0 maximal einen Fehler von 5 € machen kann (wenn *alle* zehn Münzen Zahl oder Kopf zeigen), liegt der maximal mögliche Fehler für H2 nur bei 4 € (wenn alle acht ihm nicht bekannten Münzen dasselbe anzeigen). Wie wir bereits gesehen haben, kommt es aber nicht nur auf die Schätzpräzision an, sondern vielmehr darauf, in welchem Verhältnis die eigene Schätzung zu der Schätzung der anderen steht, und darauf, wie groß die Wahrscheinlichkeit ist, mit anderen zusammen dieselben Fehler zu machen. Der hierbei zutage tretende nichtlineare Zusammenhang zwischen Informationsstand und Ergebnis war Gegenstand vielfältiger Untersuchungen und konnte immer wieder bestätigt werden, nicht nur in Simulationen, sondern auch in rein analytischen Studien und in Experimenten mit Studierenden an verschiedenen europäischen Universitäten.

Um die Ursachen dieser Nichtlinearität deutlicher hervortreten zu lassen, betrachten wir einmal drei mögliche Folgen, die die zehn Münzen annehmen können:

- *Eindeutige Richtung:* Zeigen die Münzen überwiegend die gleiche Seite, so ist der Wert des Wertpapiers sehr hoch oder sehr niedrig. Nehmen wir hier einmal den Extremfall an, bei dem alle Münzen auf Zahl liegen, was einem Wert von zehn entspricht. Da die Einschätzungen linear mit steigendem Informationsstand ansteigen (H0 schätzt 5,0; H1 schätzt 5,5; H2 schätzt 6,0…), ergibt sich ein markträumender Preis von 7,25 €. Zu diesem Preis sind die Händler H0 bis H4 auf der

Tab. 26.4 Alle Münzen liegen auf Zahl: Folge 1111111111, Wert = 10

Händler	H0	H1	H2	H3	H4	H5	H6	H7	H8	H9
Gesehene Münzzahl	0	1	2	3	4	5	6	7	8	9
Davon auf eins liegend	0,0	1,0	2,0	3,0	4,0	5,0	6,0	7,0	8,0	9,0
Erwartungswert Rest	5,0	4,5	4,0	3,5	3,0	2,5	2,0	1,5	1,0	0,5
Geschätzter IW in Euro	5,0	5,5	6,0	6,5	7,0	7,5	8,0	8,5	9,0	9,5
Käufer/Verkäufer bei P = 7,25	V	V	V	V	V	K	K	K	K	K

Verkäuferseite und die Händler H5 bis H9 auf der Käuferseite. Da das Wertpapier deutlich unterbewertet ist, sind die Käufer die Gewinner und die Verkäufer die Verlierer. Die Gewinner sind überdurchschnittlich gut informiert und die Verlierer weisen einen unterdurchschnittlichen Informationsstand auf (vgl. Tab. 26.4).

Dasselbe Ergebnis wäre auch eingetreten, wenn alle Münzen auf Kopf gelegen hätten. Hier hätte sich bei einem Wert von null und einem Marktpreis von 2,75 € eine deutliche Überbewertung ergeben, die von den gut informierten Händlern H5 bis H9 erkannt worden wäre und sie die gewinnbringende Verkäuferseite hätte einnehmen lassen. Die unterdurchschnittlich informierten Händler hätten indes gekauft und verloren. In beiden Fällen zeigt sich das gewohnte Bild: Die gut Informierten gewinnen, die schlecht Informierten verlieren. Allerdings sind die Fälle, in denen die Münzen überwiegend die gleiche Seite aufweisen, nicht sehr häufig, da es sich um die extremen Ausprägungen der Verteilung handelt.

- *Fehlende Richtung*: Ein anderes Bild ergibt sich für den Fall, dass die Münzen eine klare Richtung vermissen lassen und mehr oder minder abwechselnd die eine und die andere Sei-

Tab. 26.5 Münzen wechseln ständig ab: Folge 1010101010, Wert = 5

Händler	H0	H1	H2	H3	H4	H5	H6	H7	H8	H9
Gesehene Münzzahl	0	1	2	3	4	5	6	7	8	9
Davon auf eins liegend	0,0	1,0	1,0	2,0	2,0	3,0	3,0	4,0	4,0	5,0
Erwartungswert Rest	5,0	4,5	4,0	3,5	3,0	2,5	2,0	1,5	1,0	0,5
Geschätzter IW in Euro	5,0	5,5	5,0	5,5	5,0	5,5	5,0	5,5	5,0	5,5
Käufer/Verkäufer bei P = 5,25	K	V	K	V	K	V	K	V	K	V

te zeigen. In Tab. 26.5 betrachten wir das Extrembeispiel 1010101010 mit dem Wert 5 € (oder auch 1010101011 mit dem Wert 6 €) etwas genauer.

Hier liegt der Marktpreis mit 5,25 € sehr nahe am tatsächlichen Wert in Höhe von 5 oder 6 €. Es gibt also wenig zu gewinnen und wenig zu verlieren. Ob die Käufer diesen Betrag gewinnen oder die Verkäufer, hängt allein vom Zufall ab, d. h. von der Lage der zehnten Münze, die niemandem bekannt ist. Liegt sie, wie im ersten Fall auf Kopf (0), sind es die Verkäufer, denn der Wert des Wertpapiers beträgt 5 €. Liegt sie hingegen wie im zweiten Fall auf Zahl (1), so gewinnen die Käufer, weil dann der Wert bei 6 € liegt.

Ein Vergleich der Schätzungen zeigt, dass es fast alle mit unverzerrten Teilmengen der Information zu tun haben. Die Händler H1, H3, H5, H7 und H9 kommen auf der Basis der ihnen zur Verfügung stehenden Information alle zum gleichen Schätzergebnis. Wie bei einer guten repräsentativen Stichprobe gilt, dass derjenige, der die Stichprobe kennt, genauso viel weiß wie derjenige, der die Grundgesamtheit kennt. Alle genannten Händler nehmen daher auch dieselbe Marktseite ein. Das Gleiche gilt für die Händler H0, H2, H4, H6 und H8. Auch sie schätzen gleich und nehmen dieselbe Marktseite ein. Das Informationsniveau, das ein Händler hat, ist somit ohne Einfluss auf sein Ergebnis im Markt: Gewinnen kann man

Tab. 26.6 Richtungsänderung in der Mitte: Folge 1111100000, Wert = 5

Händler	H0	H1	H2	H3	H4	H5	H6	H7	H8	H9
Gesehene Münzzahl	0	1	2	3	4	5	6	7	8	9
Davon auf eins liegend	0,0	1,0	2,0	3,0	4,0	5,0	5,0	5,0	5,0	5,0
Erwartungswert Rest	5,0	4,5	4,0	3,5	3,0	2,5	2,0	1,5	1,0	0,5
Geschätzter IW in Euro	5,0	5,5	6,0	6,5	7,0	7,5	7,0	6,5	6,0	5,5
Käufer/Verkäufer bei P = 6,25	V	V	V	K	K	K	K	K	V	V

gleichermaßen mit einem hohen wie niedrigen Informationsstand.

- *Richtungswechsel*: Ein wiederum völlig anderes Bild ergibt sich, wenn wir annehmen, innerhalb der Münzfolge würde ein ausgeprägter Richtungswechsel stattfinden. Dies wäre etwa mit der Folge 1111100000 gegeben, die zu dem in Tab. 26.6 dargestellen Ergebnis führt.

Der markträumende Preis liegt nunmehr bei 6,25 €. Zu diesem Preis sind die Händler H3, H4, H5, H6 und H7 auf der Käuferseite, da nach ihrer Ansicht das Wertpapier unterbewertet ist, während die Händler H0, H1, H2, H8 und H9 es für überbewertet halten und dementsprechend verkaufen. Da bei einem Preis von 6,25 € und einem Wert von 5 € das Wertpapier tatsächlich um 1,25 € überbewertet ist, sind die Verkäufer die Gewinner und die Käufer die Verlierer. Hier wird die Ursache für die oben beobachtete Nichtlinearität des Informationsnutzens offenkundig. Händler, die ein ähnliches Informationsniveau haben, werden auch ähnliche Entscheidungen treffen. Wenn aber die Information, auf die sie sich stützen, verzerrt ist, d. h. nicht ein zutreffendes Bild der Gesamtsituation liefert, neigen sie dazu, alle denselben Fehler zu begehen. Händler hingegen, die über einen sehr hohen Informationsstand verfügen, erkennen den Fehler, während Händler mit sehr geringer Information viel zu wenig wissen, um sich der Herde anzuschließen und den Fehler mitzumachen. Auch hier gilt, dass ein umgekehrter Verlauf zum selben Ergebnis geführt hätte. Bei der Münzfolge 0000011111 ergäbe sich mit einem Marktpreis von 3,75 € eine klare Unterbewertung des Wertpapiers, die die Händler H0, H1, H2, H8 und H9 als solche erkannt hätten. Sie wären infolgedessen in die gewinnbringende Position der Käufer gegangen. Die Händler H3, H4, H5, H6 und H7 hingegen hätten eine Überbewertung vermutet und verlustbringend verkauft.

Jede der 1024 möglichen Münzfolgen lässt sich einem der vorstehenden Typen in etwa zuordnen. Dabei zeigt sich das bemerkenswerte Ergebnis, dass es Konstellationen, bei denen etwas besser informierte Händler systematisch besser abschneiden als uninformierte, nicht gibt. Offenbar gilt das oben zitierte Wort von *Bernhard Kromschröder*, dass Dummheit Mittelmäßigkeit schlägt. Teilt man das Informationskontinuum einmal in vier Bereiche auf, so zeigt sich eindeutig eine Dominanzbeziehung zwischen den beiden ersten Spalten: Dass etwas informierte Investoren häufiger gewinnen als ganz gering informierte kommt nicht vor, sehr wohl aber der umgekehrte Fall (vgl. Tab. 26.7).

Tab. 26.7 Nichtlineare Beziehung zwischen Gewinnern und Verlierern

Münzfolge	Information Gering	Information Unteres Mittel	Information Oberes Mittel	Information Hoch
Eindeutige Richtung	Verlierer	Verlierer	Gewinner	Gewinner
Fehlende Richtung	Neutral	Neutral	Neutral	Neutral
Wechselnde Richtung	Gewinner	Verlierer	Verlierer	Gewinner

Schlecht informierte Marktteilnehmer verfügen über keinerlei oder kaum bewertungsrelevante Information. Sie treffen ihre Entscheidungen auf der Basis eines Wissens, das allgemein, insbesondere aber von Fachleuten und solchen, die sich dafür halten, als nicht bewertungsrelevant angesehen wird. Dabei machen sie zwar erhebliche Fehler, die aber kaum einen Zusammenhang mit der Fehlbewertung des Marktes aufweisen. Ihr Nachteil besteht nur darin, unpräzise Schätzungen abzugeben, nicht aber darin, aktiv jene Fehler mit zu erzeugen, die dann denjenigen, die sie erzeugt haben, zum Nachteil gereichen. In einem *Weltbild-zwei*-Markt gilt, dass es eine richtige und eine falsche Marktseite gibt: Ist das Wertpapier unterbewertet, so ist die Käuferseite richtig, ist es überbewertet, so ist es die Verkäuferseite. Da die schlecht informierten Marktteilnehmer selbst dann, wenn das Wertpapier deutlich vom Durchschnitt (= 5) abweicht, dies nicht erkennen, liegen sie im Schnitt schon eher auf der falschen als auf der richtigen Marktseite. Da sie sich aber mangels Information der Herde derer, die sich auf eine möglicherweise verzerrte Information stützen, nicht anschließen, können sie mit geringeren Verlusten rechnen als diese.

Durchschnittlich informierte Marktteilnehmer legen nämlich ihren Entscheidungen die üblicherweise von der Wertpapieranalyse als wichtig erachteten Informationen zu Grunde: Jahresabschlüsse, Zwischenberichte, Presseberichterstattung, Expertenanalysen etc. Da sie in der Regel eine vergleichbare Ausbildung genossen, dieselben Informationsquellen benutzt und dieselben Lehrbücher gelesen haben, kommen sie zu ähnlichen Schlüssen. Jedoch stellen die Informationen, die üblicherweise den durchschnittlich informierten Marktteilnehmern vorliegen, lediglich eine Teilmenge all jener Informationen dar, die für die Bewertung von Wertpapieren von Relevanz sind. Für jede Teilmenge gilt, dass sie gegenüber der Grundgesamtheit unverzerrt oder verzerrt sein kann. Im ersten Fall kommt derjenige, der sich auf die Teilinformation stützt, zu grundsätzlich gleichen Ergebnissen wie der, dem alle Informationen zu Verfügung stehen. Seine Entscheidung ist nicht systematisch fehlerbehaftet. Ist hingegen die Teilinformation verzerrt, so werden alle, die sich ihrer bedienen, zu den gleichen Fehlschlüssen veranlasst. Dies schlägt sich in der Bewertung der Marktpreise nieder und gereicht grundsätzlich denjenigen, die die Fehlbewertungen auslösen, zum Nachteil. Es steht somit zu erwarten, dass bereits recht gut, aber noch immer eher durchschnittlich informierte Marktteilnehmer mit einer größerer Wahrscheinlichkeit auf der falschen Marktseite liegen als gänzlich uninformierte Händler.

Es sei betont, dass die hierin zum Ausdruck kommende Schädlichkeit erhöhter Information nicht darauf zurückzuführen ist, dass die Informationen, die den Entscheidungen zugrunde liegen, falsch sind. Das wäre trivial, denn dass jemand, der aufgrund falscher Informationen entscheidet, mit schlechteren Ergebnissen rechnen muss, liegt auf der Hand. Auch in dem in Kap. 24 durchgeführten Zwei-Matrix-Spiel war die Information über die zu spielende Matrix weder falsch noch irreführend. Gleichwohl gab es Situationen, wo die Spieler bereit waren, etwas dafür zu bezahlen, dass ihnen die Information nicht zugeht. Der Jahresabschluss, der einem Unternehmen ein gutes Ergebnis bescheinigt, kann sehr wohl in dem Sinne völlig richtig sein, dass er ein den tatsächlichen Verhältnissen entsprechendes Bild der Vermögens-, Finanz- und Ertragslage der Kapitalgesellschaft vermittelt, wie es im Handelsgesetzbuch formuliert ist. Gleichwohl kann aber die auf dieses Rechenwerk gestützte Entscheidung, die Aktien dieses Unternehmen zu kaufen, sich als falsch erweisen, da andere (etwa neuere) Informationen vorliegen, die eine andere Bewertung nahelegen.

Sehr gut informierte Marktteilnehmer nehmen eine präzisere Schätzung des Werts vor und dürften somit eher in der Lage sein, Fehlbewertungen, die der Markt vornimmt, auch als solche zu erkennen. Mit ihren Entscheidungen befinden sie sich, obgleich auch sie irren können, mit größerer Wahrscheinlichkeit auf der richtigen als auf der falschen Marktseite. Im Schnitt werden daher in einem *Weltbild-zwei*-Markt sehr gut informierte Marktteilnehmer mit überdurchschnittlichen Renditen rechnen können.

> Der in der Simulationsstudie zutage tretende nichtlineare Zusammenhang zwischen dem Informationsstand eines Investors und seinem Anlageergebnis wurde von *Huber/Kirchler/Sutter* mit einer anderen Methode bestätigt. Sie führten mehrere Laborexperimente mit Studierenden an der Universität Innsbruck durch, die im Wesentlichen an die Simulationsstudie angelehnt waren. Wie dort handelten auch im Experiment zehn Händler ein Wertpapier, das sich als die Summe von zehn Laplace-Münzen darstellte, wobei die Händler – ebenfalls analog zur Simulationsstudie – unterschiedlich informiert waren. Die Ergebnisse sind Abb. 26.1 zu entnehmen.
> Zwischen den sechs Händlern mit den niedrigsten Informationsniveaus (H0...H5) gibt es keine nennenswerten Unterschiede in den Ergebnissen. Wenn überhaupt ein Zusammenhang erkennbar ist, so ist dieser negativ (statistisch allerdings insignifikant): die Trader H3, H4 und H5 schneiden schlechter ab als der gänzlich uninformierte Trader T0. Das Ergebnis ist insofern bemerkenswert, als die Methode eine völlig andere ist. In beiden Fällen handelt es sich zwar um agentenbasierte Ansätze, d. h. die erzielten Ergebnisse sind Folge der Interaktion autonomer Akteure. In der Simulation allerdings sind die Agenten mathematische Konstrukte, die fehlerfrei die ihnen einprogrammierte Strategie verfolgen. Im Laborexperiment sind es Menschen aus Fleisch und Blut, die zwar gewinnen wollen, dabei aber die verschiedensten Strategien einsetzen und denen wahrscheinlich auch immer wieder Fehler unterlaufen.

Darüber, was es in realen Märkten heißt, schlecht, mittel oder gut informiert zu sein, kann allerdings nur gemutmaßt werden. Letztlich muss dies jeder für sich selbst entscheiden. Dabei ist zu viel Selbstbewusstsein sicher fehl am Platz. Dass Kapitalanleger dennoch zu einer ausgeprägten *overconfidence* neigen, zeigt die Antwort, die man üblicherweise auf die Frage erhält, wie sie ihr eigenes Entscheidungsverhalten einschätzen. Meist lautet sie in etwa folgendermaßen: „Ich bin mir bewusst, dass auch ich im-

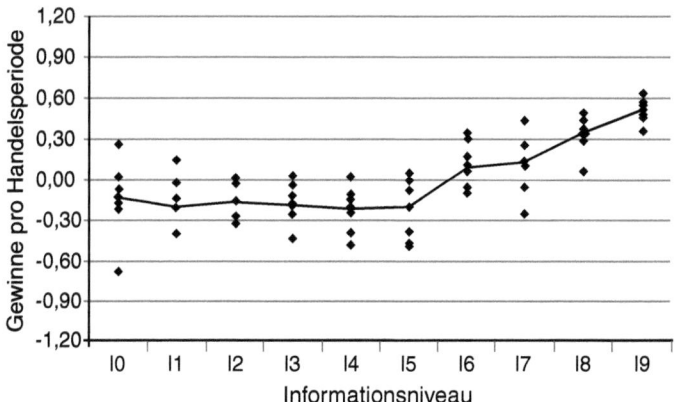

Abb. 26.1 Informationsasymmetrie im Laborexperiment

mer wieder Fehler mache und häufig daneben liege. Im Schnitt treffe ich aber doch eher richtige als falsche Entscheidungen." Es sollte jedem klar sein, dass, nimmt man alle Investoren zusammen, eine solche Aussage entweder für niemanden (*Weltbild eins*) oder nur für die Hälfte des Marktvolumens (*Weltbild zwei*) gelten kann. Berücksichtigt man realistischerweise, dass die Hälfte des Marktvolumens, die eher auf der Gewinner- als auf der Verliererseite liegen dürfte, von einer kleinen Gruppe umsatzstarker und bestens informierter Global Players abgedeckt wird, so muss die überwältigende Mehrheit der Kapitalanleger, sowohl privater als auch institutioneller, damit rechnen, trotz erheblichen Wissens systematisch eher die falsche als die richtige Marktseite anzusteuern.

Tabelle 26.8 kann allenfalls Anhaltspunkte für eine mögliche Abstufung geben. Dabei sie sollte sie vor einer allzu leicht vorkommenden Selbstüberschätzung warnen. Eine verlässliche wissenschaftliche Untersuchung über diese Fragen gibt es nicht. Die Tabelle gibt somit lediglich meine subjektive Einschätzung wider.

Tab. 26.8 Mögliche Abstufung nach Informationsstand in der Praxis

Informationsquellen	Informationsstand
1 Radio, TV, kostenlose Internet-Services, nationale und lokale Zeitungen, Zeitschriften von allgemeinem Interesse	Stark unterdurchschnittlich
2 Internationale Zeitungen (Times, New York Times, Le Monde, Corriere della Sera, El Pais, NZZ, FAZ, SZ..), Fachzeitschriften	
3 Int. Finanzpresse (Economist, Financial Times, Wall Street Journal, Handelsblatt), Internet-Dienste (Reuters, Bloomberg etc.)	Unterdurchschnittlich
4 Spezielle Informationsdienste (Value Line, StockWatch, Sonderdienste von Reuters, Bloomberg, Morningstar etc.)	
5 Erstklassige Analystenreports aus erster Hand (UBS, Deutsche Bank, Merril Lynch, Goldman&Sachs, GPMorgan etc.)	Durchschnittlich
6 Eigenes Primärresearch auf der Basis öffentlicher Quellen (Financial Report, Zwischenberichte, Ad-hoc- Mitteilungen etc.)	
7 Regelmäßige Besuche der Pressekonferenzen, Präsentationen, Roadshows etc. bei weltweit allen großen Unternehmen	Überdurchschnittlich
8 Regelmäßige Besuche der Analystenmeetings bei weltweit allen großen Unternehmen, aktives Networking in den Unternehmen	
9 Private Information als Mitarbeiter, Manager, Wirtschaftsprüfer, Steuerberater etc. (Rechtlich zulässige Insiderinformation)	Stark überdurchschnittlich
10 Unzulässige Insiderinformation mit starker Auswirkung auf die Marktbewertung als Mitarbeiter, Manager, Wirtschaftsprüfer etc.	

Wer weniger als einen hohen dreistelligen Milliardenbetrag unter Management hat, dürfte die zur Erreichung eines entsprechenden Informationsstands notwendigen Kosten kaum aufbringen können. Ein aktives Primärresearch in den wesentlichen Finanzmärkten der Welt zu betreiben, kostet sehr, sehr viel Geld. Ob es sich für diejenigen, die es dennoch tun, angesichts des enormen finanziellen Aufwands wirtschaftlich lohnt, ist eine Frage, über die uns keine verlässlichen Informationen vorliegen. Es darf aber erwartet werden, dass die großen internationalen Banken und Brokerhäuser wissen, was sie tun und nicht Millionen für etwas ausgeben, das ihnen keinen wirtschaftlichen Vorteil bringt. Dass sie damit die Latte für die anderen auf eine nahezu unerreichbare Höhe gelegt haben, kann ihnen nicht zur Last gelegt werden. So funktioniert einfach Marktwirtschaft.

27
Der Hund als Anlageberater

Heißt das, dass man sich damit abfinden muss, in dem Spiel die Rolle des Verlierers einzunehmen? Natürlich nicht! In einem weniger als effizient bewertenden Finanzmarkt, d. h. in unserem *Weltbild zwei*, gibt es Personen, die aufgrund ihres hohen Informationsstandes eher auf der richtigen als auf der falschen Marktseite zu finden sind. Bei der großen Masse der anderen, die durchaus auch gut, aber eben nicht so gut informiert sind, ist es genau umgekehrt. Ihre Entscheidungen erweisen sich häufiger als falsch denn als richtig: Ist das Wertpapier überbewertet, so nehmen sie mit größerer Wahrscheinlichkeit die Käuferseite statt der Verkäuferseite ein. Ist es unterbewertet, so befinden sie sich eher auf der Verkäuferseite. Die Empfehlung, mehr Einsatz zu zeigen, sich besser zu informieren und erhaltene Informationen besser auszuwerten, geht allerdings ins Leere, denn in aller Regel dürfte dem eine unüberwindliche Kostenbarriere entgegenstehen. Zudem ist es rein logisch unmöglich, dass sich alle Marktteilnehmer mit größerer Wahrscheinlichkeit auf der richtigen Marktseite wieder finden. Sollte es dem einen oder anderen *Verlierer* gelingen, sich auf die Seite der Sieger zu schlagen, so muss es vormalige *Sieger* geben, die nunmehr auf die Verliererseite gedrängt werden. An der Nullsummeneigenschaft des Marktes und an der Tatsache, dass es, wo es Sieger gibt, auch Verlierer geben muss, kommt man nicht vorbei. Dabei sollte sich jeder dessen bewusst sein, dass es unrealistisch ist anzunehmen, dass gerade ihm gelingen könnte, was vielen *Big Players* mit erheblichem finanziellen Aufwand nicht gelingt.

Gleichwohl gibt es einen einfachen Weg, sich aus der Unterlegenheitsfalle zu befreien. Wer nämlich seine Entscheidungen ohne Wenn und Aber dem Zufall überlässt, kommt mit annähernd gleicher Wahrscheinlichkeit auf die eine oder die andere Marktseite. Wer seinem Hund den Kurszettel vorliest und aufmerksam dessen Schwanz beobachtet, um dann, wenn dieser sich auf der rechten Seite befindet, zu kaufen, und dann, wenn er links ist, dies nicht zu tun (oder zu verkaufen), trifft mit gleicher Wahrscheinlichkeit eine richtige wie falsche Entscheidung. Er kann somit, da der Hund keinerlei Ahnung von Finanzmärkten hat (und sich daher auch nicht irreführen lässt), mit einer Rendite rechnen, die dem Marktdurchschnitt, d. h. praktisch der Indexrendite, entspricht.

> Die Tatsache, dass sich der unterlegene Teilnehmer in einem Nullsummenspiel durch Übergang auf eine Zufallsstrategie aus seiner Unterlegenheit befreien kann, ist in der Spieltheorie als *Penny Game* bekannt. Das Spiel geht so: Anton und Bernd legen gleichzeitig eine Münze auf den Tisch. Zeigen beide Münzen das gleiche Bild, so gehören sie Anton, zeigen sie hingegen ein unterschiedliches Bild, so gehören sie Bernd. Wird das Spiel nur wenige Male gespielt, so handelt sich es um ein reines Glücksspiel, bei dem der Gewinner Glück gehabt hat und der Verlierer Pech. Wird das Spiel hingegen sehr oft gespielt, so werden beide versuchen, typische Verhaltensmuster des jeweils anderen zu erkennen und ihre Münze danach auszurichten. Vielleicht wechselt Anton häufiger ab, als er eigentlich sollte, und vielleicht macht Bernd seine Wahl von den vorangegangenen Ergebnissen abhängig, was aus statistischer Sicht natürlich auch keinen Sinn macht. Nehmen wir nunmehr an, Anton sei aufgrund seiner Beobachtungen in 54 % der Fälle in der Lage, Bernds Wahl richtig zu antizipieren und Bernd schaffe es trotz aller Bemühungen nur in 52 % der Fälle, die Entscheidung von Anton vorherzusehen. Noch

> immer ist das Spiel ein Nullsummenspiel, allerdings nicht mehr, wie zu Beginn, ein Spiel mit gleichen Gewinnerwartungen, denn Anton dürfte jetzt im Schnitt pro Spiel einen kleinen Betrag gewinnen, wobei natürlich Bernd genau denselben Betrag verliert. Was sollte Bernd tun? Er könnte versuchen, schärfer zu beobachten, seine grauen Zellen zu Höchstleistungen zu aktivieren, statistische Aufzeichnungen zu machen o. ä., um einfach besser zu werden als Anton. Er weiß aber, dass dies mühselig sein wird, und er weiß auch, dass Anton darauf mit verstärktem Einsatz reagieren und die Latte weiter nach oben schrauben wird. Es geht aber viel einfacher: Bernd verzichtet auf jegliche Form von Mühewaltung und überlässt seine Wahl dem Zufall, indem er die Münze einfach unbesehen auf den Tisch wirft. Gegen den Zufall ist Antons Raffinesse nämlich machtlos: Das Spiel wird auf ein reines Glücksspiel mit gleichen Chancen zurückgesetzt. Bernd hat mit diesem *Reset* sein Ergebnis um den Differenzwert auf null verbessert und damit gleichzeitig das durchschnittliche Ergebnis von Anton auf null reduziert. Die angenehme Begleiterscheinungen für Bernd: Seinen Leistungsinput in Form von Beobachten, Nachdenken, Zahlenkolonnen erstellen, Computerprogramme schreiben etc. kann er ebenfalls auf null reduzieren.

Genau das ist es, was im realen Finanzmarkt derjenige Investor tut, der auf eine zufällige Anlagestrategie (passives Investment) übergeht: Er hindert einfach die besser Informierten daran, ihren höheren Wissensstand zu seinen Lasten ins Spiel zu bringen. Betrachten wir nochmal das Ergebnis aus unserem kleinen simulierten Markt mit zehn unterschiedlich informierten Akteuren.

Wie in Tab. 27.1 zu erkennen ist, hat der bereits recht gut informierte Händler H5 mit 0,03 in etwa ein durchschnittliches

Tab. 27.1 Simulation mit ausschließlich Fundamentalanalytikern

Händler	H0	H1	H2	H3	H4	H5	H6	H7	H82q	H9
Gewinn	−0,34	−0,38	−0,40	−0,37	−0,31	0,03	0,22	0,39	0,51	0,64

Tab. 27.2 Händler H2 wechselt auf eine Zufallsstrategie

Händler	H0	H1	H2/Z	H3	H4	H5	H6	H7	H8	H9
Gewinn	−0,31	−0,34	−0,10	−0,35	−0,31	−0,13	0,14	0,32	0,47	0,61

Ergebnis erreicht: Eine genauere Analyse zeigt, dass er etwa gleich häufig die richtige wie die falsche Marktseite wählt, was ihn cum grano salis weder zum Verlierer noch zum Gewinner in diesem Spiel macht. Angesichts dessen, dass die Schätzungen von H5 bereits ein hohes Maß an Schätzpräzision aufweisen, wird deutlich, dass man in einem Finanzmarkt schon ziemlich gut informiert sein muss, um auf der Basis seiner Informationen nicht mehr falsche als richtige Entscheidungen zu treffen! Verzichtet man hingegen völlig auf Informationen, so ist dasselbe Ergebnis zu erwarten: Auch wenn man der Schwanzrichtung des Hundes folgt, wird man nicht mehr falsche als richtige Entscheidungen treffen, nur ist das Ergebnis auf diese Weise wesentlich kostengünstiger zu erreichen.

Lassen wir nunmehr, dieser Logik folgend, den Händler H2, der die größten Verluste hinnehmen muss, auf seine Informationen verzichten und auf eine reine Zufallsstrategie übergehen. Das heißt, er schaut sich die ihm zugänglichen ersten beiden Münzen gar nicht erst an (obwohl sie ihm eine richtige Information liefern), sondern entscheidet nach dem Zufallsprinzip (Münzwurf), ob er das Wertpapier unlimitiert kaufen oder unlimitiert verkaufen soll. Wie Tab. 27.2 zeigt, kann er damit sein Ergebnis erheblich, d. h. von −0,40 auf −0,10 verbessern.

Dass H2 mit seiner Zufallsauswahl nicht ein Ergebnis von null erzielt, sondern noch immer etwas verliert, ist der Tatsache geschuldet, dass es sich in dem simulierten Markt um einen extrem engen Markt handelt, in dem jeder Einzelne einen nicht unerheblichen Einfluss auf den Marktpreis ausübt. Wenn ein Händler kauft, ist der Marktpreis etwas höher als er ohne sein Hinzutreten gewesen wäre. Wenn er verkauft, drückt er den Marktpreis unter denjenigen Preis, der sich ohne seine Order ergeben hätte. Natürlich nimmt dieser Einfluss mit steigender Zahl an Marktteilnehmern ab: Spielt man den simulierten Markt mit 20 Teilnehmern durch, so liegt der Erwartungsgewinn eines einzelnen Zufallsinvestors bereits bei – 0,04 und bei einer weiteren Erhöhung der Teilnehmerzahl wird dieser Wert gegen Null tendieren.

In realen Finanzmärkten kommt derjenige, der mithilfe eines Indexfonds einfach den ganzen Markt kauft, grundsätzlich zum gleichen Ergebnis wie ein Händler, der seine Entscheidungen dem Zufall überlässt: Während allerdings der Zufallsinvestor ein Ergebnis erzielt, das nur im Durchschnitt der Marktrendite entspricht, ist dies beim Indexinvestor stets der Fall. Er weiß zwar nicht, welche Entwicklung der Markt nehmen wird, kann aber sicher sein, mit seinem Investment nicht nennenswert schlechter oder besser zu sein als dieser. Mit dieser modernen Form des Anlageverhaltens werden wir uns im nächsten Abschnitt noch genauer zu beschäftigen haben.

Beide, Zufallsinvestoren wie Indexinvestoren, machen sich die Tatsache zunutze, dass der Marktpreis selbst erheblichen Informationsgehalt aufweist. Im Fall eines informationseffizienten Marktes (*Weltbild eins*) ginge dies soweit, dass der Marktpreis sämtliche verfügbare Information unverzüglich und in vollem Umfang widerspiegelte. Niemand könnte aufgrund seines Informationsstands und seiner Erfahrung eine bessere Schätzung des inneren Werts vornehmen als die, die durch den Marktpreis jedem Beteiligten kostenlos enthüllt wird. In einem Markt, der gewisse Informationsineffizienzen aufweist (*Weltbild zwei*), erfolgt die Informationsenthüllung zwar auch, aber eben nicht vollständig: Der Marktpreis spiegelt durchaus ein hohes, nicht aber das höchstmögliche Informationsniveau wider.

Dies hat zur Folge, dass es für den Teil der Investoren, deren privates Informationsniveau niedriger ist als das im Marktpreis widergespiegelte, anzuraten ist, auf ihre Information zu verzichten und gar nicht erst eine bessere Schätzung vornehmen zu wollen als die, die im Marktpreis implizit enthalten ist. Indem sie dies tun, verhalten sie sich als Trittbrettfahrer (*free rider*) einer von anderen, nämlich von den gut informierten Marktteilnehmern, unter Aufbringung von hohen Kosten erbrachten Leistung. Man mag ein solches Verhalten als unanständig empfinden, ihm aber die Legitimität absprechen zu wollen, ergäbe keinen Sinn. Auch derjenige, der sich im Vertrauen auf das gute Funktionieren des Marktes seinen Fotoapparat im nächstbesten Geschäft kauft und auf aufwändige Preisvergleiche verzichtet, verhält sich als Trittbrettfahrer zulasten derer, die mit ihrer Pfennigfuchserei die Händler zu einem aggressiven Preisverhalten gezwungen haben. Zwar mag der Trittbrettfahrer das eine oder andere Mal zu teuer einkaufen, die eingesparten Such- und Vergleichskosten machen diesen Nachteil aber höchstwahrscheinlich mehr als wett.

28
Zu viel von einer guten Sache?

Eine der erfolgreichsten und noch immer am stärksten wachsenden Anlageformen der letzten 25 Jahre stellen die bereits oben erwähnten Indexfonds dar, die heute in der Form der börsennotierten ETFs (exchange traded funds) ihre größte Verbreitung gefunden und dem passiven Investmentstil zum Durchbruch verholfen haben. Im Jahr 1989 hatte ich Gelegenheit, einen Vortrag über Indexveranlagungen vor österreichischen Bankfachleuten zu halten, der dann auch im Bankarchiv veröffentlicht wurde. Der nahezu einhellige Tenor der damaligen Zuhörer, überwiegend Vorstandsmitglieder der größten österreichischen Banken: So ein Unsinn kann wohl nur einem Provinzprofessor (von Wien aus gesehen ist in Österreich alles andere Provinz) einfallen. Heute bieten selbst lokale österreichische Banken ihren Kunden Indexprodukte in großer Zahl an. Die Zeiten ändern sich.

Das Konstruktionsprinzip eines Indexfonds ist denkbar einfach. Man verzichtet auf jegliche Form von Portefeuillemanagement und legt das von den Investoren erhaltene Geld in einem Portefeuille an, das in seiner Zusammensetzung exakt einem bestimmten Index nachgebildet ist: Wird z. B. ein DAX-Indexfonds aufgelegt und die Siemensaktie weist eine Börsenkapitalisierung in Höhe von 1,73 % aller DAX-Unternehmen auf, so wird genau 1,73 % des Anlagevolumens in Siemens investiert. Mittlerweile gibt es derartige Fonds nicht nur für alle klassischen Aktienindices der Welt (z. B. S&P 500, DAX, CAC 40, MIB, FTSE,

ATX), sondern auch für Unterindices (z. B. Mid-Cap, DivDAX), Branchenindices (z. B. Dienstleistungen, Industrie, Energie), Regionalindices (z. B. BRIC-Staaten, Emerging countries) u. v. m. Das Angebot ist nahezu unbegrenzt und die Formenvielfalt kaum noch überschaubar.

Bei der Entwicklung der Indexfonds hat allerdings *Weltbild eins* Pate gestanden. Die ersten Indexfonds stammen nämlich aus der Zeit, in der sich die These effizienter Märkte anschickte, ihr angestammtes akademisches Umfeld zu verlassen und auch in der Praxis Fuß zu fassen. Wenn der Finanzmarkt tatsächlich informationseffizient bewertet, ist die zu erwartende Rendite eines Investors unabhängig von Menge und Qualität der Informationen, die er seinen Entscheidungen zugrunde legt. Wenn das aber so ist, ist es vernünftig, den Investmentstil zu wählen, bei dem die geringsten Kosten entstehen. Das ist bei den Indexfonds der Fall: Sie erzielen vor Kosten grundsätzlich die gleiche Rendite wie aktiv gemanagte Fonds, jedoch benötigt man keine aufwändige Informationsbeschaffung und es fallen keine Kosten für Finanzanalyse und Portefeuillemanagement an. Die anstehende Arbeit wird von einem simplen Computerprogramm bestens erledigt.

Noch immer haftet bei vielen Investoren den Indexfonds jedoch ihre Herkunft aus dem *Weltbild eins* an. Viele vertreten die Ansicht, Indexfonds seien dann eine vernünftige Sache, wenn die Märkte effizient wären, da dies aber in den realen Finanzmärkten nicht der Fall sei, sei ihre Geschäftsgrundlage infrage zu stellen und der vernünftigen Auswahl eines erfahrenen Portfoliomanagers der Vorzug gegenüber einem passiven (zufallsgeleiteten) Investmentverhalten zu geben. Wie wir später noch sehen werden, ist dies auch die Position des Nobelpreisträgers von 2013, *Robert Shiller* (geb. 1946).

Die oben angestellten Überlegungen haben aber gezeigt, dass genau das Gegenteil gelten dürfte. Es ist nämlich zu erwarten, dass, wenn überhaupt, nur vereinzelt Portfoliomanager in jene lichte Höhen finanzwirtschaftlicher Intelligenz vorstoßen können, die ein echtes Ausperformen des Marktes ermöglicht.

Tab. 28.1 Aktive und passive Fonds unter den Top Ten des Jahres 2007

Name des Fonds	Jahresperformance (%)	Fondstyp
DWS Zürich Inv. Akt. Deu.	26,48	Aktiv
Balzac Germany Index	25,03	Passiv
Gerling Deutschland Fonds	24,12	Aktiv
Frankfurter SparInv. Deka	24,02	Aktiv
iShares DivDax	23,89	Passiv
iShares Dax	22,11	Passiv
UBS-ETF Dow Jones Germany Titans 30	21,83	Passiv
Lyxor ETF Dax	21,61	Passiv
DB Platin Croci Germany	21,59	Aktiv
UniDeutschland	21,42	Aktiv
Durchschnitt aller Fonds	16,54	

Die Übersicht Tab. 28.1, die vor ein paar Jahren im Handelsblatt erschienen ist, macht diesen Zusammenhang deutlich. Unter den zehn besten deutschen Aktienfonds befanden sich mindestens fünf Indexfonds (*mindestens,* da nicht ausgeschlossen werden kann, dass sich unter den anderen fünf Fonds auch solche befanden, die zwar passiv gemanagt wurden, dies aber nicht kommunizierten, um ihren Kunden gegenüber die höheren Verwaltungsgebühren zu rechtfertigen).

Unter Geltung von *Weltbild eins* hätte dieses Ergebnis nicht eintreten dürfen. Wären wirklich die Manager aktiver Fonds nicht besser oder schlechter als andere Anleger (inklusive Hund), so dürfte der Unterschied zwischen aktiven und passiven Fonds nur in der Streubreite (Varianz) liegen: Die Ergebnisse der Indexfonds (gestrichelte Verteilungskurve in Abb. 28.1) liegen wegen des verschwindend geringen Tracking Errors sehr nahe beieinander und nahe beim Markt, während die Ergebnisse aktiv gemanagter Fonds (durchgezogene Kurve) stärker um das Marktergebnis streuen dürften.

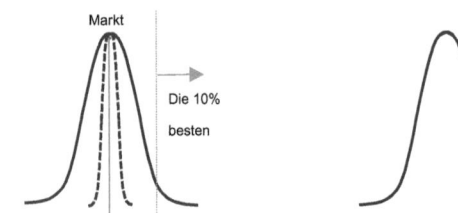

Abb. 28.1 Haben passive Fonds eine Chance, unter die Top Ten zu kommen?

> Dieser Fall ist auf der linken Seite dargestellt: Unter den 10 % der besten Fonds sind ausschließlich aktiv gemanagte Fonds, nicht weil sie besser sind, sondern weil sie stärker streuen.
>
> Das vom Handelsblatt berichtete Ergebnis entspricht aber der rechten Seite und fertigt den Fondsmanagern alles andere als ein gutes Zeugnis aus: Die große Masse der aktiv gemanagten Fonds weist offenbar eine deutlich unter dem Markt liegende Performance auf und nur die allerbesten können mit den Indexfonds Schritt halten.
>
> Wie wir bereits oben gesehen haben, besteht keinerlei Grund für die Vermutung, diejenigen aktiv gemanagten Fonds, die im vergangenen Jahr ein sehr gutes Ergebnis haben erzielen können, ließen auch in Zukunft ein besseres Ergebnis erwarten. Konsistenten dieser Art gibt es in praktisch nennenswerter Weise nicht.

Somit gilt, dass einer Veranlagung in Indexprodukten unter *Weltbild zwei* eine noch wesentlich höhere Bedeutung zuzumessen ist als unter *Weltbild eins*. Bewertet der Markt informationseffizient, so besteht der Vorteil des Indexinvestments ausschließlich in den niedrigeren Kosten. Gehen wir hingegen davon aus, dass der Markt auch Ineffizienzen aufweisen kann, kommt dem Indexfonds ein doppelter Vorteil zu: Er erbringt eine bessere Performance *und* das bei niedrigeren Kosten. Natürlich ist dies den

Marktteilnehmern mehr und mehr bewusst geworden und viele Beobachter gehen davon aus, dass im nordamerikanischen Markt heute mehr als die Hälfte des Marktvolumens in Indexprodukten investiert ist, wobei der Anteil passiven Investments bei den institutionellen Anlegern (insbesondere Versicherungen und Pensionsfonds) deutlich höher ist als bei Privatanlegern.

Besorgt titelte daher der *San Francisco Chronicle* vor einigen Jahren: *Too much of a good thing?* Haben wir bereits zu viel von einer an sich guten Anlageform? Die Besorgnis ist nicht unbegründet, denn es ist nicht vorstellbar, dass sich das Volumen an passivem Investment immer weiter erhöht. Wenn die Zahl der Trittbrettfahrer zu groß wird, geht auch der leistungsfähigsten Lokomotive die Kraft aus und der Zug bleibt am Ende stehen.

Vergegenwärtigen wir uns den Prozess einmal im Einzelnen für den Fall, dass zunächst einmal alle Marktteilnehmer Fundamentalanalyse betreiben und Indexinvestoren grundsätzlich mit einer Indexrendite rechnen können. Ein kleiner Teil der Investoren sei in der Lage, nachhaltig den Markt zu schlagen und die meisten anderen sähen sich auf der Verliererseite. Natürlich ist es für alle diese vernünftig, sich durch Übergang auf eine passive Anlagestrategie der Unterlegenheitsfalle zu entziehen. Damit gehören sie nicht mehr zu den Verlierern und der Wettkampf zwischen Siegern und Verlierern müsste unter den verbleibenden, vormaligen Siegern, ausgetragen werden, wobei es wieder Gewinner und Verlierer geben wird. Auch jetzt wäre es wieder für die Verlierer rational, auf ein passives Investment umzustellen, um zumindest die Durchschnittsrendite zu lukrieren. Der Wettkampf zwischen Siegern und Verlierern würde nur noch in einer sehr kleinen Gruppe aller Investoren ausgetragen werden, bis am Schluss lediglich zwei Kontrahenten übrig blieben. Von diesen beiden ging der Unterlegene schließlich auch auf eine Zufallsstrategie über und überließe dem Überlegenen das Feld.

Ist ein dynamischer Prozess dieser Art wirklich vorstellbar? Natürlich nicht, denn anders als im oben dargestellten Penny Game wird der letzte Verbleibende nicht auf eine Marktdurchschnittsrendite (allein der Begriff gäbe keinen Sinn mehr) herabgedrückt. Vielmehr wäre er in der Situation, sich auf Kosten aller anderen, die ja keine Informationen mehr verarbeiten, gewaltig bereichern zu können, z. B. indem er von Unternehmen Titel kauft, die richtungweisende Innovationen zu verzeichnen hatten, bzw. Titel von Unternehmen verkauft, die mittlerweile in Konkurs gegangen sind (die passiven Investoren haben es ja nicht bemerkt!) etc.

Offenbar ist die Annahme fragwürdig, ein Investor, der den Index kauft, könne auch stets mit einer Indexrendite rechnen, denn nur dann würde der Prozess in der angegebenen Art, d. h. ungebremst, ablaufen. Um sich diesen Zusammenhang deutlich zu machen, bedarf es eines kleinen Ausflugs in die Statistik, genauer gesagt, in das Gesetz der großen Zahl.

> Das Gesetz der großen Zahl besagt, dass mit zunehmender Zahl an Erhebungen (Proben, Experimenten, Beobachtungen etc.) das erzielte Ergebnis dem theoretisch erwarteten Ergebnis relativ immer näher kommt. Beim wiederholten Wurf einer Münze ist zu erwarten, dass die Ergebnisse *Kopf* und *Zahl* in etwa gleich häufig auftreten. Während es bei viermaligen Wurf noch sehr leicht der Fall sein kann, dass *Kopf* nicht mehr als einmal erscheint (ca. 31 %), ist bei 40 Würfen die Wahrscheinlichkeit dafür, dass Kopf nicht mehr als zehnmal erscheint, schon sehr gering (ca. 0,1 %) und die Wahrscheinlichkeit dafür, dass bei 400 Würfen *Kopf* nicht häufiger als hundertmal fällt, geht gegen Null (ca. 10^{-22} %). Je mehr Würfe getätigt werden, desto mehr wird das Ergebnis an das theoretische Ergebnis von 50:50 heranrücken.
>
> Ganz anders verhält es sich allerdings mit dem absoluten Ergebnis. Während bei viermaligem Werfen das erzielte Ergebnis maximal um zwei vom erwarteten (= zweimal *Kopf*) abweichen kann, wäre bei 400 Würfen eine Abweichung von 10 vom erwarteten Ergebnis (=200 mal *Kopf*) alles andere als überraschend.
>
> Mit zunehmender Zahl an Erhebungen nähert sich das Ergebnis relativ immer mehr dem theoretisch erwarteten Ergebnis an, zugleich weicht es absolut immer mehr vom erwarteten (= häufigsten) Ergebnis ab.

Im Finanzmarkt kommt es nur auf das Letztgenannte an. Sehen wir einmal die Indexinvestoren als eine Spielart der Zufallsinvestoren: Beide entscheiden über den Kauf oder Verkauf von Wertpapieren nicht auf der Basis fundamental begründeter Vorteilhaftigkeitserwartungen, sondern aufgrund externer Einflüsse (Zufall, Liquiditätsüberschuss, Liquiditätsbedarf). Solange wir es nur mit einer begrenzten Zahl von Investoren zu tun haben, deren Entscheidungen in diesem Sinne zufällig verlaufen, wird deren Einfluss auf den Marktpreis verschwindend klein sein, denn nur die Überschussnachfrage bzw. das Überschussangebot (die absolute Differenz zwischen beidem!) ist preisrelevant. Agiert allerdings eine große Zahl von Marktteilnehmern nicht informationsgestützt, sondern zufällig, so werden erhebliche Überhänge auf der Angebots- oder auf der Nachfrageseite die Folge sein, die durchaus einen Einfluss auf die Preise haben werden. Dieser Einfluss auf die Preise wird sich immer zulasten der Zufallsinvestoren auswirken:

- Wenn mehr Indexinvestoren kaufen als verkaufen, wird der Preis etwas höher sein als der Preis, der sich ohne ihr Hinzutreten ergeben hätte. Zu diesem überhöhten Preis werden mehr Indexinvestoren Käufer als Verkäufer sein, während sich in der Gegengruppe der aktiven Investoren mehr Verkäufer als Käufer finden lassen.
- Wenn mehr Indexinvestoren verkaufen als kaufen, wird der Preis etwas niedriger sein als der Preis, der sich ohne ihr Hinzutreten ergeben hätte. Zu diesem verminderten Preis werden mehr Indexinvestoren Verkäufer als Käufer sein, während sich in der Gegengruppe der aktiven Investoren mehr Käufer als Verkäufer finden lassen.

Die vorangegangenen Überlegungen sollen lediglich ein marktwirtschaftliches Urprinzip deutlich machen: Alles hat seinen Preis, es gibt keinen *free lunch,* kein kostenloses Mittagessen!

Dass sich alle Beteiligten durch Übergang auf eine passive Investmentstrategie der Unterlegenheitsfalle entziehen können, ist unrealistisch. Damit ist allerdings nicht gesagt, dass ein passives Investmentverhalten nicht vernünftig ist. Wie groß nämlich der dargetane Nachteil in der Praxis ist, hängt zum einen vom Verhältnis ab, in dem passive und aktive Investmentstrategien einander gegenüberstehen, zum anderen von der Liquidität des Marktes. Zumindest für Europa darf angenommen werden, dass wir noch weit davon entfernt sind, mit passiven Investmentformen ernsthafte Fehler zu machen.

Übrigens: Auch in unserem kleinen simulierten Markt gibt es eine Grenze für die Zufallsinvestoren. Wir haben gesehen, dass es für Händler H2 durchaus lohnend ist, auf seine Information zu verzichten und rein zufällig zu entscheiden. Dasselbe gilt auch für weitere drei Händler, wobei allerdings das durchschnittliche Ergebnis mit steigender Zahl passiver Händler zurückgeht. Bereits für einen fünften Händler wäre der Übergang auf eine passive Strategie schon nicht mehr zielführend. Da der simulierte Markt mit nur zehn Teilnehmern extrem eng ist, beginnen die oben dargetanen Effekte bereits sehr früh schlagend zu werden. Im realen Finanzmarkt hingegen sind diese Effekte noch nicht wirklich zu spüren.

29
Technische Analyse: Die Alchemie der Finanzwirtschaft?

Unter dem Begriff *Technische Analyse* verbergen sich alle Handelsstrategien, die sich ausschließlich an vergangenen und aktuellen Kursen (zum Teil auch an Umsätzen) orientieren. Die Vertreter von *Weltbild eins* stehen daher allen Ansätzen der technischen Analyse grundsätzlich ablehnend gegenüber, denn bereits die schwache Form der Effizienzthese kann als klare Antithese der technischen Analyse angesehen werden. *Malkiel*, einer der pronocciertesten Vertreter der Effizienzthese, überschreibt daher in seinem Buch das Kapitel über die Technische Analyse mit „A Gaggle of Other Technical Theories to Help You Lose Money" (Geschnatter über andere technische Theorien, die Ihnen helfen, Ihr Geld zu verlieren). Für den Autor des wohl meist gelesenen Börsenbuchs der Welt ist klar, dass die technische Wertpapieranalyse in der akademischen Finanzwirtschaftslehre nichts verloren hat und dass man mit ihren noch so raffiniert erscheinenden Methoden nur Geld verlieren kann.

Unter Geltung von *Weltbild zwei* ist es hingegen zumindest möglich, dass Methoden der technischen Analyse zu einer Verbesserung des Anlageerfolgs führen. Im Folgenden werden wir versuchen, eine mögliche allein auf Preisen basierende Handelsstrategie im Rahmen des kleinen simulierten Marktes zu untersuchen. Allerdings, da wir es nur mit einer Einperiodenbetrachtung zu tun haben, wird die Strategie nur auf den aktuellen Preis und nicht, wie bei den meisten technischen Handelsregeln, auf eine Serie von beobachteten Preisen Bezug nehmen.

Im simulierten Markt gibt es gut informierte Marktteilnehmer (z. B. H7, H8 und H9) und schlecht informierte Marktteilnehmer (z. B. H0, H1 und H2). Die Ersteren werden den tatsächlichen Wert des Wertpapiers recht gut einschätzen können, wohingegen die schlecht informierten Akteure regelmäßig Bewertungen vornehmen, die nahe bei dem unbedingten Mittel, d. h. bei fünf, liegen (so liegt, je nachdem, ob die erste Münze auf eins oder auf null liegt, die Schätzung von H1 stets bei 5,5 oder 4,5). Da der Marktpreis stets genau da liegt, wo sich Angebot und Nachfrage ausgleichen, ist zu erwarten, dass

- im Falle eines hohen Werts des Wertpapiers (die meisten Münzen liegen auf eins) der Marktpreis zwischen fünf und dem tatsächlichen Wert liegen wird, womit das Wertpapier als unterbewertet angesehen werden muss,
- im Falle eines geringen Werts des Wertpapiers (die meisten Münzen liegen auf null) der Marktpreis zwischen dem tatsächlichen Wert und fünf liegen wird, womit das Wertpapier als überbewertet angesehen werden muss.

Wenn ein derartiger Zusammenhang besteht, kann er auch durch aufmerksame Beobachtung des Marktes festgestellt werden. Damit liegt es für einen schlecht informierten Investor nahe, unabhängig von seiner ihm vorliegenden Information nach der Regel „Buy high, sell low" zu verfahren. Dann, wenn der Marktpreis hoch ist (= über fünf liegt), ist das Wertpapier wahrscheinlich unterbewertet und sollte gekauft werden, wenn er hingegen niedrig ist (= unter fünf liegt), so ist das Wertpapier wahrscheinlich überbewertet und sollte verkauft werden. In Tab. 29.1 ist zu erkennen, dass Händler H2, der vorher mit 0,40 € am meisten verloren hat, mit der Buy-high-sell-low-Strategie nunmehr 0,21 € gewinnt und damit ein Ergebnis erzielt, das nahe an das des sehr gut informierten Händlers H7 herankommt:

Tab. 29.1 Händler H2 wechselt auf eine Buy-high-sell-low-Strategie

Händler	H0	H1	H2/T	H3	H4	H5	H6	H7	H8	H9
Gewinn	−0,24	−0,28	0,21	−0,34	−0,34	−0,30	0,05	0,25	0,42	0,56

Als im Jahr 2000 ein Beitrag von *Lo/Mamaysky/Wang* im renommierten *Journal of Finance* erschien, in dem gezeigt werden konnte, dass sich mit geeigneten Methoden der technischen Wertpapieranalyse Regelmäßigkeiten in den Kursreihen feststellen und ausnutzen lassen, kam dies einer Sensation gleich. Die Autoren wollten die Ergebnisse nicht überbewerten, schrieben aber am Ende ihres Beitrags, dass offenbar die Technische Analyse bei Investmententscheidungen von Wert sein könne. Die vorstehenden Simulationsergebnisse gehen in die gleiche Richtung. Auch im Simulationsmodell hat Händler H2 seine Entscheidungen ausschließlich an beobachtbaren Marktpreisen ausgerichtet und auf diese Weise sein Ergebnis wesentlich verbessert. Die in der akademischen Finanzlehre häufig zu beobachtende Arroganz, mit der die technische Wertpapieranalyse mit Alchemie oder sonstigem Mummenschanz in eins gesetzt wird, könnte daher durchaus fehl am Platz sein.

Auch unter *Weltbild zwei* enthalten die Gleichgewichtspreise nützliche Information, wenngleich die Informationsenthüllung nicht wie in *Weltbild eins* vollkommen ist. Zum Teil enthüllt der Marktpreis richtige Information über den Wert des jeweils gehandelten Titels: Im Schnitt ist ein hoher/niedriger Preis auch Ausdruck eines hohen/niedrigen Wertes. Auf der anderen Seite aber enthält der Marktpreis in *Weltbild zwei* auch systematische, aus dem Preisbildungsprozess resultierende Fehler. Dies erlaubt es uns, die beiden nicht informationsgestützten Strategien klar auseinanderzuhalten:

- Der passive Investor (Zufallsinvestor) bedient sich des Marktpreises, wenn er vermutet, dass die Qualität der in ihm enthaltenen Informationen größer ist als seine private Information.

Er setzt somit auf den *richtigen*, am inneren Wert des Wertpapiers orientierten Teil des Marktpreises.
- Der hier modellierte technische Investor (Buy-high-sell-low-Stratege) hingegen bedient sich des im Marktpreis systematisch enthaltenen Fehlers, der Differenz zwischen Marktpreis und innerem Wert.

Versucht man, die Ergebnisse aus dem Simulationsmodell auf reale Kapitalmärkte zu übertragen, so stellt sich zunächst einmal die Frage nach dem unbedingten Mittelwert, in dessen Nähe die Einschätzungen der schlecht informierten Investoren liegen. An die Stelle der Zahl 5,0 im Simulationsmodell tritt für einen Investor, dem kaum Informationen zur Verfügung stehen, der aktuelle Börsenkurs. Denn auch wer von *Weltbild zwei* ausgeht und daher nicht unterstellt, dass der aktuelle Kurs den besten Schätzer des inneren Werts liefert, wird mangels Information am ehesten annehmen, dass alles so bleibt wie es ist: Die Kursschätzungen uninformierter Investoren dürften daher nicht oder nur unwesentlich von den letzten notierten Kursen abweichen.

In diesem Fall gilt wie im Simulationsmodell:

- Wissen gut informierte Marktteilnehmer, dass der innere Wert einer Aktie deutlich über dem derzeitigen Kurs liegt, so wird durch ihre Kauforders der Kurs zwar steigen, allerdings nicht bis zu dem von ihnen geschätzten Wert, da die schlecht informierten Marktteilnehmer den Kurs auf seinem aktuellen Niveau halten.
- Wissen gut informierte Marktteilnehmer, dass der innere Wert einer Aktie deutlich unter dem derzeitigen Kurs liegt, so wird durch ihre Verkaufsorders der Kurs zwar fallen, allerdings nicht bis zu dem von ihnen geschätzten Wert, da die schlecht informierten Marktteilnehmer den Kurs auf seinem aktuellen Niveau halten.

Stellen sich die Zusammenhänge in diesem Sinne dar, so ergibt sich wieder die obige Buy-high-sell-low-Strategie. Weil fundamental begründete starke Abweichungen vom Vorkurs durch die schlecht informierten Investoren eingebremst werden, steht zu vermuten, dass dann, wenn der Kurs eine starke Bewegung nach oben macht *(high),* das Wertpapier eher unterbewertet sein könnte und gekauft werden sollte, wohingegen eine starke Bewegung nach unten *(low)* eher auf eine Überbewertung hinweist, was dann einer Verkaufsempfehlung gleichkommt.

Die Ausführungen zur technischen Wertpapieranalyse sollen allerdings auf keinen Fall als konkrete Handlungsempfehlungen verstanden werden, denn ob ein solcher Zusammenhang wirklich besteht, ist nicht gesagt. Sie sollten nur deutlich machen, dass es durchaus vernünftige Überlegungen und Konstellationen geben kann, in denen Handelsregeln, die sich ausschließlich auf beobachtbare Preise stützen, erfolgversprechend sein *können.*

> Auch dürfte die Umsetzung der Buy-high-sell-low-Strategie in der Praxis nicht ganz einfach sein. Ihrer Bank zu sagen, sie solle Aktien dann verkaufen, wenn ihr Preis unter einen bestimmten Wert fällt, wird durchaus möglich sein, denn dies entspricht einer üblichen Stop-loss-Order, wie sie von vielen Anlegern praktiziert wird, um ihr Risiko zu begrenzen. Ob Sie allerdings Ihre Bank davon überzeugen können, dass Sie dann und nur dann kaufen wollen, wenn der Kurs über einem bestimmten Niveau liegt, dürfte eher fraglich sein.

An der Universität Innsbruck wurde vor einigen Jahren die Buy-high-sell-low-Strategie am österreichischen Aktienmarkt getestet, wobei allerdings keine verlässlichen Hinweise dafür zu erhalten waren, dass man mit dieser Handelsstrategie den Markt schlagen könne. Wie immer bei solchen empirischen Ergebnissen ist jedoch alles möglich: Der Markt weist die unterstellte Ineffizienz nicht auf, die verwendete Testmethode war ungeeignet, der Zusammenhang besteht in Österreich nicht, sehr wohl aber in anderen Ländern, die Zeitspanne war falsch gewählt… Wir wissen es einfach nicht.

30
Der Markt als komplexes adaptives System

Bereits in Kap. 1 haben wir die etwas sperrige Charakterisierung des Finanzmarkts als komplexes adaptives System kennengelernt, allerdings mit dem Topos wenig anfangen können. Ein System ist komplex, wenn es aus verschiedenen Agenten besteht, die miteinander interagieren und deren Verhalten das Verhalten der anderen bedingt. Es ist adaptiv, wenn es lernen kann und zur Selbstorganisation fähig ist. Typisch für komplexe Systeme ist die Tatsache, dass sich das Systemverhalten nicht unmittelbar aus dem Verhalten der einzelnen Agenten ergibt. Sucht man unter Wikipedia den Begriff, so erhält man u. a.:

> Beispiele für solche komplexe adaptive Systeme sind der Aktienmarkt, soziale Insekten- und Ameisenkolonien, die Biosphäre und das Ökosystem, das Gehirn und das Immunsystem, die Zelle und die Embryonalentwicklung… (www.wikipedia.de, Zugegriffen am: 17.3.2015)

Fast immer wird, wenn von komplexen adaptiven Systemen die Rede ist, der Aktienmarkt als Erstes genannt, denn alle diese Eigenschaften treffen auf die Börse in vollem Umfang zu. Die Tatsache, dass sich die Wirtschaftswissenschaft seit mehr als zweieinhalb Jahrhunderten mit dem Markt beschäftigt, ihn aber in allen seinen Facetten bis heute nur bedingt zu erfassen vermag, hat ihren Grund u. a. darin, dass man sich im Interesse der analytischen (mathematischen) Lösbarkeit das Problem Markt zu stark vereinfacht hat. Es galt eben leider nicht der berühmte Satz von *Albert Einstein* (1879–1955), man solle sich die Dinge so einfach wie möglich machen, nicht aber noch einfacher. Der Markt wird dadurch nicht weniger komplex, dass man seine Komplexität wegdefiniert.

- Für die aus der ingenieurwissenschaftlichen Tradition kommende Betriebswirtschaftslehre gilt, dass es für konkrete Probleme auch passende Lösungen geben muss. Es kann sein, dass diese Lösungen noch nicht gefunden sind, es kann auch sein, dass man bei mehreren angebotenen Lösungen noch keine Einigkeit darüber gefunden hat, welche tatsächlich die bessere ist. Es kann allerdings nicht sein, dass die Zweckmäßigkeit einer Lösung davon abhängt, welche Lösungen zu diesem Problem von anderen gewählt werden. Erst durch die Spieltheorie hat auch in der Betriebswirtschaftslehre ein derart rückbezügliches Denken Einzug gehalten.
- Der Volkswirtschaftslehre liegt das Denken in Marktzusammenhängen zwar näher, es wurde jedoch durch eine typische Annahme der neoklassischen Wirtschaftstheorie verstellt. Die Preisnehmereigenschaft, nach der in einem vollkommenen Markt der einzelne Marktteilnehmer keinerlei Einfluss auf den Marktpreis nimmt, sorgt dafür, dass dem Preis die Qualität von etwas Gegebenem und nicht von etwas Erzeugtem zukommt. Ein wenig erinnert dieses Denken an das Taschentuchtheorem: Kein Koffer ist so voll, dass nicht noch ein Taschentuch hineinpassen würde. Zwar ist diese Aussage in der Praxis in den meisten Fällen zutreffend, dennoch aber im Kern unsinnig, da ansonsten alle Taschentücher dieser Welt in einen Koffer passen würden. Zwar mag der Einfluss eines einzelnen Wertpapierkäufers oder –verkäufers auf den Marktpreis verschwindend gering sein, er ist aber niemals null, weil sonst der Preis unabhängig von Angebot und Nachfrage wäre.

30 Der Markt als komplexes adaptives System

Genau hier setzt die hier verwendete agentenbasierte Methode an. Sie lässt den Preis nicht nur ein Datum für vernünftiges Handeln von selbstinteressierten Akteuren sein, sondern zugleich die Konsequenz aus deren Aktionen. Wir wissen zwar, was die einzelnen Marktteilnehmer wollen und tun: Sie versuchen, das bestmögliche Ergebnis für sich selbst zu erreichen, sie versuchen, trickreicher, verschlagener und erfahrener zu sein als die anderen, aber in diesem Bemühen machen sie immer wieder Fehler, unterliegen verschiedensten individual- und massenpsychologischen Einflüssen. Aber wir wissen nicht, welche Konsequenzen dies für den Markt als Ganzen hat, wie die für ein komplexes adaptives System typischen Interaktionen, Rückkopplungen und Selbstorganisationsprozesse funktionieren und welche Ergebnisse sie zutage fördern. Wenn wir diesen Fragen näher kommen wollen, müssen wir den Markt in einem einfachen, aber nicht zu vereinfachten Modell laufen lassen und ihn dabei sorgfältig beobachten. Dabei kann es durchaus Überraschungen (in der Komplexitätstheorie heißen sie *Emergenzen*) geben, die dann einer vernünftigen ökonomischen Interpretation bedürfen.

Gehen wir also in dieser Absicht wieder zurück zu unserem kleinen simulierten Markt. Wir haben gesehen, dass es für den einzelnen Akteur verschiedene Möglichkeiten gibt, sich in einem Markt zu verhalten:

- Er kann versuchen, seine Information so gut und so umfassend wie möglich in Kauf- oder Verkaufsentscheidungen umzusetzen, indem er klassische Wertpapieranalyse (Fundamentalanalyse) betreibt.
- Er kann auf jegliche Information verzichten und einfach in den gesamten Markt (Indexfonds) investieren bzw. seine Entscheidungen dem Zufall überlassen.
- Er kann versuchen, sich die von anderen Investoren in den Marktpreisen hinterlassenen Spuren im Sinne einer technischen Wertpapieranalyse zunutze zu machen.

Was wir noch nicht gesehen haben, ist, welche Ergebnisse zu erwarten sind, wenn jeder der Akteure die für sich beste Strategie wählt.

> Für spieltheoretisch versierte Leser: Wie sieht ein Markt aus, in dem die Akteure zwar nur die drei genannten Strategiealternativen verwenden, aber jeder genau die Aktion wählt, mit der er vor dem Hintergrund der Aktionen der anderen das für sich beste Ergebnis erzielen kann? Gesucht werden also die wechselseitig besten Antworten aller Agenten im Sinne eines *Nash*-Gleichgewichts.

Das nachstehende Ergebnis ist das Resultat eines Iterationsprozesses, bei dem die Agenten nacheinander prüfen, ob der Übergang zu einer anderen Strategie für sie vorteilhaft ist. Nachdem sie den Übergang auf diese Strategie dann vollzogen haben, haben sich natürlich die Bedingungen für alle anderen geändert, wiederum wird ein Agent ausgewählt, der in gleicher Weise wie zuvor verfährt. Dieser Prozess wird so lange wiederholt, bis keiner der Agenten mehr die Möglichkeit hat, durch Strategiewechsel seine Situation zu verbessern. Bei der in Tab. 30.1 dargestellten Strategienverteilung wäre genau dies der Fall.

Wir sehen eine stabile Lösung, die keineswegs für alle zur selben optimalen Strategie führt, sondern zu einem Mix unter den drei genannten Strategietypen (zweite Zeile): Die Händler H0, H1, H4, H7, H8 und H9 treffen ihre Entscheidungen auf Basis der ihnen zur Verfügung stehenden Informationen (*fund*), die Händler H2, H3 und H5 wählen eine technische Handelsregel (*tech*), während Händler H6 auf jegliche Information verzichtet und seine Entscheidungen dem Zufall überlässt (*pass*).

Es können nur jeweils die drei Werte in den Spalten, nicht aber die zehn Werte in den Zeilen miteinander verglichen werden! In den Spalten ist die optimale Strategie des jeweiligen Händlers

Tab. 30.1 Mögliches Nash-Gleichgewicht der drei Strategietypen

Händler	0	1	2	3	4	5	6	7	8	9
Optimale Strategie	Fund	Fund	Tech	Tech	Fund	Tech	Pass	Fund	Fund	Fund
Fundamentalstrategie	0,09	0,04	−0,31	−0,29	−0,13	−0,24	−0,22	−0,04	0,14	0,38
Passive Strategie	−0,71	−0,68	−0,20	−0,20	−0,77	−0,20	−0,19	−0,86	−0,85	−0,83
Technische Strategie	−1,20	−1,23	−0,09	−0,09	−1,09	−0,09	−0,23	−1,23	−1,18	−1,25

kursiv gedruckt und es ist zu erkennen, dass für jeden der Wechsel auf eine andere Strategie von Nachteil wäre. Dabei ist zu unterstellen, dass alle anderen Händler bei ihrer Strategie verbleiben. Würde z. B. H2 seine Entscheidungen dem Zufall überlassen, so würde er nicht 0,09 sondern 0,20 verlieren. Noch schlechter würde er mit einer Fundamentalstrategie fahren, mit der er 0,31 verlieren würde. Die gleichen Überlegungen lassen sich für jeden anderen Händler anstellen: Jeder hat mit seiner Strategie die optimale Antwort auf die Strategien aller anderen Agenten gefunden.

Da das Ergebnis davon abhängt, in welcher Reihenfolge man diese Strategiechecks durchführt, muss man mit mehreren möglichen stabilen Situationen rechnen (mit sogenannten multiplen Gleichgewichten). Im hier simulierten Markt mit zehn Teilnehmern ist die dargestellte stabile Situation nur eine von 42 verschiedenen Möglichkeiten, die alle die gleiche Eigenschaft aufweisen: Keiner der Agenten hat mehr eine Möglichkeit, durch Strategiewechsel seine Situation zu verbessern. Rechnet man alle diese Möglichkeiten durch und berechnet für jeden Agenten den durchschnittlich erzielten Gewinn/Verlust, so ergibt sich das in Tab. 30.2 aufgezeigte, durchaus bemerkenswerte Resultat.

Es zeigt, welche weitreichenden Erkenntnisse mit agentenbasierten Methoden erlangt werden können, wenn man die gesetzte Zielsetzung, die Wirkungsmechanismen eines Marktes zu erfassen, ernst nimmt und nicht das Problem auf eine Entscheidung gegen die Natur reduziert. Preise sind das Ergebnis von Entscheidungen vernünftiger Akteure, die aus mehreren Handlungsmöglichkeiten die für sich günstige wählen und damit wiederum Einfluss nehmen auf das Verhalten anderer. Daraus folgt:

- Die Vorstellung, es gäbe im Markt eine für alle gültige Strategie, der man nur folgen müsse, um das für sich bestmögliche Ergebnis zu erzielen, ist abwegig.

Tab. 30.2 Durchschnittsergebnis aller 42 möglichen Nash-Gleichgewichte

Händler	0	1	2	3	4	5	6	7	8	9
Ergebnis bei Wahl der optimalen Strategie	0,00	−0,03	−0,09	−0,09	−0,12	−0,12	−0,15	−0,02	−0,20	−0,42

- Der Markt ist ein Nullsummenspiel um den Marktdurchschnitt. Wenn es einem Marktteilnehmer gelingt, seine Situation zu verbessern, so hat dies zwangsläufig die Verschlechterung mindestens eines anderen Marktteilnehmers zur Folge.
- Wenn alle Marktteilnehmer versuchen, das für sich beste Ergebnis zu erreichen, wird es nur ganz wenige, extrem gut informierte Investoren geben, die damit rechnen können, den Markt zu schlagen. Ob allerdings die enormen Kosten, die zur Erlangung eines derart hohen Informationsniveaus erforderlich sind, aus den Übergewinnen gedeckt werden können, ist damit noch nicht gesagt.
- Alle anderen, vom Privatanleger bis hin zum durchaus großen institutionellen Investor, müssen gewisse Minderrenditen gegenüber der durchschnittlichen Marktrendite in Kauf nehmen.
- Nur für sehr gut informierte Investoren ist eine fundamentale Informationsverarbeitung generell für sinnvoll zu erachten. In allen 42 Gleichgewichtssituationen haben nur die Händler H7, H8 und H9 ausnahmslos eine fundamentalanalytische Strategie gewählt, wenngleich bereits der sehr gut informierte Händler H7 ein marktdurchschnittliches Ergebnis leicht verfehlt hat.

- Alle anderen Investoren versuchen, sich gegenseitig auszutricksen und wenden, je nach Situation, fundamentalanalytische, passive oder technische Handlungsstrategien an. Dabei macht es für das erzielte Ergebnis nichts aus, ob ein Investor sehr schlecht, schlecht, durchschnittlich oder auch schon recht gut informiert ist. In der Simulation ergibt sich, wie zu erkennen ist, zwischen den Händlern H0 und H6 sogar ein negativer Zusammenhang zwischen Informationsstand und Performance bei Wahl der optimalen Strategie.
- Am ehesten sind es die Investoren mit einem mittleren Informationsniveau, die sich von einer fundamentalanalytischen Strategie fernhalten sollten. In den Simulationen waren es die Händler H3, H4 und H5, die am seltensten in der Gruppe der Fundamentalanalytiker zu finden waren. Da sie bereits ein hohes Maß an Informationen haben, die von anderen auch genutzt werden, sind sie am ehesten Opfer des Herdeneffekts.
- In allen 42 Gleichgewichtssituationen gab es Händler, die sich der hier behandelten Spielart von technischer Analyse bedient haben. Die scharfe Ablehnung, die dieser Strategieform in der akademischen Literatur oftmals entgegengebracht wird, ist somit womöglich unbegründet. Zwar ist es bei den Simulationen nicht gelungen, mit technischer Analyse den Markt zu schlagen, sehr wohl aber, Verluste zu begrenzen, die mit anderen Handelsstrategien unvermeidbar gewesen wären.

Man mag diesen Ergebnissen entgegenhalten, die Beschränkung auf nur drei Grundstrategien werde der Vielfalt der in der Praxis vorfindlichen Ansätze nicht gerecht: Viele Anleger hätten ihre individuellen Zugänge, würden die Strategien mischen und teilweise ganz anderen, wesentlich flexibleren Regeln folgen. *Hauser* (geb. 1975) und *Kaempff* (geb. 1978) haben daher das hier dargestellte Simulationsmodell erheblich erweitert. Mit der Methode der genetischen Programmierung haben sie den Agenten erlaubt, neue Strategien zu entwickeln und diese auf ihre Sinnhaftigkeit im Wettbewerb mit anderen zu testen.

30 Der Markt als komplexes adaptives System

> Die genetische Programmierung ist ein in den verschiedensten Bereichen der modernen Wissenschaft verbreitetes Optimierungsverfahren, das typischerweise zum Studium von komplexen und nichtlinearen Systemen Verwendung findet. Im Computer wird ein ähnlicher Prozess durchgeführt, wie er in der Natur als *Evolution* bekannt ist. Die Akteure (bzw. ihre Handlungsstrategien) erfahren mehr oder minder zufällige Mutationen, durch die ihre Strategien verändert werden. Diese werden dann dem Wettbewerb mit anderen ausgesetzt und, sollten sie sich bewähren, verstärkt (sie haben Nachkommen). Sollten sie sich nicht bewähren, sterben sie aus. Mit jeder erfolgreichen Generation werden die Karten für alle anderen neu gemischt, so dass sich das Gesamtsystem wie ein Biosystem immer wieder neu anpassen muss und einem Optimum entgegenstrebt.

Die Arbeit von *Hauser/Kaempff* greift das hier verwendete Grundmodell auf. Auch bei ihnen wird ein Wertpapier gehandelt, das sich als Summe von zehn Laplace-Münzen ergibt. Auch die Informationsstände von H0 bis H9 werden beibehalten, allerdings die Zahl der Händler pro Informationsstand auf zehn erhöht. Somit agieren in ihrem Markt hundert Händler. Begonnen wird ebenfalls mit der Simulation eines Marktes, in dem sich alle Agenten der fundamentalen Informationsstrategie bedienen, womit sich exakt das gleiche Ergebnis wie oben dargestellt ergibt, jetzt nur für zehn Blöcke je zehn Agenten (vgl. Abb. 30.1).

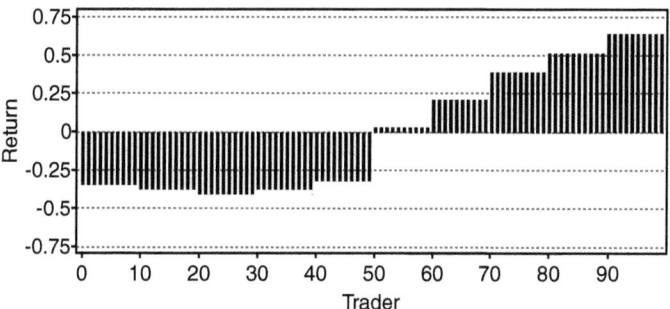

Abb. 30.1 Mit genetischer Programmierung erzeugte Strategien: Ausgangssituation

Das System sieht vor, dass Händler, die hohe Verluste zu verzeichnen haben, bevorzugt zur Optimierung aufgerufen werden. Ist das der Fall, so werden ihre Strategien unter Verwendung einfachster Operatoren (z. B. *plus, minus, dividiert durch, Maximum, Minimum, Zufallsvariable, größer als* u. a.) so lange evolutorisch verändert, bis ein gewisses Optimum erreicht ist. Nach 40 Optimierungsschritten ergab sich die in Abb. 30.2 dargestellte Verteilung, bei der die hellgrauen Balken signalisieren, dass der jeweilige Händler mindestens einmal optimiert hat.

Wie leicht zu erkennen ist, ist es den Händlern, die für eine derartige Optimierung ausgewählt wurden, gelungen, ihre Informationsstrategien so weiterzuentwickeln, dass ihnen kaum noch Verluste, häufig sogar leichte Gewinne entstehen. Für die anderen Trader sind die Konsequenzen unterschiedlich: Während die sehr gut informierten Händler deutlich geringere Gewinne hinnehmen müssen, können sich die schlecht informierten über geringere Verluste freuen. Der Grund ist darin zu suchen, dass nunmehr wesentlich weniger Händler die gleichen (unter Umständen fehlerhaften) Entscheidungen treffen und damit der Markt ein höheres Maß an Bewertungseffizienz aufweist.

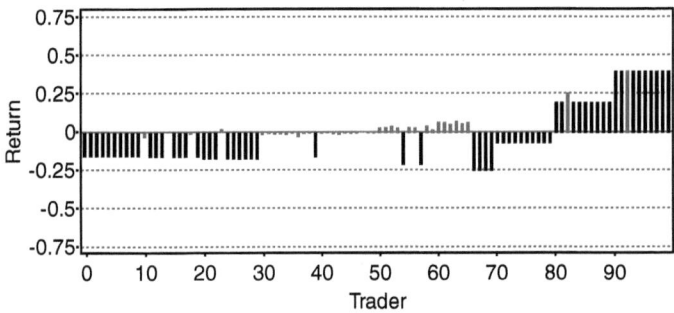

Abb. 30.2 Mit genetischer Programmierung erzeugte Strategien: Nach 40 Optimierungen

30 Der Markt als komplexes adaptives System

Nach 100 Optimierungsprozessen waren bereits kaum noch nennenswerte Unterschiede zwischen den Tradern festzustellen. Dennoch haben *Hauser/Kaempff* den Prozess bis 500 Optimierungen weiterlaufen lassen, um sicher zu gehen, tatsächlich ein stabiles Ergebnis gefunden zu haben. Nach 500 Optimierungen haben nahezu alle Agenten (bis auf die wenigen mit schwarzen Balken) ein- oder mehrmals ihre Strategie angepasst und evaluiert. Als Endergebnis finden wir eine Situation vor, die nicht weit von einem effizienten Markt entfernt ist, da nennenswerte Gewinne und Verluste nicht mehr auftreten (vgl. Abb. 30.3). Zwar sind es nach wie vor die bestinformierten (Gruppe I_9) Marktteilnehmer, die leichte Gewinne für sich verbuchen können, doch belaufen sie sich mit 0,05 in äußerst bescheidenem Rahmen, wenn man das mit den 0,64 vergleicht, mit denen sie hätten rechnen können, wenn alle anderen Händler ihnen den Gefallen erwiesen hätten, fundamentale Wertpapieranalyse zu betreiben. Die zahlenmäßig kleine Gruppe der bestinformierten Marktteilnehmer (Insider) müsste somit das stärkste Interesse daran haben, dass sich die große Masse der anderen Marktteilnehmer an den herkömmlichen Methoden der fundamentalen Finanzanalyse orien-

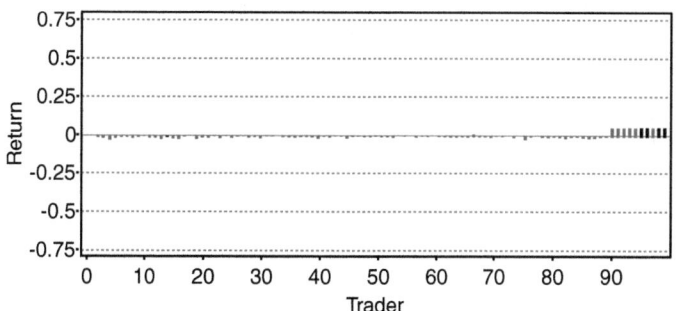

Abb. 30.3 Mit genetischer Programmierung erzeugte Strategien: Nach 500 Optimierungen

tiert: Nur dann, wenn sie es tun, sind die Handelsgewinne der Bestinformierten an ihrem Maximum.

In der Studie von *Hauser/Kaempff* hat die große Masse der Investoren ihnen diesen Gefallen nicht getan. Nur so ist es ihnen gelungen ist, ihre Verluste auf ein Mindestmaß zu begrenzen. Dabei ist ein Ergebnis erreicht, das *Weltbild eins* recht nahe kommt. Jeder Marktteilnehmer versucht, sich gegenüber der Konkurrenz durchzusetzen, versucht, die anderen auszutricksen und dabei Techniken anzuwenden, mit denen er sich von den anderen absetzen kann. Leider sind die Strategien, die sich jeweils im Evolutionsprozess durchgesetzt haben, sehr vielschichtig und kompliziert, sodass es kaum möglich ist, sie im Einzelnen zu analysieren. Eines lässt sich jedoch verallgemeinernd sagen: Als erfolgreich haben sich nur Strategien erwiesen, die kovariantes Handeln mit anderen Tradern vermeiden. Immer wo viele dasselbe tun, nehmen sie Einfluss auf die Marktpreise, was ihnen nur zum Nachteil gereichen kann.

Ein interessantes Ergebnis der Studie von *Hauser/Kaempff* ist, dass ein hohes Maß an Markteffizienz offenbar nicht Folge des Bemühens der Beteiligten ist, die ihnen zur Verfügung stehende Information so gut wie möglich in ihre Entscheidungen einfließen zu lassen, sondern Folge dessen, dass sie ein abgestimmtes Verhalten vermeiden. Investoren, die sich der klassischen Wertpapieranalyse auf der Basis allgemein zugänglicher Informationen (Jahresberichte der Unternehmen, Finanzpresse) bedienen, sind am ehesten gefährdet, ein solches abgestimmtes Verhalten an den Tag zu legen.

Die Studie von *Hauser/Kaempff* bestätigt übrigens die oben angeführte These von *Grossman/Stiglitz*, dass ein Markt immer ein gewisses Maß an Ineffizienz benötigt, um nicht jeden Anreiz zur Informationsverarbeitung zunichte zu machen. Wie die Studie allerdings zeigt, ist das erforderliche Maß an Ineffizienz nicht sehr groß. Damit ist natürlich nicht gesagt, dass reale Märkte ein vergleichbar hohes Maß an Markteffizienz aufweisen. Es ist vielmehr zu vermuten, dass Marktteilnehmer noch weit weg sind von der Erkenntnis, vor allem Kovarianzen vermeiden zu müssen und somit Strategien einzusetzen, die es ihnen erlauben, sich von den anderen abzusetzen. Den Finanzmarkt als ein komplexes adaptives System zu begreifen, ist eben noch lange nicht Gemeingut. Noch immer herrscht im Finanzmarkt ein natur- oder ingenieurwissenschaftliches Denken vor. Wir können uns daher beruhigt weiterhin mit *Weltbild zwei* beschäftigen, einem Weltbild, in dem es eben nicht gleichgültig ist, an welchen Prinzipien man seine Marktentscheidungen ausrichtet.

31
Recht und Markt I: Die Sache mit der Publizität

Dass die Akteure in einem Finanzmarkt unterschiedlich informiert sind und unterschiedlich befähigt sind, die ihnen zur Verfügung stehenden Informationen zu nutzen, ist eine Tatsache und bis zu einem gewissen Grad auch unabänderlich. Gleichwohl war es seit mehr als hundert Jahren Anliegen der Rechtsordnung, die Unterschiede zwischen gut und schlecht informierten Marktteilnehmern nicht zu groß werden zu lassen, in der Hoffnung, damit mehr Chancengleichheit und Fairness herbeiführen zu können. Dabei setzt das Recht von zwei Seiten an:

- Zum einen werden die an der Börse notierten Unternehmen verpflichtet, den Markt umfassend mit Informationen zu versorgen, um einen Mindestinformationsstand bei allen Marktteilnehmern sicherzustellen. Augenfälligster Ausdruck dieser Bemühungen sind die strengen Vorschriften zur Pflichtpublizität in nahezu allen entwickelten Staaten.
- Zum anderen wird es sehr gut informierten Marktteilnehmern untersagt, von ihrer überlegenen Information Gebrauch zu machen. Folge sind die verschiedensten Formen von Insider-Reglementierungen und Inside-Trading-Verboten.

Sehen wir uns zunächst einmal den ersten Aspekt an, die Pflichtpublizität. Alle kapitalmarktorientierten Unternehmen in der Europäischen Union sind verpflichtet, regelmäßig Abschlüsse nach internationalen Rechnungslegungsstandards zu erstellen und zu veröffentlichen, d. h. kostenlos allen interessierten Personen zugänglich zu machen. Dies erfolgt in Form von Abschlüssen, d. h. Bilanzen, Gewinn- und Verlustrechnungen, Cashflow Statements, Lageberichten u.v.m.

In dem für alle börsennotierten Unternehmen in Europa gültigen International Accounting Standard (IAS) heißt es: Ein Abschluss ist eine strukturierte Darstellung der Vermögens-, Finanz- und Ertragslage eines Unternehmens. Die Zielsetzung eines Abschlusses für allgemeine Zwecke ist es, Informationen über die Vermögens-, Finanz- und Ertragslage und die Cashflows eines Unternehmens bereitzustellen, die für eine breite Palette von Adressaten nützlich sind, um wirtschaftliche Entscheidungen zu treffen. (IAS 1,7).

Adressaten sind in erster Linie potentielle und aktuelle Aktionäre, von denen erwartet wird, dass sie ihre Kauf- und Verkaufsentscheidungen an Informationen festmachen, die sie, zumindest zum Teil, den veröffentlichten Rechenwerken entnehmen.

Die Absicht des Gesetzgebers sei in der Abb. 31.1 verdeutlicht. Ohne gesetzliche Regulierung haben die schlecht informierten Investoren einen niedrigen und die gut informierten einen hohen Informationsstand. Je höher der gesetzlich verlangte Informationsstand ist, umso mehr Investoren kommen in den Genuss dieser gesetzlichen Mindestinformation und umso geringer ist die Informationsspanne im Markt.

Die Frage allerdings, ob mit der Verminderung der Informationsspanne auch der Zweck des Gesetzes erreicht wird, nämlich die Ausbeutungsspanne zu verringern, den Vorteil der gut informierten über die schlecht informierten Marktteilnehmer zu verkleinern, ist damit noch nicht beantwortet. Vergegenwärtigen wir uns einmal, was geschieht, wenn eine Pflichtpublizität neu eingeführt bzw. eine bestehende Publizitätspflicht qualitativ wie quantitativ verbessert (die Mindestinformationslinie rückt damit nach oben) wird:

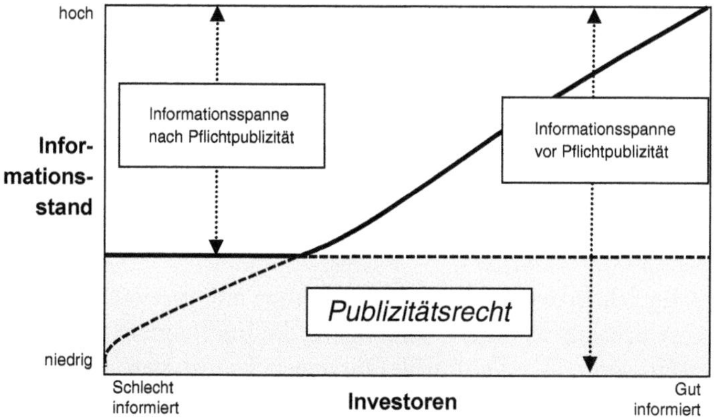

Abb. 31.1 Verringerung der Informationsspanne durch Publizität

- Auf der einen Seite werden die Adressaten der Abschlüsse mit mehr Information versorgt, was es ihnen u. U. erlaubt, eine präzisere Schätzung des inneren Werts eines Unternehmens vornehmen zu können
- Auf der anderen Seite wird die Zahl derer, die ihre Entscheidungen auf ein gemeinsames Datenmaterial stützen, ansteigen und dann, wenn dieses Datenmaterial verzerrt ist, größere Fehlbewertungen im Markt bewirken als zuvor. Diese werden aber wieder primär zu ihren eigenen Lasten gehen.

Wir haben es also mit zwei gegenläufigen Effekten zu tun, wobei a priori nicht klar ist, in welchem Verhältnis zueinander die beiden stehen. Wie wir mittlerweile wissen, bedeutet es nicht notwendigerweise einen Vorteil, besser informiert zu sein als andere. Der Grund dafür liegt im abgestimmten Verhalten von Marktteilnehmern, die ein vergleichbares Informationsniveau aufweisen. Wird nicht durch Vereinheitlichung der Informationsbasis dieser Effekt noch verstärkt? Schließlich bedienen sich nach Einführung der Mindestinformation viele Marktteilnehmer nicht nur ähnlicher, sondern nunmehr der gleichen Informationen –

und ist diese Information fehlerbehaftet, so machen sie alle die gleichen Fehler.

In der Tat ergab sich bei den Simulationen zunächst mit jeder Erhöhung des öffentlichen Informationsniveaus eine Situationsverschlechterung für die Adressaten, d. h. für diejenigen, denen man damit etwas Gutes tun wollte, indem ihr niedriger Informationsstand auf einen höheren angehoben worden ist:

- Im Fall, in dem jedem Marktteilnehmer mindestens eine Münze bekannt sein muss, ist lediglich der Informationsstand von H0 von null auf nunmehr eins angehoben worden. Aufgrund dessen entscheidet er jetzt genauso wie H1 und sein Verlust steigt von 0,34 € auf 0,40 € an. Selbstverständlich muss auch H1, der zuvor 0,38 € verloren hatte, jetzt einen Verlust von 0,40 € in Kauf nehmen.
- Wird die Mindestinformation auf zwei Münzen angehoben, hat sich der Informationsstand von H0 und H1 verbessert. Allerdings verlieren die jetzt gleich informierten Trader H0, H1 und H2 statt zuvor 0,40 € nunmehr 0,46 €.
- Steigt die Mindestinformation weiter auf drei Münzen an, so hat sich damit der Informationsstand von H0, H1 und H2 verbessert. Da nun alle auf dem Informationsniveau von H3 agieren, sinkt ihr erwarteter Gewinn weiter auf – 0,47 €.
- Wird das Mindestinformationsniveau auf vier Münzen angehoben, so führt dies zu einer Erhöhung des Informationsstands von H0, H1, H2 und H3. Da nun H0, H1, H2, H3 und H4 auf dem gleichen Informationsniveau von H4 entscheiden, sinkt abermals ihr erwarteter Gewinn auf – 0,50 €.
- Steigt allerdings die Mindestinformation weiter auf fünf Münzen, so drehen sich die Verhältnisse um: Die sechs Marktteilnehmer H0, H1, H2, H3, H4 und H5 müssen nunmehr nur noch mit Verlusten in Höhe von 0,31 € rechnen.
- Selbstverständlich gäbe es dann, wenn alle über die gleiche Information verfügten (neun Münzen), keine Unterschie-

de mehr in den Gewinnen der Marktteilnehmer, da alle mit einem Ergebnis von 0,00 rechnen könnten. Der Marktpreis kommt stets dem inneren Wert gleich und berechnet sich aus Summe dieser neuen Münzen plus 0,5 für die unbekannte zehnte Münze. Wir wären wieder in *Weltbild eins* angelangt, wo es keine systematischen Gewinner und Verlierer mehr gibt.

Aber soweit wollten wir gar nicht gehen, denn für jedermann ist ersichtlich, dass nicht alle Marktteilnehmer in einem Kapitalmarkt in gleicher Weise und vollständig informiert sein können. Offenbar gilt auch hinsichtlich der öffentlicher Informationen etwas ähnliches wie das, was wir bereits bei privaten Informationen kennen gelernt haben: Der Zusammenhang zwischen Informationsstand und Anlageergebnis ist nicht linear. Die Frage, ob eine Erhöhung des allgemeinen Informationsniveaus daher den Marktteilnehmern nutzt oder schadet, kann nicht eindeutig beantwortet werden. Die Antwort hängt von dem Niveau ab, den die öffentliche Information jeweils aufweist.

Warum das so ist, können wir uns verdeutlichen, wenn wir uns wieder, wie in Kap. 25, die drei typischen Sequenzen, die die zehn Münzen annehmen können, ansehen. Im Gegensatz zu dort wird jetzt allerdings unterstellt, dass alle Marktteilnehmer mindestens vier der zehn Münzen kennen, d. h. dass auch Händler H0, H1, H2 und H3 im Besitz derselben Informationen sind wie Händler H4.

- *Eindeutige Richtung:* Liegen die Münzen alle auf eins, so ändert sich gar nichts gegenüber der Situation ohne eine öffentliche Information. Da die Nutzer der öffentlichen Information durchwegs einen Wert von 7,0 schätzen, ergibt sich wieder ein markträumender Preis von 7,25, was einer Unterbewertung gleichkommt. Zu diesem Preis sind die Händler H0 bis H4 auf der Verkäuferseite und die Händler H5 bis H9 auf der Käuferseite: Die gut Informierten gewinnen und die schlecht

Tab. 31.1 Mindestinformation vier Münzen, Folge 1111111111, Wert = 10

Händler	H0	H1	H2	H3	H4	H5	H6	H7	H8	H9
Gesehene Münzzahl	4	4	4	4	4	5	6	7	8	9
Davon auf eins	4,0	4,0	4,0	4,0	4,0	5,0	6,0	7,0	8,0	9,0
Erwartungswert Rest	3,0	3,0	3,0	3,0	3,0	2,5	2,0	1,5	1,0	0,5
Geschätzter IW	7,0	7,0	7,0	7,0	7,0	7,5	8,0	8,5	9,0	9,5
Käufer/Verkäufer bei $P = 7{,}25$	V	V	V	V	V	K	K	K	K	K

Informierten (diejenigen, die lediglich über die öffentliche Information verfügen) verlieren (vgl. Tab. 31.1).

Dasselbe Bild hätte sich auch ergeben, wenn alle Münzen auf null gelegen hätten. Hier hätte sich mit einem Marktpreis von 2,75 € eine deutliche Überbewertung ergeben, die von den gut informierten Händlern H5 bis H9 erkannt worden wäre und sie zum Verkauf veranlasst hätte. Demgegenüber hätten die auf die öffentliche Information angewiesenen Händler gekauft und verloren.

- *Fehlende Richtung*: Ein ähnliches Ergebnis ergibt sich für den Fall, dass die Münzen eine klare Richtung vermissen lassen und mehr oder minder abwechselnd die eine und die andere Seite zeigen. Betrachten wir wieder das Extrembeispiel 1010101010 mit dem Wert 5,0 oder auch 1010101011 mit dem Wert 6,0 (vgl. Tab. 31.2).

Auch jetzt liegt der Marktpreis mit 5,25 € sehr nahe am tatsächlichen Wert 5 oder 6 €. Es gibt also wenig zu gewinnen und wenig zu verlieren. Ob die Käufer diesen Betrag gewinnen oder die Verkäufer, hängt allein vom Zufall ab, d. h. von der Lage der zehnten Münze, die niemandem bekannt ist. Liegt sie, wie im ersten Fall auf Kopf, sind es die Verkäufer, denn der

Tab. 31.2 Mindestinformation vier Münzen, Folge 1010101010, Wert = 5

Händler	H0	H1	H2	H3	H4	H5	H6	H7	H8	H9
Gesehene Münzzahl	4	4	4	4	4	5	6	7	8	9
Davon auf eins	0,0	1,0	1,0	2,0	2,0	3,0	3,0	4,0	4,0	5,0
Erwartungswert Rest	3,0	3,0	3,0	3,0	3,0	2,5	2,0	1,5	1,0	0,5
Geschätzter IW	5,0	5,0	5,0	5,0	5,0	5,5	5,0	5,5	5,0	5,5
Käufer/Verkäufer bei P = 5,25	K	K	K	K	K	V	K	V	K	V

Wert des Wertpapiers beträgt 5 €. Liegt sie hingegen wie im zweiten Fall auf Zahl, so gewinnen die Käufer, weil dann der Wert bei 6 € liegt. Wie auch in einem Markt ohne öffentliche Information kann man gleichermaßen mit einem hohen wie mit einem niedrigen Informationsstand auf der Gewinner- oder Verliererseite sein.

- *Richtungswechsel*: Ein völlig anderes Bild ergibt sich hingegen, wenn wir annehmen, innerhalb der Münzfolge würde ein ausgeprägter Richtungswechsel stattfinden. Dies wäre etwa mit der Folge 1111100000 gegeben, die zu dem in Tab. 31.3 dargestellten Ergebnis führt.

Der markträumende Preis liegt bei 6,75 €, was einer erheblichen Überbewertung gleichkommt. Allerdings besteht zu diesem Preis ein starkes Missverhältnis zwischen Käufern und Verkäufern, ein Faktum, das an einer realen Börse zu einer Repartierung führen müsste (im Beispiel würde jeder Käufer nur drei Siebtel der von ihm gewünschten Menge erhalten). Zum Preis von 6,75 sind die Händler H0, H1, H2, H3, H4, H5 und H6 auf der Käuferseite, da sie das Wertpapier für unterbewertet halten, während die Händler H7, H8 und H9 die

Tab. 31.3 Mindestinformation vier Münzen, Folge 1111100000, Wert = 5

Händler	H0	H1	H2	H3	H4	H5	H6	H7	H8	H9
Gesehene Münzzahl	4	4	4	4	4	5	6	7	8	9
Davon auf eins	4,0	4,0	4,0	4,0	4,0	5,0	5,0	5,0	5,0	5,0
Erwartungswert Rest	3,0	3,0	3,0	3,0	3,0	2,5	2,0	1,5	1,0	0,5
Geschätzter IW	7,0	7,0	7,0	7,0	7,0	7,5	7,0	6,5	6,0	5,5
Käufer/Verkäufer bei P = 6,75	K	K	K	K	K	K	K	V	V	V

Überbewertung erkennen und verkaufen. Durch die Repartierung steht den Käufen ein gleich großes Volumen an Verkäufen gegenüber.

Drei Dinge sind es, die die Situation nach Einführung einer öffentlichen Information (hier vom Niveau 4) von der Situation zuvor unterscheiden:

1. Da der Informationsgehalt der öffentlichen Information gegenüber der Gesamtinformation eindeutig eine Verzerrung aufweist, ist die Fehlbewertung des Marktes durch die öffentliche Information gestiegen: Betrug die Überbewertung zuvor 1,25 €, so sind es nunmehr 1,75 €. Eine höhere Fehlbewertung kommt aber immer den Gewinnern zugute und erhöht die Verluste der Verlierer.
2. Die schlecht informierten Marktteilnehmer H0, H1 und H2 stellen sich schlechter als zuvor, da sie nunmehr von der Verkäufer- auf die Käuferseite gewechselt sind. Sie haben sich der Herde angeschlossen, der sie vorher – mangels Information – nicht angehörten.

3. Der einzige Marktteilnehmer, dem die Einführung einer öffentlichen Information genutzt hat, war H7: Sein Informationsstand und seine Einschätzungen haben sich zwar nicht geändert, aber die verstärkte Fehlbewertung des Marktes hat bewirkt, dass er nunmehr von der Verliererseite auf die Gewinnerseite hat wechseln können.

Zu denselben Ergebnissen wäre es gekommen, wenn die Verzerrung umgekehrt erfolgt wäre, d. h. wenn wir die Münzfolge 0000011111 betrachtet hätten. In diesem Fall hätte sich mit einem Gleichgewichtspreis von 3,25 € eine klare Unterbewertung ergeben, bei der die Händler H1, H2, H3, H4, H5 und H6 auf der Verkäuferseite und die Händler H7, H8 und H9 auf der Käuferseite gelegen hätten. Natürlich wäre auch hier eine entsprechende Repartierung, diesmal auf der Verkäuferseite, erforderlich gewesen.

Offenbar hat die aufgrund der Einführung einer öffentlichen Mindestinformation zweifelsohne erfolgte Verringerung der Informationsspanne nicht auch die Ausbeutungsspanne vermindert, sondern sie sogar noch verstärkt. Natürlich lag der maximale Schätzfehler von H0 ohne öffentliche Mindestinformation bei ± 5 und ist dann auf ± 3 gesunken, d. h. seine Schätzpräzision ist gestiegen. Dieser Vorteil wurde aber durch den jetzt deutlich spürbareren Herdeneffekt überlagert: Die Wahrscheinlichkeit, auf die falsche Marktseite zu gelangen, ein unterbewerteten Wertpapier als überbewertet oder ein überbewertetes Wertpapier als unterbewertet anzusehen, ist für Händler mit einem niedrigen Informationsniveau gestiegen, da die Zahl derer, die die gleichen Entscheidungen treffen, größer geworden ist! Die einfache Gleichsetzung, nach der eine verringerte Informationsspanne zugleich auch eine verringerte Ausbeutungsspanne zur Folge habe, ist somit durch nichts begründet.

Nun könnte man natürlich argumentieren, dass die Einführung einer öffentlichen Mindestinformation nicht bei allen

Marktteilnehmern zur gleichen Veränderung des Informationsstands führt. Manche sind erfahrene und versierte Bilanzanalytiker, andere können mit einem nach internationalen Rechnungslegungsstandards erstellten Jahresabschluss nur sehr wenig anfangen. Auch werden unterschiedliche Personen ein und dasselbe Rechenwerk unter unterschiedlichen Gesichtspunkten sehen, sich unterschiedlich viel Mühe machen, andere Akzente setzen und auf andere Signale reagieren.

Dies ist sicher genauso richtig wie die Tatsache, dass der Jahresabschluss lediglich eine Teilmenge der zur Beurteilung der wirtschaftlichen Situation eines Unternehmens notwendigen Informationen bereitstellt: Eine solche Teilmenge kann gegenüber der Gesamtinformation verzerrt sein oder nicht. Nach der Vorgabe des Gesetzes muss der Jahresabschluss ein den tatsächlichen Verhältnissen entsprechendes Bild der Vermögens-, Finanz- und Ertragslage des Unternehmens vermitteln (die berühmte *True-and-fair-view-Klausel*). Selbst wenn wir annehmen, dies sei im Durchschnitt der Fälle durchaus auch gegeben, wird es aber eben nur im Durchschnitt und nicht in jedem einzelnen Fall gelten: Es wird Jahre geben, in denen der Jahresabschluss ein zu gutes Bild des Unternehmens vermittelt, Jahre, in denen durchaus ein *True-and-fair-view* geliefert wird, und auch Jahre, in denen der Jahresabschluss ein zu schlechtes Bild des Unternehmens zeichnet. Dies kann Folge bewusster bilanzpolitischer Maßnahmen (treffend der englische Ausdruck *creative accounting*), aber auch Folge der teilweise sehr restriktiven bilanzrechtlichen Vorgaben sein, denen der Jahresabschlussersteller unterworfen ist.

Üblicherweise gehen die Lehrbücher der Finanz- und Jahresabschlussanalyse davon aus, dass derjenige Investor, der seine Aufgabe besser bewältigt, der erfahrener ist, der fleißiger recherchiert und mehr Gespür für die Dinge hat, mit besseren Anlageergebnissen rechnen kann als jemand, dem diese Fähigkeiten abgehen. Dies gelte grundsätzlich unabhängig davon, ob der Jahresabschluss jeweils das den tatsächlichen Verhältnissen entsprechende Bild der Vermögens-, Finanz- und Ertragslage des Unternehmens vermittle oder nicht. Es reiche nämlich hin, dass das *True-and-fair-view-Postulat* im Großen und Ganzen, d. h. im Durchschnitt, eingehalten werden könne. Die Abweichungen vom hehren Ziel könnten dann, da sie sich gegenseitig aufheben, vernachlässigt werden.

So eingängig diese Position auch erscheinen mag: Der Finanzmarkt stellt ein komplexes System dar, in dem Nichtlinearitäten vorherrschen, aufgrund derer ein solcher Schluss schlicht unzulässig ist. Nehmen wir einmal an, in einem Markt gäbe es Marktteilnehmer, deren Informationsstand sich auf die gesetzliche Mindestinformation beschränkt (Publizitätsadressaten) und andere, die über mehr bis viel mehr Information (gut informierte Agenten) verfügen.

- Die Publizitätsadressaten versuchen, die im Jahresabschluss signalisierte Situation des Unternehmens mithilfe der bekannten Regeln der Jahresabschlussanalyse so gut wie möglich einzuschätzen. Dabei werden ihnen Fehler unterlaufen, die bei erfahrenen Finanzanalysten geringer sein dürften als bei unerfahrenen. Allerdings werden die Einschätzungen aller um den vom Jahresabschluss gelieferten *view* streuen, die der einen weniger und die der anderen mehr. Auch dem erfahrensten Bilanzanalytiker ist es nicht möglich, dem Jahresabschluss mehr Informationen zu entlocken, als in ihm stecken.
- Auch die gut informierten Agenten werden bei ihren Einschätzungen des inneren Wert des Unternehmens Fehler machen, diese dürften aber in der Summe eher unverzerrt gegenüber dem tatsächlichen inneren Wert sein: Denjenigen, die den Wert des Unternehmens überschätzen, stehen andere gegenüber, die ihn unterschätzen.

In einem solchen Szenario wird – aus den gleichen Gründen wie oben bei der *Buy-high-sell-low-Strategie* – der markträumende

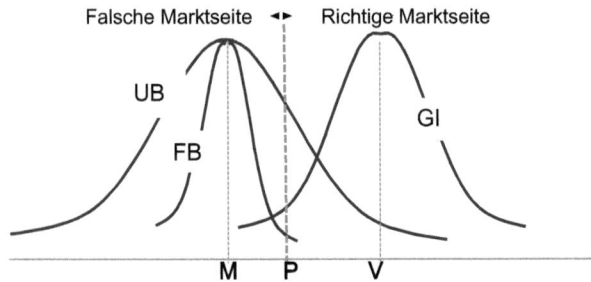

Abb. 31.2 Die öffentliche Information liefert ein zu schlechtes Bild

Preis zwischen dem vom Jahresabschluss signalisierten Wert und dem tatsächlichen inneren Wert liegen: Das Wertpapier wird überbewertet sein, wenn der Jahresabschluss ein zu gutes Bild der Unternehmung liefert, und es wird unterbewertet sein, wenn der Jahresabschluss die Situation des Unternehmens schlechter darstellt, als sie tatsächlich ist.

Die Abb. 31.2 soll den Fall verdeutlichen, dass die im Financial Report gelieferte Information den Wert des Unternehmens unterschätzt. Dabei betrachten wir drei Gruppen von Investoren, deren Einschätzungen durch die nachstehenden Dichtefunktionen abgebildet werden sollen:

1. Gut informierte Investoren (GI)
2. Fähige Bilanzanalysten (FB)
3. Unfähige Bilanzanalysten (UB)

Der innere Wert des Unternehmens liege bei V, während der von der öffentlichen Mindestinformation gelieferte Wert, abweichend vom an sich geforderten *True-and-fair-view,* bei M liege, d. h. der Financial Report stellt die wirtschaftliche Situation der Unternehmung schlechter dar, als sie tatsächlich ist. Die gut informierten Agenten (GI) schätzen aufgrund ihres höheren Wissensstands unverzerrt V, wobei sie durchaus erhebliche Fehler machen (zum

Ausdruck gebracht in der Dichtefunktion GI). Die unfähigen Bilanzanalysten (UB) schätzen unverzerrt M, den Wert, der ihnen im Financial Report geliefert wird, dabei machen sie erhebliche Fehler (zum Ausdruck gebracht in der Dichtefunktion UB). Auch die fähigen Bilanzanalysten (FB) schätzen unverzerrt M, machen dabei aber nur kleine Fehler (daher wesentlich engere Dichtefunktion FB). Der markträumende Preis P muss dort liegen, wo das Marktvolumen, das P als zu hoch ansieht, gleich groß ist wie das Marktvolumen, das P als zu niedrig einschätzt. Da somit P < V, ist das Wertpapier unterbewertet und die Käuferseite ist im Vorteil. Käufer sind die meisten der gut informierten Investoren, während die überwiegende Zahl derjenigen, die ihre Entscheidungen auf die öffentliche Information gestützt haben, auf der Verkäufer- und damit auf der falschen Marktseite liegen. Allerdings ist die Wahrscheinlichkeit der unfähigen Bilanzanalysten, sich dennoch auf der richtigen Marktseite wiederzufinden, deutlich größer als die ihrer erfahreneren und versierteren Kollegen, obwohl deren Schätzungen viel näher an dem signalisierten Wert M liegen. Offenbar ist es, wenn man schon nicht umhin kommt, aufgrund der Informationsquelle Fehler zu machen, ratsam, beim Fehlermachen Fehler zu machen.

Genau umgekehrt stellen sich die Verhältnisse dar, wenn die öffentliche Information ein zu positives Bild vom Unternehmen liefern sollte, was, wie Abb. 31.3 zeigt, zu einer Überbewertung des Wertpapiers (V < P) führt.

Auch hier haben die gut informierten Investoren (GI) überwiegend die richtige Marktseite, in diesem Fall die Verkäuferseite gewählt, während die Nutzer der öffentlichen Information überwiegend auf der falschen Marktseite zu finden sind. Und auch hier gilt wieder, dass die Wahrscheinlichkeit, richtig zu entscheiden, umso kleiner ist, je professioneller man zu Werke geht. Offenbar ist Exzellenz dann von Nachteil, wenn das Material, mit dem man zu arbeiten hat, potentiell fehlerbehaftet ist. Wie zuvor

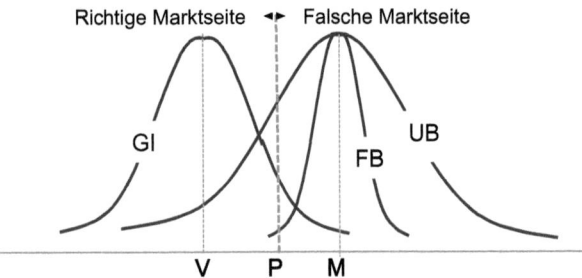

Abb. 31.3 Die öffentliche Information liefert ein zu gutes Bild

schneidet derjenige besser ab, dem beim Fehlermachen größere Fehler unterlaufen.

Lediglich dann, wenn sichergestellt ist, dass die gesetzliche Mindestinformation nicht nur im Durchschnitt, sondern in jedem Einzelfall ein den tatsächlichen Verhältnissen entsprechendes Bild der Vermögens-, Finanz- und Ertragslage des Unternehmens vermittelt, kann davon ausgegangen werden, dass der erfahrenere Analyst mit größerer Wahrscheinlichkeit die dann kleinen und zufälligen Fehlbewertungen entdecken wird als ein Laie, der den Jahresabschluss wesentlich unpräziser auswertet. Allerdings dürfte in dem Fall, wo die öffentliche Mindestinformation tatsächlich einen *True-and-fair-view* der wirtschaftlichen Situation des Unternehmens liefert, der markträumende Kurs nur minimal, nämlich in engem Rahmen und rein zufallsbedingt, vom inneren Wert des Papiers abweichen. Da wir in diesem Falle nahe an einem *Weltbild eins-Markt* sind, sind die Unterschiede zwischen den Gewinnern und den Verlierern äußerst gering.

Im Rahmen unserer agentenbasierten Simulation kommt man zum gleichen Ergebnis. In Tab. 31.4 sind verschiedene Ergebnisverteilungen einander gegenübergestellt:

1. Die erste Zeile zeigt die Ergebnisse je Händler, wenn alle ihre Entscheidungen auf die ihnen zur Verfügung stehende Infor-

Tab. 31.4 Unterschiedlich präzises Erkennen der öffentlichen Information

Händler	0	1	2	3	4	5	6	7	8	9
Ergebnis beim Fehlen einer öffentlichen Information	−0,34	−0,38	−0,40	−0,37	−0,31	0,03	0,22	0,39	0,51	0,64
Öffentliche Information vom Niveau 4 (fehlerlos)	−0,50	−0,50	−0,50	−0,50	−0,50	0,41	0,27	0,54	0,60	0,69
Öffentliche Information vom Niveau 4 (fehlerbehaftet)	−0,27	−0,33	−0,42	−0,44	−0,50	0,09	0,14	0,49	0,54	0,70
Schätzfehler D	±2,0	±1,5	±1,0	±0,5	±0,0					

mation stützen (d. h. fundamentale Analyse betreiben) und es keine gesetzliche Mindestinformation gibt.
2. Die zweite Zeile zeigt die Ergebnisse je Händler, wenn es eine gesetzliche Mindestinformation vom Niveau 4 gibt. Die Händler H0, H1, H2 und H3 erhalten dieselben Informationen wie H4 und alle interpretieren die ihnen zugehende Information fehlerlos. Wie zu erkennen ist, hat die Einführung der gesetzlichen Mindestinformation die Adressaten, denen man mit der Anhebung ihres Informationsstandes etwas Gutes tun wollte, deutlich schlechter gestellt.
3. Auch in der dritten Zeile ist wieder eine gesetzliche Mindestinformation vom Niveau 4 gegeben. Jetzt wird allerdings unterstellt, dass die Händler bei der Einschätzung dieser Information unterschiedlich große Fehler machen. Das gelieferte Signal wird von einem gleichverteilten Fehler im Bereich von ±D überlagert, wobei H0 mit $D = 2{,}0$ die größten Fehler macht und H4 mit $D = 0$ fehlerlos entscheidet: liegt z. B. nur eine der ersten vier Münzen auf eins, so schätzt H4 den Wert korrekt mit 4,0 ein, während die Schätzung von H0 irgendwo zwischen 2,0 und 6,0 liegen wird. Es ist offenkundig, dass unter den Nutzern der öffentlichen Information das Ergebnis für H4, der bei der Interpretation des Signals keine Fehler macht, am schlechtesten ist, und bei H0, der dasselbe Signal mit dem größtmöglichen Fehler von $D \pm 2{,}0$ überlagert, noch am besten ausfällt. Wie bereits gesagt: Beim Fehlermachen ist es umso besser, je mehr Fehler man dabei macht.

Das Urteil über die Sinnhaftigkeit von öffentlichen Informationspflichten, insbesondere über den Erfolg der vom Gesetzgeber aufgrund der verminderten Informationsspanne erwarteten höheren Chancengleichheit, fällt somit einigermaßen ernüchternd aus: Die Hauptprofiteure aus der Einführung der gesetzlichen Mindestinformation sind diejenigen Investoren, deren Informationsstand etwas über diese Mindestinformation hinausgeht und nicht diejenigen, denen der Gesetzgeber zu mehr Information und damit zu besseren Chancen verhelfen wollte. Der unbestrittenermaßen höheren Schätzpräzision derer, die sich öffentlicher Informationen bedienen, steht nunmehr die erhöhte Gefahr entgegen, mit der Herde der anderen gleichermaßen gut oder schlecht informierten Investoren die gleichen Fehler zu machen. Wer ohne Pflichtpublizität aufgrund mangelnder Kenntnisse bei der Werteinschätzung von Wertpapieren Fehler gemacht hätte, die mit der Fehlbewertung des Marktes nicht oder kaum korreliert gewesen wären, wird nun, nach Einführung einer allgemeinen Informationspflicht, Teil der Herde: Er wird dann eher auf der Käuferseite sein, wenn das Wertpapier überbewertet ist, und dann eher auf der Verkäuferseite sein, wenn es unterbewertet sein sollte.

Aber auch wenn öffentliche Information von zweifelhaftem Nutzen ist: Niemand ist gezwungen, sich dieser Information zu bedienen und sie seinen Entscheidungen zugrunde zu legen. Jedermann ist schließlich frei, die veröffentlichten Jahresabschlüsse zu ignorieren und seine Anlageentscheidungen zufällig zu treffen bzw. sich einer Strategie aus dem Instrumentenkasten der technischen Wertpapieranalyse zu bedienen. Würde zum Beispiel im Fall einer öffentlichen Information vom Niveau 4 einer der Händler von dieser keinen Gebrauch machen und seine Entscheidungen dem Zufall überlassen, so würde er nur 0,05 verlieren statt der 0,50, mit denen er bei fehlerloser Auswertung der mal fehlerlosen und mal fehlerbehafteten öffentlichen Information rechnen müsste. Noch besser würde er sich allerdings stellen, wenn er die technische Buy-high-sell-low-Strategie ergreifen würde. In diesem Fall könnte er sogar mit einem leichten Gewinn in Höhe von 0,03 rechnen. Ein anderes, nicht minder bemerkenswertes Ergebnis der Simulationen war es, dass es bei einer öffentlichen Information vom Niveau 4 für mehr als die Hälfte der Händler (drei von fünf) ratsam ist, sich der öffentlichen Information nicht zu bedienen. An sich mutet dieses Ergebnis fast schon absurd an: Für den Personenkreis, zu dessen Gunsten der Gesetzgeber eine Regelung erlässt, ist es großteils rational, den angebotenen Schutz abzulehnen. Ein solches Ergebnis ist jedoch unvermeidlich, wenn man sich der Komplexität des Finanzmarktes stellt und sie nicht durch die Annahme wegdefiniert, der Marktpreis sei ein Datum, das durch die Aktionen der Marktteilnehmer unbeeinflusst bleibe.

Der hier zum Vorschein tretende negative Zusammenhang zwischen öffentlichem Informationsniveau und Chancengleichheit zwischen den Investoren würde nur dann nicht gelten, wenn

1. entweder die Abschlüsse der Unternehmen zu jedem Zeitpunkt den geforderten sicheren Einblick in die Vermögens-, Ertrags- und Finanzlage des Unternehmens ermöglichen (jeder Jahresabschluss lieferte dann stets eine sufficient statistic aller bewertungsrelevanter Informationen)
2. oder wenn die Qualität der gesetzlichen Mindestinformation bereits so hoch wäre, dass die positiven Folgen der präziseren Schätzung die negativen Folgen des Herdenverhaltens überwiegen, denn selbstverständlich wird es dann, wenn alle über das gleiche hohe Maß an Information verfügen, keine systematischen Gewinner und Verlierer mehr geben können.

Weder das eine noch das andere klingt überzeugend.

Zu 1.: Die Vorstellung, die Abschlüsse stellten zu jedem Zeitpunkt den vom Gesetz postulierten *True-and-fair-view* dar, ist angesichts der gewaltigen Bilanzskandale der letzten Zeit (Enron, Parmalat, Metallgesellschaft, Lehman Brothers, Bawag etc.) völlig abwegig, jedweder Teilinformation haftet die Gefahr der Desinformation an. Auch ist jedem Rechnungslegungsfachmann klar, dass es häufig die gesetzlichen Regelungen selbst sind, deren Einhaltung zu Ergebnissen führen, die den geforderten sicheren Einblick in die Vermögens- und Ertragslage verunmöglichen. Es muss daher keineswegs stets unlauteres Verhalten der Jahresabschlussersteller angenommen werden, um eine Abweichung vom *True-and-fair-view* zustande zu bringen. Wir beharren daher auf der Feststellung, dass es immer wieder zu Situationen kommen wird, bei denen ein Abschluss die Unternehmung zu gut oder zu schlecht darstellt. Selbst die hier zu Gunsten der Rechnungslegung ins Feld geführte Erwartung, im Durchschnitt stellten die Abschlüsse einen *True-and-fair-view* dar, könnte mit gutem Grund infrage gestellt werden, was allerdings die oben gefundenen Ergebnisse nur noch akzentuieren dürfte.

Zu 2.: Auch dürfte die Annahme kaum zu halten sein, die Qualität der vom Gesetzgeber verlangten Mindestinformationen sei sehr hoch. So hoch nämlich, dass der Umschlagpunkt erreicht sei, ab dem der Zugewinn an Präzision die negativen Folgen des Herdenverhaltens übertrifft.

> Bei den Simulationen war dies ab einer Information vom Niveau 5 erreicht. Während jede Verbesserung des Informationsniveaus bis Niveau 4 zu einer Verschlechterung der Entscheidungsqualität der Betroffenen geführt hat, war nach dieser Schwelle das Gegenteil der Fall: Bis zum Erreichen eines effizienten Marktes nahmen mit jeder weiteren Informationsverbesserung die Verluste derer, die damit informationsmäßig besser gestellt wurden, ab.

Aufgabe einer verständigen Finanzanalyse muss es sein, den unsicheren Dividendenstrom einer Aktie in alle Zukunft so exakt wie möglich abzuschätzen. Angesichts dieses hochgesteckten Ziels ist der vom Gesetzgeber eingeforderte und von den Unternehmen bereitgestellte Abschluss ein höchst fragwürdiges Instrument:

- Er ist eine Vergangenheitsrechnung, der nur sehr vage Aussagen über Tendenzen und zukünftige Entwicklungen entnommen werden können.
- Er ist eine Mehrzweckrechnung, die nicht auf den Kapitalanleger fokussiert ist, sondern die Informationsinteressen von

Gläubigern, Arbeitnehmern, Journalisten, Statistikern u.v.m. befriedigen soll.
- Er liefert so gut wie keine Informationen über so bewertungsrelevante Fragen wie Unternehmenskultur, Motivation der Mitarbeiter, Kreativität von Forschung und Entwicklung, Fähigkeit des Unternehmens, auf Veränderungen zu reagieren, Ausstrahlung der Marke etc.
- Er ist bilanzpolitisch verformt, da die Unternehmen im Rahmen der ihnen vom Gesetzgeber belassenen Ermessensspielräume (und möglicherweise auch darüber hinaus) versuchen, auf die Meinungsbildung der Nutzer Einfluss zu nehmen.
- Er ist zu weiten Teilen das Ergebnis von groben Schätzungen (zum Beispiel Kreditrisiken, Sonderabschreibungen, Dotierung von Rückstellungen etc.), die auch bei bestem Wissen und Gewissen nicht punktgenau vorgenommen werden können.

Wir bleiben also dabei: Finanzanalysen im herkömmlichen Sinne, insbesondere Jahresabschlussanalysen oder intensive Studien allgemein zugänglicher Informationen, mögen zwar den Wissensstand eines Kapitalanlegers verbessern, sind aber gleichwohl nicht geeignet, die Qualität der Anlageentscheidungen zu erhöhen. Da Bilanzanalyse ein Standardfach ist, das in allen Wirtschaftsstudien der Welt zum Pflichtprogramm gehört und daher in Tokio, Innsbruck und Chicago in ähnlicher Weise gelehrt wird, ist zu erwarten, dass alle diejenigen, die sich dieser Methode auf der Basis der gleichen Informationsquellen bedienen, ähnliche Fehler machen. Wer Jahresabschlussanalyse nicht beherrscht oder die veröffentlichten Abschlüsse gar nicht erst zur Kenntnis nimmt, macht sicher auch Fehler, diese sind aber unsystematischer Natur und daher weniger folgenreich als die systematischen Fehler der Herde.

32
Recht und Markt II: Die Sache mit den Insidern

Mit der gesetzlichen Pflichtpublizität wurde die Informationsspanne im Markt, d. h. die Differenz zwischen dem Informationsstand der schlecht und dem der gut informierten Marktteilnehmer, vermindert. Die dahinter stehende Idee ist einfach: Wenn sich die Informationsspanne verringere, dann verringere sich auch die Differenz in den zu erwartenden Renditen. In dem Maß, in dem die schlecht Informierten an den Informationsstand der besser Informierten heranrückten und in die Lage versetzt würden, präzisere Schätzungen der inneren Werte vorzunehmen, entzögen sie sich der finanziellen Ausbeutung durch die besser informierten Marktteilnehmer. Die vorstehenden Überlegungen haben allerdings deutlich gemacht, dass es gute Gründe gibt, den einfachen Zusammenhang *Geringere Informationsspanne = Geringere Ausbeutungsspanne* infrage zu stellen.

Um die Informationsspanne zu vermindern, setzt das Wirtschaftsrecht allerdings nicht nur von unten an, da, wo es darum geht, den Informationsstand der schlecht informierten Marktteilnehmer anzuheben, sondern auch von oben, wenn es darum geht, besonders gut informierte Akteure vom Marktgeschehen auszuschließen. Dies ist das Feld der mittlerweile in allen entwickelten Kapitalmärkten umgesetzten Insider-Regulierung: Personen, die aufgrund ihres Berufs oder ihrer Beziehung zum Unter-

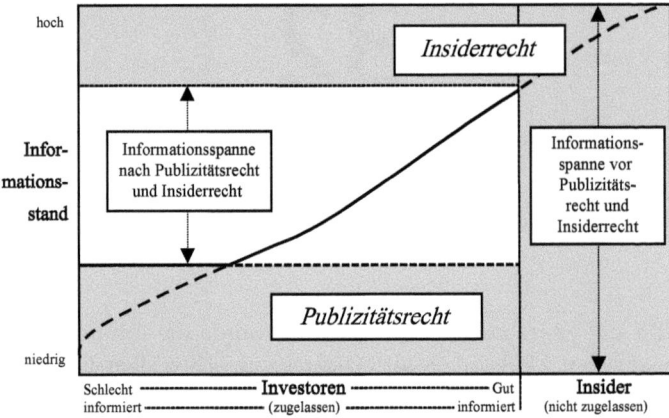

Abb. 32.1 Weitere Verringerung der Informationsspanne durch Insiderrecht

nehmen über Informationen verfügen, die in besonderem Maße kursrelevant, aber anderen Marktteilnehmern nicht zugänglich sind, wird durch Gesetz ein aktives Handeln in den Märkten untersagt. Damit erfährt die grafische Darstellung in Abb. 31.1 die folgende Veränderung: Der Kreis derer, die erlaubterweise im Markt agieren dürfen, wird erneut kleiner und, da es die bestinformierten sind, die ausgeschlossen werden, schrumpft die Informationsspanne auf das vom Gesetzgeber konzedierte Maß im weißen Feld (vgl. Abb. 32.1).

Es ist allerdings sehr umstritten, ob die vom Gesetzgeber verfolgte Absicht, mit Insider-Regelungen mehr Fairness im Markt zu schaffen, auch tatsächlich erreicht werden kann. Stellen wir daher zunächst einmal die Frage, wer eigentlich die Geschädigten sind, falls Insider von ihrem überlegenen Wissen Gebrauch machen. Sind es diejenigen, von denen der Insider kauft bzw. an die er verkauft? Oder diejenigen, die durch die Order des Insiders aus dem Markt gedrängt werden? Versuchen wir, uns die Zusammenhänge an einem Beispiel klarzumachen:

Tab. 32.1 Marktpreiseinfluss des Insiders

Ohne Insider			Mit Insider		
Kurs	Buy	Sell	Kurs	Buy	Sell
o.L.		4	o.L.		4
35	50	9	35	70	9
36	48	11	36	68	11
37	45	16	37	65	16
38	42	22	38	62	22
39	37	26	39	57	26
40	30	30	40	50	30
41	22	35	41	42	35
42	17	37	42	37	37
43	12	42	43	32	42
44	7	45	44	27	45
o.L.	5		o.L.	5	

Gegeben sei zunächst einmal der Markt für eine Aktie ohne Beteiligung eines Insiders. Der Börse liegen folgende Kaufaufträge vor:

- Ein Investor möchte 5 Aktien ohne Limit (o.L.) kaufen.
- Ein anderer Investor will 2 Aktien zu maximal 44 € erwerben.
- Ein dritter will 5 Aktien mit Limit 43 € kaufen.
- Weitere Investoren möchten 5 Aktien mit Limit 42 € kaufen etc.

Da die Kaufangebote von oben nach unten kumuliert werden müssen (wer zu 40 € zu kaufen bereit ist, kauft selbstverständlich auch zu 38 €), ergibt sich die Tab. 32.1 unter *Buy* angeführte Nachfragefunktion. Weiterhin liegen der Börse folgende Verkaufsangebote vor:

- Ein Investor möchte 4 Aktien ohne Limit (o.L.) verkaufen.
- Ein anderer will 5 Aktien zu mindestens 35 € verkaufen
- Ein weiterer will 2 Aktien zum Limit von 36 € verkaufen etc.

Die erteilten Verkaufsorders führen analog zu der unter *Sell* angeführten Angebotsfunktion (wer zu 40 € zu verkaufen bereit ist, verkauft selbstverständlich auch zu 42 €). Da der Marktpreis dort liegt, wo sich Angebot und Nachfrage genau ausgleichen, ergibt sich ein Börsenkurs von 40 €, zu dem gerade 30 Wertpapiere den Besitzer wechseln.

Nun gebe es einen Insider, der weiß, dass der Wert der Aktie mit mindestens 44 € veranschlagt werden muss. Er gibt einen entsprechend limitierten Kaufauftrag über 20 Stück, wodurch sich die Nachfragefunktion unterhalb von 44 um 20 Einheiten erhöht. Damit erfolgt der Ausgleich von Angebot und Nachfrage zu einem Kurs von 42 €, bei dem jetzt 37 Aktien umgesetzt werden. Welche Vor- und Nachteile ergeben sich daraus und für wen?

1. Die Kaufwilligen mit Limit 35 bis 39 wären ohne Insider (und einem Preis von 40 €) nicht zum Zug gekommen, da ihre Limits zu niedrig gesetzt waren, und sind es jetzt natürlich auch nicht. Sie haben keinen Nutzen und keinen Schaden aus dem Insiderhandel.
2. Die Käufer mit Limit 40 und 41 hätten ohne Insider ein unterbewertetes Wertpapier kaufen können und kommen jetzt nicht mehr zum Zug. Sie sehen sich durch den Insider geschädigt.
3. Die Käufer mit Limit 42 bis o.L. haben ein unterbewertetes Wertpapier gekauft und sind im Grunde zufrieden, allerdings wäre ohne Insider ihr Gewinn noch etwas höher ausgefallen.
4. Die Verkäufer mit Limit o.L. bis 40 haben zwar ein unterbewertetes Wertpapier verkauft, dafür aber einen höheren Preis erzielt als ohne den Insider. Sie stellen sich durch das Hinzutreten des Insiders besser.
5. Die Verkäufer mit Limit 41 und 42 wollten verkaufen und sind aufgrund ihres Limits erst durch den Insider dazu in die Lage versetzt worden. Allerdings haben sie ein unterbewertetes Papier verkauft. Eine Aussage darüber, ob sie sich durch das Insider-

> geschäft eher begünstigt oder geschädigt sehen, ist somit nicht möglich.
> 6. Die Verkaufswilligen mit Limit 43 und 44 wären ohne Insider nicht zum Zug gekommen und sind es jetzt natürlich auch nicht. Sie haben keinen Nutzen und keinen Schaden aus dem Insiderhandel.
>
> Gehen wir davon aus, dass der innere Wert der Aktie tatsächlich mindestens 44 € beträgt, so sind die einzigen wirklich Geschädigten die unter (2) genannten Käufer mit Limit 40 oder 41. Ohne das Hinzutreten des Insiders hätten sie die Gelegenheit gehabt, ein unterbewertetes Wertpapier zu kaufen und sich einen Vorteil zulasten derjenigen zu verschaffen, die sie ihnen verkauft hätten.
> Hätten wir hingegen einen Insider betrachtet, der von einer deutlichen Wertminderung der Aktie weiß und dementsprechend Verkaufsorders erteilt hätte, so wäre dasselbe Bild, nur mit umgekehrten Vorzeichen, entstanden: Der neue Gleichgewichtskurs hätte zwischen 40 € und dem mutmaßlichen inneren Wert der Aktie gelegen und diejenigen Verkäufer, deren Limit zwischen diesem Kurs und 40 € gelegen hätte, wären um die Möglichkeit gebracht worden, sich zulasten der jeweiligen Käufer zu bereichern.

Ist die Möglichkeit, sich Vorteile zulasten anderer zu verschaffen, wirklich ein Gut, das es verdient hat, von der Rechtsordnung geschützt zu werden? Es fällt schwer, diese Frage zu bejahen, zumal die Vorteile, um die es geht, durch nichts gerechtfertigt sind. Schließlich wäre es aus Sicht der Outsider nicht die überlegene Information (die sie ja gar nicht haben konnten), sondern wahrscheinlich bloßes Glück gewesen, was ihnen einen Gewinn eingebracht hätte.

Die Tatsache, dass zumindest in liquiden Märkten kaum konkret Geschädigte durch den Insiderhandel festgemacht werden

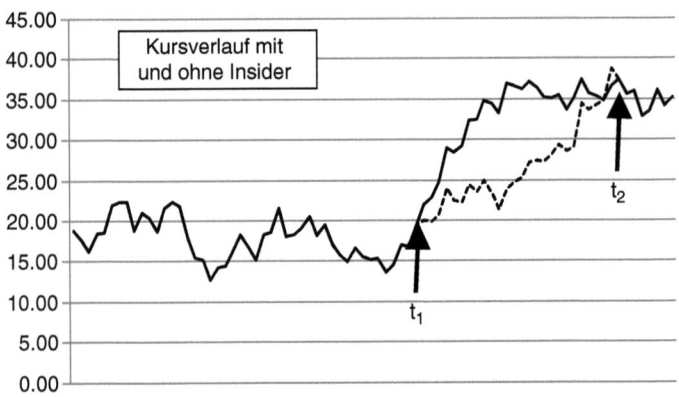

Abb. 32.2 Kursverlauf mit und ohne Insider

können, findet auch darin ihren Niederschlag, dass Insiderrecht überwiegend Strafrecht geblieben ist, dem nur in seltensten Fällen zivilrechtliche Ansprüche der durch die strafbare Handlung geschädigten Personen folgen. In der amerikanischen Literatur wird daher der Insiderhandel häufig als *victimless crime*, als Vergehen ohne wirklich Geschädigte, bezeichnet.

Aus ökonomischer Sicht ist allerdings eine andere Überlegung wesentlich interessanter. Wie das Beispiel deutlich gemacht hat, hat sich der Kurs durch das Hinzutreten des Insiders näher in Richtung auf den inneren Wert bewegt, als es ohne diesen der Fall gewesen wäre, d. h. der Markt weist bei der Mitwirkung von Insidern ein höheres Maß an Bewertungseffizienz auf (vgl. Abb. 32.2). Anders herum ausgedrückt: Wenn man die Insider, die bestinformierten Teilnehmer aus dem Markt ausschließt, muss man damit rechnen, dass eine der Hauptaufgaben des Marktes, nämlich die, für faire Preise zu sorgen, weniger gut erfüllt wird. Fehler, die vormals von Insidern erkannt und ausgenutzt worden wären, bleiben nunmehr bestehen.

Die Abb. 32.2 macht deutlich: Die Aktie eines pharmazeutischen Unternehmens notiert marktgerecht über längere Zeit zwischen 15 und 20 €. In t_1 gelingt es, einen neuen Wirkstoff zu entdecken, der die enorm hohen Kosten, die derzeit zur Heilung einer bestimmten Krankheit aufgebracht werden müssen, deutlich senkt. Insider wissen, dass dies den Unternehmenswert verdoppeln wird. Die durchgezogene Kursverlaufslinie zeigt, was geschieht, wenn die Insider ihren Wissensvorsprung nutzen: Sie werden in großer Zahl Aktien des Unternehmens kaufen und den Kurs binnen kurzer Zeit auf das neue Gleichgewichtsniveau von etwa 35 € treiben. Wenn die Insider vom Markt ausgeschlossen bleiben, wird sich der Kurs nur verzögert diesem Wert nähern, wie der gestrichelte Kursverlauf zeigt. Erst in t_2 ist dann wieder eine faire Bewertung erreicht. In der Zeit zwischen t_1 und t_2 wird unter den Outsidern ein unterbewertetes Wertpapier gehandelt, was die nichtwissenden Verkäufer benachteiligt und die ebenfalls nichtwissenden Käufer bevorzugt. In dieser Zeit ist der Markt gerade nicht das, was er eigentlich sein sollte: Ein *fair game*, ein faires Spiel, bei dem alle Marktteilnehmer letztlich die gleichen Chancen haben.

Schon in den 60er-Jahren des vergangenen Jahrhunderts hat *Henry Manne* (geb. 1928) diese Zusammenhänge erkannt und eine bis heute andauernde Diskussion um die Sinnhaftigkeit von Insiderverboten ausgelöst. Die Diskussion um das Pro und Kontra von Insiderrecht ist kennzeichnend für eine zwischen Recht und Wirtschaft angesiedelte interdisziplinäre Denkschule, das sogenannte *Law-and-Economics,* die *Ökonomische Analyse des Rechts,* die in ihrer heutigen Form in den 60er-Jahren des letzten Jahrhunderts entstanden ist. Einerseits geht es dabei darum, die Verhaltenswirkungen von Rechtssetzungen zu analysieren, andererseits darum, Recht so zu gestalten, dass gesellschaftlich wünschenswerte Verhaltensweisen induziert werden. In den USA ist Law-and-Economics fest in den Lehrplänen der juristischen und wirtschaftswissenschaftlichen Fakultäten verankert. Leider herrscht in Europa nach wie vor eine klare disziplinäre Abgrenzung vor: Die Juristen haben es mit Gerechtigkeit zu tun, Ökonomen mit Effizienz.

> Härter formuliert: Was schert uns Verschwendung, fragen die einen. Das ist doch nur Buchhalterkram. Was schert uns Unrecht, fragen die anderen, was soll das moralisierende Gerede. Beide Disziplinen, Jurisprudenz wie Ökonomie sind dabei stolz auf ihre ehernen Prinzipien:
> Judex non calculat (*Corpus iuris civilis*): Der Richter rechnet nicht (er gibt sich mit so etwas gemeinem wie Vorteilhaftigkeit nicht ab).
> Ibi fas ubi proxima merces (*Marcus Lucanus, 39–65 n. Chr.*): Wo der Gewinn am höchsten ist, da ist das Recht (letztlich zählt nur Effizienz).

Eherne Prinzipien sind etwas Bedrohliches. Ich hatte Gelegenheit, beides zu studieren, Wirtschaftswissenschaften und Rechtswissenschaften, und ich habe es immer bedauert, dass es so schwer ist, zwischen beiden Disziplinen Brücken zu bauen. An dieser Stelle ist der Ort, zwei Leuten Dank auszusprechen, die zu einem Brückenschlag fähig waren: *Konrad Duden* (1907–1979), der Handelsrechtler und Kosmopolit an den Universitäten Mannheim und Heidelberg, der mich für meine Diplomarbeit nach Paris und für meine Dissertation nach Mailand geschickt hat (für beides bin ich ihm unendlich dankbar), und *Günter Roth* (geb. 1941), ein Handelsrechtler und guter Freund, mit dem ich an der Universität Innsbruck gemeinsame Seminare auf der Schnittstelle von Recht und Ökonomie habe durchführen dürfen, an die sich Studenten noch Jahre danach gerne erinnerten.

Doch wieder zurück zur Sache, zu einem typischen Problem auf der Nahtstelle von Rechts- und Wirtschaftswissenschaft: Vergegenwärtigen wir uns einmal, was geschieht, wenn in einem Markt, in dem zunächst Insiderhandel praktiziert wird, die Insider per Gesetz ausgeschlossen werden:

- Da Insidergewinne nicht mehr erzielt werden können, kommen diese aufgrund der Nullsummeneigenschaft des Marktes allen anderen Marktteilnehmern zugute. Wenn in der Formel eins der Sieger disqualifiziert wird, rücken alle anderen um einen Platz vor und die Punkte des Disqualifizierten werden dem Reglement entsprechend auf die anderen verteilt.
- Dadurch, dass der Markt durch das Ausscheiden der Insider an Informationseffizienz einbüßt, werden die Ergebnisse der verbliebenen Marktteilnehmer ausgeprägter: Aufgrund der höheren Fehlbewertungen erzielen die Gewinner höhere Gewinne und die Verlierer müssen höhere Verluste in Kauf nehmen.

Investoren, deren Informationsstand zwar sehr hoch, aber eben noch nicht auf dem Niveau eines Insiders ist, haben somit einen doppelten Nutzen: Sie profitieren zum einen davon, dass die vormaligen Gewinne der Insider auf die verbleibenden Marktteilnehmer, und damit auch auf sie selbst, umgelegt werden. Sie profitieren zum anderen davon, dass aufgrund der höheren Fehlbewertungen ihr Vorteil, überwiegend auf der richtigen Marktseite zu liegen, größer geworden ist.

Demgegenüber sehen sich Investoren mit einem niedrigen Informationsstand zwei gegenläufigen Effekten gegenüber: Zwar profitieren auch sie von der Verteilung der ehemaligen Insidergewinne auf die verbliebenen Marktteilnehmer, müssen aber andererseits, da sie häufiger auf der falschen als auf der richtigen Marktseite liegen, höhere Verluste als zuvor in Kauf nehmen. Welcher dieser beiden Effekte sich stärker auf ihre Performance auswirkt, ist ohne eine genauere Analyse nicht zu sagen.

Einen gewissen Hinweis auf diese Frage mögen allerdings wieder die Ergebnisse aus der Simulationsstudie in Tab. 32.2 liefern. Im Folgenden sind unter *Mit H9* wieder die uns bereits bekannten Verluste und Gewinne der zehn Agenten aufgeführt, wenn alle sich der Information, die ihnen vorliegt, bedienen. Wird nunmehr der *Insider* H9 aus dem Markt ausgeschlossen, ergibt

Tab. 32.2 Simulation mit und ohne Insider (H9)

Händler	H0	H1	H2	H3	H4	H5	H6	H7	H8	H9
Mit H9	−0,34	−0,38	−0,40	−0,37	−0,31	0,03	0,22	0,39	0,51	0,64
Ohne H9	−0,33	−0,35	−0,37	−0,31	−0,15	0,15	0,32	0,46	0,58	−

sich die Verteilung unter *Ohne H9*. Händler H9 hatte zuvor pro Runde einen Gewinn von 0,64 € erzielen können, ein Betrag, der jetzt den verbleibenden neun Marktteilnehmern H0 bis H8 zugutekommt. Den schlecht informierten Teilnehmern H0, H1 und H2 hat dies jedoch kaum etwas gebracht, nur die besser informierten Händler H4 bis H8 konnten sich deutlich besser stellen: Sie erhalten ca. 80 % des zur Verteilung anstehenden Kuchens.

Immer wieder werden wir aufs Neue damit konfrontiert, dass ein Finanzmarkt ein hochgradig komplexes System ist, das von Nichtlinearitäten gekennzeichnet ist. Auch beim Problem Zulassung oder Nichtzulassung von Insidern wird deutlich, dass die Zusammenhänge nicht so einfach sind, wie es oft vermutet wird. Wenn es das Anliegen des Gesetzgebers war, die kleinen und mittleren Kapitalanleger vor der Übervorteilung durch Insider zu schützen, so ist dieses Ziel mit dem Verbot des Insiderhandels gerade nicht erreicht worden. Insider sorgen für ein höheres Maß an Bewertungseffizienz im Markt und sollten somit eigentlich die natürlichen Verbündeten von Investoren mit kleinen und mittleren Handelsvolumina sein. Auf jeden Fall kann das Wirtschaftsrecht nicht für sich in Anspruch nehmen, mit dem Ausschluss der Insider etwas Nützliches für die große Mehrheit der kleinen Aktionäre getan zu haben. Viele Wirtschaftswissenschaftler haben daher vorgeschlagen, Insider zur Ausnutzung ihrer Informationsvorteile geradezu zu ermuntern und die geldwerten Vorteile, die sich ihnen bieten, als Gehaltsbestandteil bzw.

als Abgeltung dafür, dass sie dem Markt zu mehr Bewertungseffizienz verholfen haben, zu veranschlagen. Aus der Sicht der Aktionäre hätte dies einen doppelten Vorteil, denn sowohl das dann entsprechend niedrigere Gehalt als auch die effizientere Bewertung der Aktien käme den Aktionären zugute. Beides schlägt sich langfristig nämlich in einem höheren Unternehmenswert (dem berühmten Shareholder Value) nieder. Vor allem aber käme es der Gesellschaft als Ganzer zugute, da der Kapitalmarkt durch die Aktionen der Insider näher an sein Idealbild eines *fair game* herangebracht werden könnte.

33
Weltbild zwei ist möglich und ziemlich wahrscheinlich

Seit nunmehr einem halben Jahrhundert wird sie geführt und sie wird weitergehen, die Debatte darüber, ob die Finanzmärkte im Sinne von *Weltbild eins* als informationseffizient anzusehen sind und etwaige Ineffizienzen vernachlässigt werden können, oder ob diese doch als erheblich angesehen werden müssen und damit dem *Weltbild zwei* der höhere Geltungsanspruch zukommt. Auch das jahrzehntelange intensive Bemühen der empirischen Kapitalmarktforschung, mit ungeheuren Datenmengen und einem höchst sophistizierten statistischen Instrumentarium Licht ins Dunkel zu bringen, hat daran nichts ändern können. Nach wie vor gilt, dass beide Positionen überzeugende empirische Belege für sich ins Treffen führen können, aber ein abschließender Befund nicht vorliegt und angesichts der Unbestimmtheit des Begriffs von Effizienz auch in Zukunft nicht zu erwarten sein wird. Das Billardtuch ist offenbar gleichermaßen glatt wie es nicht glatt ist. Eine klare Antwort auf die Frage hat nur derjenige, der fest von der Angemessenheit des von ihm verwendeten Vergrößerungsglases überzeugt ist.

Rein praktisch gesehen liegen die Positionen aber gar nicht so weit auseinander, denn auch die prononciertesten Vertreter von *Weltbild zwei* sind sich darüber im Klaren, dass die Fehlbewertungen, wenn sie überhaupt ausnutzbar sind, so gering sein dürften, dass es größter Mühe bedarf, sie aufzuspüren. Selbst *Lo/ McKinlay*, die Autoren des Bestsellers *A Non-Random Walk Down Wall Street* bekennen in ihrem Vorwort, dass die Finanzmärkte ein sehr hohes Maß an Bewertungseffizienz aufweisen und die vorhandenen Ineffizienzen stets recht schnell erodieren. Gleichwohl sind es gerade diese Ineffizienzen, auf die sie ihr Augenmerk richten. Ihr Hauptargument: Auch ein Ingenieur stelle niemals an einen Verbrennungsmotor den Anspruch, einen 100-prozentigen Wirkungsgrad zu haben, sondern versuche zu verstehen, wo die Prozent verblieben sind, die gegenüber der idealen Maschine fehlen.

Zum Abschluss des Kapitels über *Weltbild eins* haben wir einen der Protagonisten dieser Sichtweise, Professor *Eugene Fama* von der Universität Chicago, zu Wort kommen lassen. Er hat im Jahr 2013 den Nobelpreis für Wirtschaftswissenschaften zusammen mit seinen Kollegen *Robert Shiller* und *Lars Peter Hansen* erhalten. In der internationalen Presse wurde häufig mit großer Verwunderung zur Kenntnis genommen, dass zwei Wissenschaftler, die in der Öffentlichkeit als Antipoden wahrgenommen werden, zur gleichen Zeit mit dem renommierten Preis bedacht wurden. Sie selbst sehen sich gar nicht als Antipoden sondern eher als Kollegen, die ihre Akzente etwas anders gesetzt haben. Gleichwohl: Geben wir jetzt auch *Robert (Bob) Shiller*, Professor an der Universität Yale, das Wort. Das nachfolgende Interview gibt ein Gespräch mit *David Wessel* wieder, einem Mitarbeiter des Wall Street Journal (Übersetzung KS). Zum besseren Verständnis: *Shiller* hat sich in seiner wissenschaftlichen Arbeit sehr intensiv mit Immobilienmärkten beschäftigt, weswegen dieses Thema im Laufe des Interviews immer wieder aufscheint.

Herr *Shiller*, ein Thema, das Ihre gesamte Arbeit durchzieht, ist, dass Menschen Fehler machen, immer und immer wieder. Das widerspricht dem, was ich in meiner universitären Ausbildung gelernt habe, nämlich dass Menschen rational seien. Wieso haben Sie damit begonnen, über die Fehler, die Menschen machen, nachzudenken?

Als Sie an der Universität waren, waren die Wirtschaftswissenschaften ziemlich abgehoben. Mathematische Modelle über rationales Verhalten waren der letzte Schrei. Es war eine außergewöhnliche Zeit. Ich habe damals vielmehr quergelesen und den Wunsch verspürt, zur realen Welt zurückzukommen.

Gab es irgendetwas in der Welt, was Sie dazu gebracht hat?

Ja, Blasen. Die Erklärung für diese Blasen war, dass Märkte dem Zufallsprinzip gehorchen, weil sie nur auf neue Informationen reagieren und neue Informationen ihrer Natur nach unvorhersehbar sind. Dies erschien mir mehr eine Fabel zu sein. Die Vorstellung, dass die Menschen stets optimieren, stets rational kalkulieren und stets auf neue Informationen reagieren, mag zutreffen, aber nur auf eine kleine Minderheit von vielleicht einem Prozent der Marktteilnehmer. Diese Erklärung kann nicht für den gesamten Markt Gültigkeit beanspruchen.

Sind Blasen immer etwas Übles oder haben sie auch begrüßenswerte Auswirkungen?

Zunächst einmal: Wir leben in einer freien Gesellschaft und die Menschen können tun, was immer sie wollen. Wir sollten Sie nicht in eine Zwangsjacke stecken. Auf der anderen Seite braucht der Mensch von Natur aus Anregungen, er braucht die richtigen Gelegenheiten und er muss Spaß dabei empfinden. Ich glaube, dass Gewinn zu machen, eine wichtige Antriebskraft ist. Auf lange Sicht können wir daher kaum sagen, dass Blasen wirklich etwas Negatives sind.

Nehmen Sie die Internetblase in den 1990ern. In dieser Zeit wurden eine Menge Start-ups gegründet, manche davon mit unsinnigen Ideen, viele davon scheiterten, und manche wurden erfolgreich. Ist das etwas Schlechtes? Mir fällt es schwer, mir vorzustellen, was die Alternative dazu hätte sein sollen. Hätte die Notenbank da intervenieren sollen? Letztendlich stützt sich unsere wirtschaftspolitische Kompetenz auf Intuition und unsere Modelle sind nicht exakt genug, um uns den richtigen Weg zu weisen. Vielleicht wären wir besser dran gewesen, die-

se Blasen nicht zur Kenntnis zu nehmen, aber genaues dazu wissen wir nicht.

Eine Menge Ihrer Arbeiten liegt auf der Schnittstelle von Psychologie und Ökonomie und Ihre Frau ist Psychologin. Hatte dies irgendeine Auswirkung auf Ihre fachliche Entwicklung?

Selbstverständlich. Das Grundprinzip der Psychologie ist, dass niemand seine Geisteshaltung erklären kann, niemand weiß, wo sie letztlich ihre Ursprünge hat. Wir Menschen halten unsere Gedanken für originell, wobei wir eigentlich wissen sollten, dass das meiste, was wir denken, von anderen stammt. Da sind einfach gewisse Geschichten im Umlauf die auch in unsere Gedankenwelt Eingang gefunden haben.

Psychologen haben immer wieder darauf hingewiesen, dass das menschliche Denken sehr stark auf einer narrativen Basis beruht. Wir machen Fakten an Geschichten fest, an Geschichten, die einen Anfang und ein Ende haben und die emotional berühren. Natürlich können wir auch Zahlen im Gedächtnis behalten, im Grunde aber brauchen wir Geschichten. Die Finanzmärkte generieren Unmengen von Zahlen, Dividenden, Kurse etc., aber sie bedeuten nicht viel. Wir brauchen entweder eine Geschichte oder eine Theorie, wobei die Geschichte das wichtigere ist. Mit Theorien können die meisten Menschen nicht wirklich etwas anfangen.

Sagen Sie den Kapitalanlegern, dass sie im Kapitalmarkt die Gewinneraktien ausfindig machen können, oder sagen Sie ihnen, dass sie über zu wenig Expertise verfügen und daher Indexfonds und ähnliche Produkte bevorzugen sollten?

Ich sage Ihnen, sie sollen sich einem Vermögensberater anvertrauen, für mich macht das Sinn. Die Frage ist, ob es möglich ist, die Gewinneraktien herauszupicken, und ich glaube, es ist möglich. Das Ganze ist ein wettbewerbsorientiertes Spiel. Wie in einem Schachspiel gibt es Leute, die wirklich sehr gut Schach spielen können und ich würde ihnen niemals empfehlen, an einem Turnier teilzunehmen, wenn sie nicht entsprechend vorbereitet sind: Sie werden untergehen. Genauso gilt für die meisten Menschen, dass es wahrscheinlich falsch ist, aus dem Markt die Rosinen herauspicken zu wollen, da zu viele das gleiche wollen. Sie müssen sich realistisch einschätzen: Wie clever sind Sie wirklich? Wenn Sie dagegen über Entscheidungen im Immobilienmarkt nachdenken, haben Sie wesentlich weniger

33 Weltbild zwei ist möglich ...

Konkurrenz durch Experten. Jemandem, der die Stadt kennt und mit dem Business vertraut ist, würde ich niemals den Rat geben, sich nicht auf sein gesundes Urteil zu verlassen.

Glauben Sie, dass Sie selbst clever genug sind, im Aktienmarkt die Gewinnertitel herauszupicken?

Nun ja, ich glaube schon, dass ich clever genug bin, die Gewinner herauszupicken. Ich war immer ein Verfechter des value investing. Über manche Aktien reden alle, ihnen wird die volle Aufmerksamkeit der Investoren zuteil und jeder glaubt, dabei sein zu müssen. Damit wird der Preis unermessliche Höhen getrieben und das Wertpapier wird uninteressant. Andere Aktien hingegen erscheinen langweilig. Über die Unternehmen wird nicht berichtet, sie produzieren Klopapier oder ähnlich banale Dinge, und niemand interessiert sich für sie. Daher gilt: Kaufe die Aktien wenn die Kurse niedrig sind und verkaufe sie, wenn sie hoch sind.

Wie sieht es mit Ihren persönlichen Anlageergebnissen aus? Waren Sie eher auf der Gewinner- oder eher auf der Verliererseite?

Ich habe nie eine Statistik über meine persönlichen Engagements geführt. Ich sollte es tun. Ich glaube aber, dass ich durchaus gute Timingentscheidungen getroffen habe, wenn auch nicht immer.

Ende der 90er-Jahre, als der Aktienmarkt etwas schillernd erschien, haben Sie bei der Notenbank einen Vortrag gehalten. Ihre Frau sagte später, dass Sie dem damaligen Präsidenten Alan Greenspan die Vorstellung vom irrationalen Überschwang (irrational exuberance) vermittelt hätten.

Was Sie da sagen, stimmt. Greenspan verwendete die Worte irrational exuberance *bei einer abendlichen Ansprache in Washington und der Tokioter Markt, der zu dieser Zeit noch aktiv war, brach zusammen. Dieser Crash dehnte sich über die gesamte Welt aus, nachdem dort die Märkte eröffnet wurden. Das ist der Grund, warum* irrational exuberance *so bekannt wurde. Der Begriff kam nicht von Greenspan, aber auch nicht von mir – die Wendung war schon sehr alt. Es ist einfach nur passiert, dass er diese Worte verwendete und der Markt brach zusammen.*

Fühlen Sie sich dafür verantwortlich?

Als ich nach Hause kam, sagte ich meiner Frau: „Ich könnte einen weltweiten Crash verursacht haben." Natürlich sagte ich es eher scherzhaft, aber zu einem gewissen Teil war es ernst. Die Märkte spielen nun mal verrückt. Der Auslöser war nicht ich, sondern Alan Greenspan, er hat mir zugehört. Ich war einfach in der Nationalbank und habe mit ihm zusammen gegessen. Wir haben miteinander gesprochen, und so ist es passiert. Wenn man so über Wirtschaft nachdenkt, erscheint einem vieles anders: Instabil ist sie und abhängig von Stimmungen.

Wenn Sie auf den Wohnungsmarkt schauen, glauben Sie, dass sich dadurch viel verändert hat, dass die Menschen Wohnungseigentum nicht mehr als eine sichere Sache ansehen nach dem, was passiert ist?

Sie beziehen sich auf die Vorstellung, dass Wohnungseigentum ein gutes Investment ist. Wenn Sie hingegen in die Geschichte schauen, war dies keineswegs immer so. Wenn Sie im Jahr 1875 oder 1950 auf der Straße jemanden angesprochen und gefragt hätten, was er davon halte, dass Sie zum Zweck der Geldanlage ein paar Immobilien erwerben wollten, so hätte er Ihnen wahrscheinlich gesagt: „Haben Sie sich das gut überlegt? Pflege und Instandhaltung kosten viel Geld. Das ist überholt. Wenn Sie gewerblich Vermietungen betreiben, mag das ein gutes Geschäft sein, aber einfach darauf zu warten, dass die Preise steigen, eher nicht." Erst zu Beginn des 21. Jahrhunderts war das das Hauptthema.

Letztlich werden wir Menschen von berührenden Geschichten bewegt, von Leuten, die etwas Außerordentliches getan haben. Diese Geschichten rufen Neid hervor und befeuern unseren Wettbewerbsgeist. Wenn ich gehört habe, dass jemand Immobilien gekauft und mit viel Gewinn wieder verkauft hat, dann stelle ich mir vor, ich wäre das gewesen. Diese Emotionen sind der Motor unseres Handelns. Und genau das ist im Wohnungsmarkt zu Beginn des Jahrtausends und im Aktienmarkt in den 90er-Jahren passiert.

Sie haben zwei Häuser, eines in New Haven und eines in Stony Creek, ist das richtig?

Ja, auf einer Insel. Wir haben es nicht als Kapitalanlage gekauft, sondern einfach weil es uns Spaß gemacht hat.

Wenn andere ihr Kapital anlegen wollen, raten Sie ihnen zum Aktienmarkt? Und wenn sie ein Haus kaufen wollen, sagen Sie ihnen, dass sie darin auch leben sollten?

So einfach ist das nicht. Ich halte nicht viel von Leuten, die einfach so mal Häuser kaufen. Das ist mit Arbeit verbunden. Sie können Häuser kaufen und sie vermieten und dabei auch Geld verdienen, aber dies kostet Zeit und Mühe.

Wir leben in einer Zeit, wo sich die Kluft zwischen Siegern und Verlierern in unserer Gesellschaft stark vergrößert hat. Wie sollten wir damit umgehen?

Wir sollten uns darauf einstellen, dass, vielleicht in zehn oder 20 Jahren, die Ungleichheit noch viel größer sein könnte. Wir wissen nicht, ob es so kommt, aber wir sollten uns darauf einstellen. Die einfache Antwort, die mir dazu einfällt, ist die, die Steuern für die Wohlhabenden zu erhöhen, etwas, was derzeit als politisch besonders unzweckmäßig gilt. Gleichwohl, wenn sie mit Menschen über die weitere Zukunft reden, finden Sie ein erhebliches Maß an Idealismus und die Bereitschaft, auch etwas abzugeben.

Das heißt, wir sollten die Steuern auf Reiche erhöhen, wenn ein gewisses kritisches Maß an Ungleichheit erreicht ist?

Ja. Wenn aus Milliardären Multimilliardäre werden, sollten wir das nicht zulassen. Wenn Sie 10 Mrd. verdienen und das Geld für sich ausgeben, das geht nicht: Wir werden Ihnen einen erheblichen Anteil nehmen und sie bleiben noch immer Milliardäre. Was soll's also?

Auf der anderen Seite sollten wir die steuerliche Abzugsfähigkeit verbessern. Wenn Sie 10 Mrd. verdienen und möchten 90 % davon abgeben, so können Sie das in Ihrem Namen tun und damit sich selbst ein Denkmal setzen. Die steuerliche Abzugsfähigkeit sollte Sie ermutigen, genau das zu tun.

Sollten wir damit eine viel radikalere Umverteilungspolitik betreiben?

Gegenüber egoistischen Menschen, die nicht zu teilen bereit sind, ja. Sie können es ja machen wie Bill Gates oder Andrew Carnegie, das wäre okay. Nicht einfach besteuern und ihnen sagen: Gib uns dein Geld oder du landest im Gefängnis. Da muss es bessere Wege geben.

> Der Nobelpreis sichert Ihnen einen Nachruf auf der ersten Seite, aber er verleiht Ihnen auch einen besonderen Status: Was Sie sagen, hat einen höheren Geltungsanspruch als das, was andere sagen. Macht Ihnen das Sorge?
> *Ein wenig schon. Ich glaube nicht, dass Ökonomie eine exakte Wissenschaft sein kann. Sie tendiert dazu, politisch vereinnahmt zu werden. Ich habe schon manchmal das Gefühl, wenn ich interviewt werde, so wie hier, dass man von mir Antworten auf jede einzelne Frage erwartet. Ich glaube, ich sollte viel häufiger „Ich weiß es nicht" sagen. Bei der Verleihung des Nobelpreises hat mich an Gene Fama beeindruckt, dass er sehr häufig „Ich weiß es nicht" sagte. Er meidet eher die Medien und ich könnte vielleicht einiges von ihm lernen.*

So ganz überzeugend ist er allerdings nicht, der Herr Nobelpreisträger. Selbst wenn wir *Robert Shiller* zugestehen, dass die Märkte nicht unerhebliche Ineffizienzen aufweisen (da hat er wahrscheinlich recht), folgt daraus nicht, dass es einfache Handelsregeln, wie das von ihm zitierte und verbreitete *value investing* gibt, mit denen es gelingt, besser zu sein als der Markt. Seine Handelsregel „Kaufe die Aktien, wenn die Kurse niedrig sind und verkaufe sie, wenn sie hoch sind" ist genauso unbestreitbar richtig wie die Aussage „Wenn der Hahn kräht auf dem Mist, ändert sich das Wetter oder es bleibt wie es ist". Sie ist aber auch genauso inhaltsleer, solange der Preismechanismus dafür sorgt, dass das Marktvolumen, das einen Kurs als *niedrig* ansieht, genau dem Marktvolumen entspricht, das genau diesen Kurs als *hoch* ansieht. Wer soll dann entscheiden, welche der beiden Seiten eher recht hat? Wer soll dann entscheiden, ob eher anzunehmen ist, dass der Kurs *niedrig* sei oder *hoch*? Eine solche Unterscheidung ist letztlich nur im Nachhinein möglich, dann aber nicht mehr sonderlich interessant.

Auch *Shiller's* Empfehlung an den Privatanleger, er solle sich an einen Vermögensberater wenden, folgt keineswegs aus der Einsicht in die Existenz von Ineffizienzen. In *Weltbild zwei* wissen wir nur, dass es nicht rein zufällig ist, ob jemand im Spiel der Gerissenheit eher zu den Gewinnern oder eher zu den Verlierern gehört. Was wir nicht wissen können, ist, auf welcher Seite *wir* uns befinden. Die vorschnelle Antwort, selbstverständlich auf der Siegerseite zu sein, ist begreifliches, psychologisch erklärbares, gleichwohl aber reines Wunschdenken. Und das liegt meistens daneben. In einem Finanzmarkt ist nichts gefährlicher als die Annahme, die anderen seien grundsätzlich dümmer als wir selbst. Gleichermaßen gilt das natürlich für den von uns beauftragten Vermögensberater: Wissend, dass weitaus mehr als die Hälfte der von Privatanlegern beauftragten Vermögensberater mit größerer Wahrscheinlichkeit auf der falschen als auf der richtigen Marktseite liegen, bedarf es schon mehr als heroischer Annahmen, dass es ausgerechnet der von uns Beauftragte sein soll, der die anderen hinter sich lässt.

In einem Punkt muss man *Shiller* sicher recht geben, nämlich dass es nicht Theorien, sondern die Geschichten, die Anekdoten sind, die unser Denken prägen. Da ist doch dieser *Warren Buffet*, der ein enormes Vermögen verdiente. Da war doch ein junger Mann namens *Bill Gates*, der die Welt mit seiner Software revolutionierte und Multimilliardär geworden ist. Da ist doch der vielbeachtete Aktienfonds, der in den letzten fünf Jahren stets den Markt geschlagen hat. Da ist doch der Tintenfisch, der die Ergebnisse von Fußballspielen richtig vorhersagen kann. Natürlich wissen wir auch, dass viele Leute an der Börse ihre Erbschaft verspielt haben, dass viele begeisterte Jungunternehmer mit den Produkten ihres Erfindungsgeistes gescheitert sind, dass es miserable Fondsergebnisse gibt und dass die Meeresbewohner durchweg nichts von Fußball verstehen. Aber all das sind eben keine Geschichten, die es wert wären, über sie zu berichten und die dann unser Denken prägen. Manchen Geschichten bringen wir Aufmerksamkeit entgegen, anderen nicht. Die Ersten sind die, die uns gefallen und berühren, die Zweiten die, die uns einfach kalt lassen. Es ist zu vermuten, dass auch *Bob Shiller* dieser selektiven Aufmerksamkeit unterlegen ist. Anekdotische Evidenz ist kein gutes Mittel zur Erkenntnis von komplexen Zusammenhängen. Wenn es uns mehr um das *Verstehen* als um das *Meinen* geht, kommen wir an Theorie nicht vorbei. Bei aller Liebe für Geschichten.

In theoretischer Sicht unterscheiden sich die beiden einander gegenüberstehenden Weltbilder fundamental:

- *Weltbild eins* beschreibt eine perfekte Welt, die sich im idealen Gleichgewichtszustand befindet und in der es für keinen Beteiligten einen Anreiz gibt, irgendeine Aktivität zu setzen, um seine persönliche Situation zu verbessern. *Weltbild eins* beschreibt eine Welt nach dem Geschmack von neoklassisch orientierten Wirtschaftstheoretikern: Alles ist im Lot. *Weltbild eins* beschreibt eine statische Welt, die sich nicht verändert, sondern in dem einmal gefundenen Gleichgewicht verharrt. Es beschreibt aber auch eine widersprüchliche Welt, da intensive Informationsverarbeitung seitens der Beteiligten vorausgesetzt ist, aber niemand Informationen verarbeiten wird, weil es ihm keinen Vorteil bringt. *Weltbild eins* beschreibt eine einfache Welt, die zu verstehen nicht allzu schwierig ist: Alle Preise reflektieren jederzeit und in vollem Umfang alle verfügbare Information. Abweichungen zwischen den inneren Werten den Preisen sind allenfalls zufällig. Vor allem beschreibt *Weltbild eins* eine Welt, die es uns erlaubt, schnurstracks in die oberen Stockwerke unseres prächtigen finanzwirtschaftlichen Hauses zu gelangen: Die dort stattfindende Theoriebildung geht davon aus, dass im Erdgeschoss gute Arbeit geleistet worden ist. Wie, mit welchen Methoden diese Arbeit erbracht wurde und mit welchen Erfolg, braucht uns nicht weiter zu interessieren.
- *Weltbild eins* beschreibt eine Welt, an die niemand glaubt. Genau deswegen beschreibt *Weltbild eins* eine Welt, die realiter durchaus so sein könnte. Wenn nämlich die meisten Marktteilnehmer an *Weltbild zwei* glauben und so reagieren, wie es

ihnen *Bob Shiller* empfiehlt, nämlich sich auf ihre tatsächliche oder vermeintliche Expertise verlassen und dementsprechend handeln, ist *Weltbild eins* die natürliche, unausweichliche Konsequenz.
- Weltbild zwei hingegen beschreibt eine weniger perfekte und daher etwas schwieriger zu begreifende Welt. *Weltbild zwei* beschreibt die Finanzmärkte so, wie sie sein können, unabhängig davon, ob die Akteure sich um Rationalität bemühen oder nicht. *Weltbild zwei* beschreibt Märkte als komplexe adaptive Systeme, in denen Nichtlinearitäten vorherrschen, die sich permanent verändern, in denen jeder Einzelne durch sein Handeln auf das System Einfluss nimmt und durch seine Entscheidungen das Entscheidungsfeld der anderen verändert. Dieser Einfluss mag gering sein, er ist aber niemals null und darf daher nicht einfach vernachlässigt werden, wie es regelmäßig in den neoklassisch geprägten Modellen der Finanzökonomie geschieht. Märkte sind Ergebnis der Handlungen von Individuen, die im Grunde vernünftig, aber nicht immer perfekt rational handeln; von Individuen, die gleichzeitig *price taker* wie *price maker* sind. Zu Recht hat der bekannte Investor *George Soros* (geb. 1930) bereits 1994 in einem viel beachteten Vortrag deutlich gemacht, dass die Beteiligten im Finanzmarkt etwas versuchen, was logischerweise eigentlich nicht gelingen kann: Sie versuchen, diejenigen zukünftigen Daten auf den Jetztzeitpunkt zu diskontieren, die dann das Ergebnis ihres eigenen Handelns sein werden. Ein solches Unterfangen endet unweigerlich in einer nicht auflösbaren Zirkularbeziehung. Märkte streben nach einem Gleichgewicht, ohne ein solches Gleichgewicht je zu erreichen, da sie immer wieder aufs Neue externen Schocks ausgesetzt sind. Märkte können auch nicht so perfekt sein, dass alle Handlungsanreize erlahmen: Zumindest für einen Teil der Marktteilnehmer muss es wirtschaftlich lohnend sein, Ressourcen aufzuwenden, um damit bessere Ergebnisse als andere zu erzielen. Solche Märkte halten, wie

wir gesehen haben, stets Überraschungen bereit. Besser informiert zu sein als andere, kann von Vorteil, kann aber auch von Nachteil sein. Absurd anmutende Handelsregeln können zu deutlich besseren Ergebnissen führen als die grundsoliden Techniken, die tief in der Profession verankert sind. Gesellschaftspolitisch wohl gemeinte Eingriffe des Gesetzgebers in das komplexe Marktgefüge können allzu leicht Auswirkungen haben, die nicht nur unerwünscht sind, sondern diametral den Intentionen entgegenstehen.

- *Weltbild zwei* beschreibt eine Welt, die realiter durchaus so sein könnte – insbesondere dann, wenn die Marktteilnehmer eher von *Weltbild eins* überzeugt sein sollten. Wenn sie nämlich dann so reagieren, wie es ihnen *Gene Fama* empfiehlt, und blindlings in den gesamten Markt investieren oder ihre Entscheidungen ihrem Hund überlassen, erzeugen sie Rauschen, was notwendigerweise zu erhöhten Fehlbewertungen führt. In dem Maße, in dem das geschieht, ist *Weltbild zwei* die natürliche Konsequenz.

Nach allen diesen Überlegungen sollten wir dem wirtschaftstheoretisch ausgereifteren und wohl auch realistischeren *Weltbild zwei* den Vorzug geben. Die Finanzmärkte weisen Ineffizienzen auf, die zwar gering sein dürften, aber nicht so gering, um einfach vernachlässigt werden zu können. Wie in *Weltbild eins* gibt es auch in *Weltbild zwei* Gewinner und Verlierer, allerdings ist es hier nicht nur der Zufall, der darüber entscheidet, zu welcher Gruppe man gehört, sondern es hat auch etwas mit Erfahrung, Gespür und Menschenkenntnis zu tun, vor allem aber mit einem Informationsstand, den zu erreichen sehr viel Geld kostet. Es ist einfach unmöglich, dass mehr als die Hälfte des Marktvolumens systematisch auf der Gewinnerstraße fahren kann. Jeder vernünftige Mensch weiß das, ist aber dennoch nicht willens zu akzeptieren, dass gerade er es sein soll, der sich auf der Verliererstraße befindet. Die Zusammenhänge sind wesentlich vielschichtiger, eben *komplexer*, als es diejenigen meinen, die glücklich darüber, die sterile Welt der Informationseffizienz hinter sich gelassen zu haben, die Ärmel aufkrempeln und sich daran machen, ganz einfach die Ineffizienzen aufzuspüren und dabei besser sein zu wollen als die Mehrheit der anderen.

34
Weltbild drei ist weit verbreitet, aber unmöglich

Hinter beiden, hinter *Weltbild eins* wie hinter *Weltbild zwei*, stehen somit an und für sich schlüssige Konzepte. Beide beschreiben nämlich eine Marktverfassung, die sich theoretisch wie praktisch vorstellen lässt und die mit der Realität in Einklang stehen könnte. Die Debatte darüber, welches der beiden Weltbilder für praktische Kapitalanleger eher handlungsleitend sein sollte, wird also weitergehen und ein abschließendes Urteil ist kaum zu erwarten. Der bei weitem dominierende Teil der Finanzmarktliteratur geht allerdings von *Weltbild drei* aus, einer Vorstellung über den Markt, die schlicht als unsinnig qualifiziert werden muss. Basierend auf der klassischen, stark von entscheidungstheoretischem und damit naturwissenschaftlichem Denken geprägten Informationsökonomik, hält sie nämlich an der Vorstellung fest, dass derjenige, der erfahrener, fleißiger und besser informiert sei, im Schnitt auch mit besseren Ergebnissen im Markt rechnen dürfe.

Unstreitig ist der Wissensstand eines Hundes über die zukünftige wirtschaftliche Entwicklung von Volkswirtschaften, Branchen und Unternehmen null, er weiß absolut nichts. Ebenso unstreitig ist es, dass dieser Hund, wenn er durch sein Schwanzwedeln einen Kauf bzw. Nichtkauf (oder Verkauf) auslöst, mit gleicher Wahrscheinlichkeit die richtigen wie die falschen Entscheidungen trifft. Da der Börsenkurs das Meinungskontinuum der Marktteilnehmer stets in zwei exakt gleich große Seiten teilt, ist der Hund mit gleicher Wahrscheinlichkeit auf der Gewinner- wie auf der Verliererseite. Alle anderen, auch die kleinen Privatanleger, die Berater von Banken und die Verwalter von aktiv gemanagten Investmentfonds, wissen mit Sicherheit mehr als der Hund, sie sind auch fleißiger und erfahrener, gleichwohl ist es aber unmöglich, dass sie alle systematisch bessere Entscheidungen treffen als dieser. Wo es ein überdurchschnittlich gibt, muss es nämlich auch ein unterdurchschnittlich geben: Der Hund gehört weder zu den einen, noch zu den anderen. Vergegenwärtigt man sich, dass es nur einige wenige Großinvestoren sind, die über die Hälfte des weltweiten Marktvolumens entscheiden und die derart hohe Summen für Analyse und Research auszugeben in der Lage sind, dass man ihnen ein hohes Maß an Expertise wird bescheinigen dürfen, so sind es auch die gut bezahlten Vermögensberater und Fondsmanager mittlerer und recht großer Institute, die eher auf der Verlierer- denn auf der Gewinnerseite zu finden sind.

Oben wurde schon darauf verwiesen: Der Zeitungsaufmacher, nach dem ein Hund (Affe, Baby, Tintenfisch o. ä.) mit seinen Börsenentscheidungen anerkannte Kapitalmarktprofis geschlagen hat, gehört nicht in die Rubrik *Kuriosa*, sondern stellt etwas dar, das so sein muss und nicht etwas, das Erstaunen hervorrufen sollte. Zumindest dann nicht, wenn man von *Weltbild zwei* ausgeht. Gilt *Weltbild eins*, so ist dieses Ergebnis genauso wahrscheinlich wie sein Gegenteil, also auch nichts Erstaunliches. Lediglich Verfechter von *Weltbild drei* werden die Tatsache als eine Kuriosität ansehen, dass ein Hund bei der Auswahl der in ein Portefeuille einzuschließenden Titel treffsicherer sein sollte als ein erfahrener Vermögensberater einer Bank. So wie die Leser dieses Buchs hoffentlich *Weltbild drei* als Kuriosität ansehen dürften. Ist das nicht der Fall, so habe ich etwas falsch gemacht.

Susan Levermann, Autorin des vor einigen Jahren erschienenen Buchs *Der entspannte Weg zum Reichtum* betont, sie glaube nicht nur, dass es Methoden zu systematischen Börsenerfolgen gebe, sondern auch, dass jedermann diese erlernen und anwenden kön-

34 Weltbild drei ist weit verbreitet, aber unmöglich

ne. Damit behauptet sie schlicht eine Unmöglichkeit, denn wenn es überhaupt Regeln geben könnte, mit denen man systematisch besser sein kann als der Markt (oder der Hund), so werden es immer nur sehr wenige sein, für die das gilt und für die die Anwendung dieser Regel zu überlegenen Anlageergebnissen führen kann. Es kann eben nicht *jedermann* besser sein als *jedermann*.

Ich habe aus der großen Masse von Börsenbüchern dennoch gerade dieses Buch als Beleg für eine *Weltbild-drei-Sicht* herangezogen, weil es an sich eine wohltuende Alternative zu den unzähligen Hauruck-Börsenratgebern darstellt, die ihren Lesern den schnellen Reichtum versprechen, wenn sie sich nur so verhalten, wie es ihnen der Verfasser gerade empfiehlt. Die Autorin ist sich bewusst, dass der Markt ein komplexes, selbstreferenzielles System ist, und sie geht davon aus, dass es unmöglich sei, die Zukunft vorherzusagen. Obwohl sie selbst eine relativ einfache Gewinnstrategie propagiert (und damit implizit Vorhersagen doch für möglich hält), erkennt sie die damit verbundene Problematik. Sie fragt nämlich, wie es wohl sein könne, dass sich mit einer einfachen Methode Überrenditen im Markt erzielen lassen. Wenn es diese Methode gibt, warum wird sie dann nicht von vielen anderen längst praktiziert? Die Autorin gibt auch gleich die Antwort: Weil die anderen Fehler machen, weil sie eine falsche Vorstellung vom Markt haben, weil sie zu kurzfristig denken, weil sie inkonsequent sind, weil sie den falschen Signalen folgen u.v.m.

Allerdings kann, wie wir gesehen haben, der Versuch, schlauer sein zu wollen als diejenigen, die schlauer sein wollen als wir selbst, nicht nachhaltig von Erfolg gekrönt sein. Dennoch beruht *Weltbild drei* genau auf dieser Annahme. Die meisten werden der Aussage, dass es, wo es Gewinner gibt, auch Verlierer geben muss, beipflichten, sich aber ohne zu zögern zur Gewinnergruppe rechnen. Die Gründe für diese sicher unrealistische Einschätzung sind teils in der menschlichen Psyche verwurzelt und teils Folge einer irrigen, ökonomisch nicht haltbaren Vorstellung über die Funktionsweise des Finanzmarkts.

Im Wesentlichen sind es drei Gründe:

1. *Die Neigung zur Selbstüberschätzung.* Wir haben bereits die Ergebnisse einer Untersuchung kennengelernt, in denen Personen darüber befragt wurden, ob sie sich eher als überdurchschnittlich oder eher als unterdurchschnittlich gute Autofahrer einschätzen. In der Regel waren es über 80 % der Befragten, die sich der ersten Gruppe zugehörig sehen wollten. Ich habe im Rahmen einer Vorlesung über Entscheidungstheorie an der Universität Innsbruck Studenten um eine Selbsteinschätzung gebeten. Dabei ging es darum, sich hinsichtlich einer grundsätzlich als positiv eingeschätzten Eigenschaft selbst zuzuordnen. Die Studenten sollten beispielsweise wählen zwischen den Sätzen
   – Ich bin beliebter als der Durchschnitt meiner Mitstudenten.
   – Ich bin weniger beliebt als der Durchschnitt meiner Mitstudenten.
   oder zwischen den Sätzen
   – Ich bin leistungsfähiger als der Durchschnitt meiner Mitstudenten.
   – Ich bin weniger leistungsfähig als der Durchschnitt meiner Mitstudenten.

Durchwegs haben sich mehr als 75 % der befragten Studierenden zu der jeweils erstgenannten, positiv bewerteten Gruppe bekannt. In der Psychologie ist diese Neigung als Overconfidence, als Selbstüberschätzung (auch *Better than Average-Effekt*) bekannt, denn bei realistischer Einschätzung der Befragten müssten die Antworten in etwa bei 50:50 liegen. Vielleicht handelt es sich bei dieser Selbstüberschätzung aber auch gar nicht um ein Fehlverhalten (dann wäre nämlich zu erwarten, dass Underconfidence in etwa genauso häufig auftritt), sondern um einen Teil unseres genetischen Programms. Wer dazu neigt, sich eher als Sieger zu fühlen, wird eher bereit sein, sich auch schwierigeren Situationen zu stellen und Auseinandersetzungen nicht aus dem Weg zu gehen. Damit wird er besser gewappnet sein, sich im Evolutionsprozess durchzusetzen und seine genetische Disposition weiterzugeben. Overconfidence wäre dann das Ergebnis des Evolutionsprozesses, der denjenigen Species einen Vorteil einräumt, die sich im alltäglichen Überlebenskampf besser gegenüber anderen durchzusetzen vermag, einfach weil sie von sich überzeugt ist.

Jedenfalls nimmt auch eine klare Mehrheit von Kapitalanlegern in fragwürdiger Weise für sich in Anspruch, zu denen zu gehören, deren Entscheidungen eher richtig als falsch sind, als zu der Gruppe jener zu gehören, bei der das Gegenteil der Fall ist.

2. *Die Neigung, die anderen zu unterschätzen.* Eng mit der Selbstüberschätzung verbunden ist die vielfach zu beobachtende Tendenz, die anderen zu unterschätzen. Im Finanzmarkt findet dies seinen Ausdruck in dem sehr häufig verwendeten Bild von der Masse, von der man sich erfolgreich abzusetzen vermöge. Die Masse, das sind alle diejenigen, die fehlgeleitet von gängigen, aber falschen Überzeugungen die Herde dummer Schafe bilden und grundsätzlich auf der Seite finanzwirtschaftlicher Unvernunft zu finden sind. Vergegenwärtigt man sich hingegen, dass sehr viele Marktteilnehmer so denken, so sollte einem bewusst sein, dass man in den Augen all dieser zur unqualifizierten Masse gehört, nur nicht in seiner eigenen Wahrnehmung. Man befindet sich quasi in 99,99…% der Fälle innerhalb der Masse und nur in 0,00…1% der Fälle, d. h. in der eigenen Sichtweise, außerhalb derselben. In diesem Zusammenhang sei nochmal die Frage erlaubt: Ist es wirklich sinnvoll, auf der Autobahn, auf der einem viele andere Fahrzeuge entgegenkommen, diese kurzerhand zu Geisterfahrern zu erklären, oder sollte man nicht doch besser erst einmal daran denken, selbst die Fahrbahn zu wechseln?

Wie im Sport gilt auch im Finanzmarkt: Wer die anderen unterschätzt, wird nur schwerlich sein Ziel erreichen. Der berühmte Philosoph der deutschen Aufklärung, Gotthold Ephraim Lessing (1729–1781) sagte treffend: „Nur ein Narr denkt, dass andere nicht denken." Im Finanzmarkt ist derartige Narretei brandgefährlich.

3. *Die verletzte Eitelkeit.* Der Hund ist ein Narr und vielleicht gerade deswegen doch keiner. Aufgrund seines Nichtwissens wählt er mit gleicher Wahrscheinlichkeit die richtige wie die falsche Marktseite und somit kann derjenige, der ihm folgt, mit einem Ergebnis rechnen, das dem Marktdurchschnitt entspricht. Selbst demjenigen, dem dies verstandesmäßig völlig klar ist, fällt es emotional schwer, sich vorzustellen, einem Hund in einer so ernsten Angelegenheit wie der Investmententscheidung nicht überlegen zu sein. Die meisten Menschen würden der folgenden Aussage zustimmen: Ich bin durchaus bereit, zuzugeben, bei meinen Entscheidungen häufig Fehler zu machen, häufig die Situation falsch einzuschätzen, mich häufig mitreißen zu lassen, aber ich bin fest davon überzeugt, dass mir dies nicht häufiger passiert als meinem Hund. Vielleicht weiß ich nicht viel, aber mehr als der nichtwissende Hund weiß ich allemal. Das bin ich allein schon meinem Selbstwertgefühl schuldig.

Natürlich ist das richtig. Natürlich wissen selbst unerfahrene und schlecht informierte Marktteilnehmer unermesslich viel mehr als der Hund, erst recht gilt das für erfahrene Profis. Nur darum geht es nicht. Es geht nicht darum, mehr zu wissen als andere, sondern darum, mit größerer Wahrscheinlichkeit auf der richtigen Marktseite zu stehen, als es den anderen gelingt: Auf der Käuferseite, wenn der Kurs eher steigen wird, auf der Verkäuferseite, wenn eher mit einem Fallen des Kurses zu rechnen ist. Dabei sollte einem stets bewusst sein, dass auf beiden Seiten Akteure stehen, die alle unermesslich mehr wissen als ein Hund. Gleichwohl folgt aus der Berechnungs-

34 Weltbild drei ist weit verbreitet, aber unmöglich **285**

methode des Marktpreises, dass die eine Hälfte von ihnen relativ zum Markt gewinnen und die andere verlieren wird. Unter Gültigkeit von *Weltbild eins* gibt es keine Möglichkeit, darauf Einfluss zu nehmen, auf welcher der beiden Seiten man landet. Unter *Weltbild zwei* wird es eher die extrem kleine Gruppe gut informierter Akteure sein, die mit einer Wahrscheinlichkeit von mehr als 50 % damit rechnen kann, die richtige Marktseite gewählt zu haben. Diejenigen, die überwiegend auf die falsche Marktseite gehen, mögen auch sehr erfahren und sehr gut informiert sein, das Niveau ihres Wissens (ihrer Erfahrung, ihres Gespürs, ihrer Menschenkenntnis, ihres persönlichen sozialen Netzwerks) bleibt allerdings hinter dem der Erstgenannten zurück.

Derjenige Spieler im erwähnten Penny Game, der einsieht, dass er mit einer Zufallsstrategie besser fährt als mit dem Versuch, die Münzwahl seines Gegenübers zu antizipieren, braucht keineswegs an seinem Selbstwertgefühl zu zweifeln: Sein Partner ist zwar ein Stückchen raffinierter als er selbst, dieser Überlegenheit kann er sich aber sehr leicht durch Übergang auf eine Zufallsstrategie entziehen. Er muss gar nicht versuchen, seinen Spielpartner zu übertreffen, es reicht, wenn er sich aus seiner Unterlegenheit zu befreien vermag. Auch im Finanzmarkt entzieht sich derjenige, der in Indexfonds, insbesondere in ETFs, investiert, weitgehend der Überlegenheit der besser Informierten. Beim Penny Game könnte es vielleicht als schmerzlich empfunden werden, seine Unterlegenheit zugeben zu müssen, im Finanzmarkt gilt dies sicher nicht. Es ist nämlich keineswegs ehrenrührig, über ein Portefeuille zu entscheiden, das es aufgrund seiner Größe nicht gestattet, einen dreistelligen Millionenbetrag für ein hochwertiges internationales Primärresearch aufzuwenden, um jenes Maß an Expertise zu erlangen, das ein Outperformen des Marktes möglich macht. Wer die Funktionsweise eines Finanzmarkts verstanden hat, wird den Übergang auf eine passive Anlagestrategie erhobenen Hauptes beschreiten.

Lassen wir daher *Weltbild drei* dort, wo es hingehört, im Land der Märchen und Fabeln. Der Markt ist ein komplexes System, das von Nichtlinearitäten geprägt ist und in dem eben nicht gilt, dass derjenige, der mehr weiß, der mehr Erfahrung und mehr Gespür hat, auf lange Sicht auch bessere Entscheidungen trifft. Der Satz *Ohne Fleiß kein Preis*, der uns seit unserer Kindheit begleitet, gilt zweifelsohne in der Schule, im Sport und im wirtschaftlichen Wettbewerb von Unternehmen untereinander. Diesen Wettbewerb mit dem Wettbewerb zwischen Investoren um die bessere Rendite gleichsetzen zu wollen, ist jedoch Ausdruck eines grundlegenden Missverständnisses: Der Schüler, der nichts tut und nichts versteht, bleibt sitzen. Der Sportler, der sich nicht plagend trainiert, bleibt trotz Talent im Mittelfeld. Der Unternehmer, der nichts tut und der nicht permanent auf der Suche nach neuen Möglichkeiten und Herausforderungen ist, macht keinen durchschnittlichen Gewinn, sondern geht pleite. Der Investor, der nichts von alledem tut, was ihm allenthalben in Lehrbüchern über Finanzanalyse und in Börsenratgebern der verschiedenster Art gepredigt wird, erzielt ein Durchschnittsergebnis und schneidet damit besser ab als weitaus die meisten anderen, die sich mit unterdurchschnittlichen Ergebnissen zufrieden geben müssen. Dies, weil sie vergeblich der kleinen Gruppe der überdurchschnittlich Informierten nachjagen und damit den berühmten Kampf gegen die Windmühlen aufnehmen, den sie nur verlieren können.

Wahres Wissen ist zu wissen, wo die Grenzen des Wissens sind.

Teil IV

Und nun?

35
Was tun? Acht konkrete Empfehlungen für vernünftiges Anlageverhalten

Natürlich kann der Leser jetzt nicht eine rezeptartige Auflistung von überlegenen Anlagestrategien erwarten, die es ihm erlauben, den Markt zu schlagen und besser zu sein als die anderen. Sollte er etwas Derartiges dennoch erwarten, so kann die Antwort nur lauten wie im Monopoly-Spiel: Gehe zurück auf Los. Gehe aber nicht über das Gefängnis, denn dort sitzen die Weltbild-drei-Vertreter und versuchen, wie immer, Verwirrung zu stiften.

Gleichwohl dürfen aber die in diesem Buch zu *Weltbild eins* und *Weltbild zwei* angestellten Überlegungen nicht ohne praktische Folgen bleiben. Im Folgenden werden wir daher versuchen, acht vernünftige Ratschläge für diejenigen bereitzustellen, die sich in der Komplexität eines Finanzmarktes erfolgreich behaupten wollen.

Vorsicht vor mathematisch exakten Entscheidungsregeln

Wohlgemerkt: Es geht darum, sich im Kapitalmarkt erfolgreich zu behaupten, nicht darum, ihn zu schlagen. Es geht um *vernünftige*, nicht um *optimale* Ratschläge. Hüten Sie sich vor mathematisch allzu exakten Entscheidungsregeln, mit denen Ihnen ein Verfahren zur *optimalen* Geldanlage versprochen werden soll. Mit derartigen Formulierungen wird die Existenz wohldefinierter, stetig differenzierbarer Funktionen unterstellt, die es in dieser Form im Finanzmarkt nicht geben kann. Die in den 50er-Jahren von *Harry Markowitz* entwickelte Portefeuilletheorie zeigt dies ganz deutlich. Als Idee wurde sie von der Praxis begierig aufgegriffen, da sie mathematisch schlüssig und elegant präsentiert wurde und man endlich den meist schwammigen Regeln der damaligen Investmentpraxis etwas Handfestes entgegensetzen konnte. Ich erinnere mich, bereits vor fast 40 Jahren einem Kundenberatungsgespräch beigewohnt zu haben, in dem ein seriöser Berater einer schweizerischen Bank im Grunde eine Vorlesung zur Einführung in die Portefeuilletheorie hielt. Für einen jungen Hochschullehrer war dies eine ermutigende Genugtuung in seinem damals noch um seine akademische Anerkennung ringenden Fach. Es war auch ein Ansporn, sich weiter um ein Verständnis der aus den Vereinigten Staaten kommenden, stark formalisierten neuen Finanzökonomie zu bemühen. Gleichwohl ist das *Markowitz'sche Modell* in seiner reinen Form so gut wie nie praktisch umgesetzt worden. Die erforderlichen Daten liegen nicht vor und sie entziehen sich auch einer nur halbwegs verlässlichen Schätzung: Selbst in einem extrem kleinen Investmentuniversum von nur etwa tausend Titeln müssten regelmäßig mehr als eine halbe Million Daten geschätzt und immer wieder an sich verändernde Marktbedingungen angepasst werden. Dies stellt einen wirtschaftlich durch nichts zu vertretenden Aufwand dar und findet deswegen nicht statt.

Auch angesichts der exakten Berechnungsmethoden für derivative Finanzinstrumente (Optionen, Futures, Swaps etc.) sollte man sich stets vor Augen halten, dass die Ergebnisse der Modelle nur dann gültig sind, wenn die zu Grunde liegenden Basisinstrumente (die sogenannten underlyings) richtig bewertet sind, d. h. wenn wir von der Gültigkeit von *Weltbild eins* überzeugt sind oder die Abweichungen davon vernachlässigbar klein sind. Letztlich wird in den Optionspreisbewertungsmodellen nämlich gesagt: Dann und nur dann, wenn der Aktienkurs alle verfügbare Information korrekt widerspiegelt, d. h. wenn im Erdgeschoss eine gute Leistung erbracht worden sein sollte, ist eine Kaufoption auf diese Aktie so und so zu bewerten. Der Wirtschaftsnobelpreisträger des Jahres 2008, *Paul Krugman* (geb. 1953) hat daher die Finanzökonomie im Anschluss an die jüngste Finanzkrise etwas überspitzt als *ketchup economics* bezeichnet. Damit meint er die Tatsache, dass die meisten Bewertungsmodelle nur etwas über das relative Preisgefüge aussagen: Aus der Tatsache, dass zwei Flaschen Ketchup das Doppelte von einer Flasche kosten, lässt sich nur schließen, dass die Preisrelation stimmt, nicht aber, dass der Preis für Ketchup wirtschaftlich stimmig und angemessen ist.

In allen finanzwirtschaftlichen Lehrbüchern der Welt wird der Leser mit der *Gordon'schen Formel* konfrontiert, die zur Schätzung des inneren Wert einer Aktie verwendet wird und in der Praxis sehr verbreitet ist. Sie ist das zentrale Instrument derer, die sich zur Fundamentalanalyse bekennen. Sie geht von der derzeitigen Dividendenerwartung aus und unterstellt (in korrekter Einsicht in die Ermangelung besseren Wissens) ein konstantes Dividendenwachstum und eine konstante Risikoprämie für Aktien der jeweiligen Risikoklasse. Das Ergebnis ist einfach zu berechnen und, wie bei allen mathematischen Operationen üblich, exakt. Hinter dieser Genauigkeit verbirgt sich allerdings keineswegs eine hohe Schätzpräzision, denn das Ergebnis hängt in extremer Weise von den verwendeten Ausgangsdaten ab. Lassen Sie sich daher von der Zahl der Stellen hinter dem Komma nicht beeindrucken – mit Exaktheit im ökonomischen Sinn haben sie nichts zu tun.

Nimmt man z. B. an, die nächste Dividende einer Aktie betrage 6,50 €, man rechne mit einem jährlichen durchschnittlichen Dividendenwachstum in Höhe von 3,4 % und einer Risikoprämie von

> 5,5 % auf den Geldmarktsatz von derzeit 1,6 %, so ergibt sich als Schätzung für den inneren Wert der Aktie:
>
> $$6,5 / (0,016 + 0,055 - 0,034) = 175,70 \text{ €}$$
>
> Hätte man hingegen die Wachstumsrate um einen halben Prozentpunkt höher eingeschätzt, so hätte sich ein innerer Wert von
>
> $$6,5 / \left(0,016 + 0,055 - 0,039\right) = 203,10 \text{ €}$$
>
> ergeben, eine Höherschätzung der Risikoprämie um einen halben Prozentpunkt hätte hingegen mit
>
> $$6,5 / \left(0,016 + 0,06 - 0,034\right) = 154,70 \text{ €}$$
>
> zu einer deutlich niedrigeren Schätzung des inneren Werts geführt. Kleinste Änderungen in den zugrunde liegenden Parametern führen zu gewaltigen Differenzen im Ergebnis, eine Tatsache, die jedem bewusst sein sollte, der derartige Berechnungen anstellt und der seine Entscheidungen auf sie stützt.

Natürlich gibt es auch anspruchsvollere und aufwändigere mathematische Bewertungsmodelle, sowohl in den Lehrbüchern als auch in der täglichen Praxis der Investmenthäuser. Allerdings muss man überall, so wie bei der *Gordon'schen Formel* oder noch mehr bei der *Markowitz'schen Portefeuilleoptimierung* und erst recht bei mathematisch wesentlich sophistizierteren Modellen, mit einer extrem hohen Datensensitivität rechnen. Komplexe Systeme sind den chaotischen Systemen sehr verwandt, für die gilt, dass minimale Änderungen in den Antezedenzbedingungen zu gewaltigen Änderungen in den Ergebnissen führen können. Der amerikanische Meteorologe *Edward Lorenz* (1917–2008) hat diesem Faktum mit seinem Schmetterlingsbeispiel in augenfälliger Weise Beachtung verliehen: Er hält es durchaus für möglich, dass ein verheerender Tornado in Texas seinen Ursprung in einer anfangs minimalen Windbewegung hat, die von einem Schmetterling in Brasilien ausgelöst wurde. Wem diese für komplexe Systeme typische Datensensibilität bewusst ist, der wird die praktische Nutzbarkeit vieler finanzwirtschaftlicher Optimierungsmodelle trotz ihrer Eleganz und ihrer formalen Exaktheit in erheblichem Maße in Frage stellen. Wenn *Weltbild zwei* gilt, d. h. wenn der Informationsstand eines Investors Auswirkungen auf das von ihm zu erwartende Marktergebnis hat, hängt viel mehr von der Beschaffung der Daten, von ihrer Qualität, ihrer Verlässlichkeit und ihrer Schnelligkeit ab, als von der mathematisch korrekten Verarbeitung der Daten. Dabei sollte uns klar sein, dass die Zusammenhänge eben nicht linear sind. Bessere, schnellere und verlässlichere Daten führen nur in manchen Fällen auch zu besseren Anlageergebnissen, in anderen Fällen kann genau das Gegenteil der Fall sein, wie wir im Rahmen unserer agentenbasierten Studien gesehen haben. Die von den Analysten und Portfoliomanagern verwendeten Computerprogramme sind im Wesentlichen gleich oder zumindest einander sehr ähnlich. Wettbewerbsvorteile durch bessere Mathematik erreichen zu wollen, ist daher weitestgehend illusorisch.

Die Überzeugung der Vertreter mathematischer Analysemethoden, es sei besser, mit fragwürdigen Daten korrekt umzugehen, als mit fragwürdigen Daten in fragwürdiger Weise umzugehen, ist sicher nicht von der Hand zu weisen. Es ist auch richtig, dass man an der Fragwürdigkeit der Daten selbst, da diese in die Zukunft gerichtet sind, nichts ändern könne. Ein solches Denken stößt jedoch dort an seine Grenzen, wo die Datenqualität fast alles und die mathematische Exaktheit der Datenverarbeitung fast nichts zum Ergebnis beiträgt. Gerade das ist es aber, was das komplexe System Finanzmarkt kennzeichnet.

Klare Ziele setzen: Nicht Outperformance, sondern Vermeidung von Underperformance

Wer sich zu hohe Ziele setzt, wird damit scheitern. Dies gilt in allen Bereichen unseres Lebens, natürlich gilt es auch im Finanzmarkt. Hier ganz besonders, denn das Ziel, besser sein zu wollen als der Markt, ist für die überwältigende Mehrheit der Marktteilnehmer eindeutig zu hoch gegriffen. Dies gilt unabhängig davon, ob wir es mit *Weltbild eins* oder mit *Weltbild zwei* zu tun haben. Und es gilt, obwohl Heerscharen von Portfoliomanagern, Bankberatern und Börsenbuchautoren ihre Kunden und Leser vom Gegenteil überzeugen wollen. Es gehört schlicht zu ihrem Geschäftsmodell, denn sie alle brauchen Gläubige, die ihnen die Behauptung abnehmen, man könne besser sein als die anderen. Die *anderen*, die sie als Referenz in die Auslage stellen, sind die Masse der Kleinanleger, der Taxifahrer und Dienstmädchen, der Hobbyinvestoren und Gelegenheitsinvestoren. Das mögen zahlenmäßig vielleicht sogar viele Personen sein, bezogen auf das gesamte im Markt bewegte Volumen handelt es sich aber um eine verschwindend kleine Gruppe. Vielleicht gelingt es dem einen oder anderen sogar, besser zu sein als die Dienstmädchen, d. h. aber noch lange nicht, dass es ihm dabei gelingt, systematisch den Markt zu schlagen. Bestenfalls gelingt es ihm, seine Verluste gegenüber dem Marktdurchschnitt etwas zu reduzieren. Verluste bleiben es unter *Weltbild zwei* aber allemal. Die wahren Gegner, an denen man sich messen muss, wenn man tatsächlich die Absicht verfolgt, den Markt zu schlagen, sind nämlich diejenigen, die entweder einen klaren Wissens- oder einen klaren Zeitvorsprung vor dem Markt haben.

Ein *Wissensvorsprung* dürfte allenfalls bei denjenigen vermutet werden, die es sich leisten können, mit einem großen Stab bestens ausgebildeter und erfahrener Finanzanalysten international die Märkte zu begleiten, großflächig Networking in den börsennotierten Unternehmen zu betreiben und ihre Informationen auszuwerten, bevor sie andere (z. B. ihre Kunden) in Form von Newslettern o. ä. daran teilhaben lassen. Natürlich ist ein Wissensvorsprung auch für Insider bezüglich derjenigen Unternehmen anzunehmen, in denen ihnen echtes (nicht notwendigerweise damit auch illegales) Insiderwissen zugänglich ist. Auf jeden Fall bedienen sich Personen, die über einen wirklichen Wissensvorsprung verfügen, regelmäßig der klassischen fundamentalanalytischen Methoden: Sie versuchen Über- und Unterbewertungen zu identifizieren und gehen dann die entsprechenden Marktpositionen ein, die sie für eine gewisse Zeit in der Hoffnung halten, dass die von ihnen erwartete Preisanpassung im Markt dann auch tatsächlich erfolgt. Von dem bekannten amerikanischen Investor *Warren Buffett* (geb. 1930) wird gesagt, dass er seine Börsenerfolge ausschließlich langfristigen, fundamentalanalytisch gestützten Entscheidungen verdankt. Ob es tatsächlich so ist, entzieht sich unserer Kenntnis und wird auch wahrscheinlich nie in Erfahrung gebracht werden können: Wie so oft dominiert auch hier die Legende die Fakten.

Beim High Frequency Trading (HTF), das in jüngster Zeit sehr für negative Schlagzeilen gesorgt hat, geht es hingegen um einen extrem kurzfristigen *Zeitvorsprung*. Das 2014 erschienene Buch *Flash Boys* des amerikanischen Wirtschaftsjournalisten *Michael Lewis* (geb. 1960) beschreibt die fieberhaften Bemühungen einiger Brokerhäuser, um ein paar Mikrosekunden schneller am Server einer Börse zu sein als die Konkurrenz. Mit einem riesigen finanziellen Aufwand wurden im Umland von New York und New Jersey, einer der am dichtesten besiedelten Regionen der Welt, neue Glasfaserkabel verlegt, die es ihren Nutzern erlauben, ihre Order ein paar Mikrosekunden früher an die Börse zu bringen als andere. Eine Mikrosekunde ist etwa ein Zehntausendstel der Zeit, die ein Augenblinzeln in Anspruch nimmt. Damit sind sie z. B. in der Lage, völlig unbemerkt ein lukratives Frontrunning (etwa in Kenntnis eines größeren Kaufauftrags vor dessen Ausführung zu kaufen) zu betreiben. Schätzungen gehen davon aus, dass heute mehr als zwei Drittel des gesamten Marktvolumens an den öffentlichen Börsen auf HFT zurückzuführen sind. Obwohl die Gewinne pro Deal minimal sind, lässt sich angesichts der betroffenen Volumina offenbar sehr viel mit derartigen Methoden verdienen.

Ob wir es mit den einen oder den anderen, den Klügeren oder den Schnelleren, zu tun haben: Mit ihnen mithalten zu wollen, ist selbst für einen wohlhabenden Privatinvestor, eine mittelgroße bis große Bank oder eine durchschnittliche Kapitalanlagegesellschaft völlig unmöglich. Die Konsequenz daraus ist allerdings nicht, wie häufig gesagt wird, dass der Erwerb von Aktien nichts für den *kleinen Mann* sei. Ich halte es schon für einigermaßen fragwürdig, einen Kapitalanleger, dessen Anlagevolumen einige hundert Millionen Euro übersteigt, als *kleinen Mann* zu bezeichnen. Angesichts der in den internationalen Finanzmärkten bewegten Summen ist eine derartige Bezeichnung allerdings durchaus gerechtfertigt, denn die niedrigsten Volumina jener, die etwa die Hälfte des Marktvolumens bewegen, sind weit oberhalb dieser Grenze angesiedelt. Sich vom Aktienmarkt fernzuhalten, heißt aber, wie wir noch sehen werden, auf eine der langfristig attraktivsten Anlagealternativen zu verzichten und sie anderen zu überlassen.

Die Konsequenz kann daher nur lauten: Verzicht darauf, besser sein zu wollen als der Markt, nicht aber Verzicht darauf, besser sein zu wollen als die große Masse jener, die das Unmögliche versuchen und dabei notwendigerweise scheitern müssen. Wir sollten uns auch freimachen von der Vorstellung, Verlierer zu sein sei etwas Negatives, gar etwas Ehrenrühriges, für das wir uns zu rechtfertigen hätten. Im *Weltbild eins* gibt es keine systematischen Verlierer, insofern stellt sich das Problem dort nicht: Alle können im Durchschnitt mit dem gleichen Ergebnis rechnen und wer tatsächlich schlechter abgeschnitten hat als der Markt, hatte einfach nur Pech. Wenn wir allerdings von *Weltbild zwei* ausgehen und den Big Players zugestehen, bei dem enormen Aufwand, den sie haben, keinen wirtschaftlichen Unsinn zu treiben, müssen wir wohl oder übel akzeptieren, dass wir zu den relativen Verlierern gehören, denn der Markt ist ein Nullsummenspiel um die durchschnittliche Marktrendite. Die Spieler in der deutschen Fußball-Bundesliga verdienen durchwegs sehr gut und haben offenbar auch durchaus Freude an ihrem Beruf, auch wenn sie überwiegend in Mannschaften spielen, die im Mittelfeld oder gar im unteren Teil der Tabelle angesiedelt sind und somit kaum eine Chance haben, in der Champions League der europäischen Spitzenclubs mitspielen zu dürfen. Auch für sie gilt, dass es besser ist, zu den Verlierern zu gehören, als überhaupt nicht teilzunehmen. Machen wir es ihnen nach. Auch im Finanzmarkt ist es besser, zu denjenigen zu gehören, die gegenüber dem Marktdurchschnitt etwas (vielleicht nicht so viel wie viele andere) verlieren, als überhaupt nicht dabei zu sein.

Auch im mehrfach erwähnten *Penny Game* lautet die Handlungsempfehlung an den unterlegenen Mitspieler nicht, er solle versuchen, besser, raffinierter und gewitzter zu sein als sein ihm überlegener Gegner. Es ist völlig hinreichend, wenn es ihm gelingt, sich aus der Unterlegenheitsfalle zu befreien.

Vermögensanlagen gut diversifizieren

Bereits *Cato der Ältere* (234-149 v. Chr.) empfahl in seiner agrarpolitischen Schrift *De Agri Cultura* den Landwirten eindringlich, ihre Aktivitäten zu diversifizieren, um damit ihr Risiko zu begrenzen. Wer auf seinen Ländereien gleichermaßen Viehzucht betreibt, eine Ölplantage unterhält sowie Getreide, Gemüse und Wein anbaut, verliert bei einer Seuche, einem Unwetter oder einem Schädlingsbefall nur einen Teil des erwarteten Ertrags, ist aber nicht ruiniert. In fast allen Sprachen gibt es Sprichwörter, die auf die Notwendigkeit der Risikostreuung hinweisen: Setz nicht alles auf eine Karte, Leg nicht alle Eier in einen Korb usw. Die in den 50er-Jahren von *Harry Markowitz* (geb. 1927) entwickelte Portefeuilletheorie hat das Prinzip der Risikostreuung nicht erfunden, sondern lediglich in eine mathematisch fassbare Form gebracht. Durch *Markowitz* wissen wir, dass das Ausmaß der Risikoverringerung vornehmlich von den Kovarianzen (Korrelationen) zwischen den verschiedenen Anlagemedien abhängt: Je geringer diese Kovarianzen sind (im besten Fall wären sie sogar negativ), desto eher heben sich die Einzelrisiken gegeneinander auf und desto eher wird ein Verlust bei der einen Anlage durch einen Gewinn bei einer anderen kompensiert. Eine hohe Diversifikationseffizienz gilt somit als ehernes Gesetz einer vernünftigen Vermögensanlage für alle diejenigen, die unnötige Risiken vermeiden wollen.

Dieses Ziel zu erreichen setzt allerdings nicht die Kenntnis mathematischer Portefeuille-Optimierungsalgorithmen voraus, sondern folgt der einfachen, von jedermann leicht umsetzbaren Devise: Je mehr Streuung, umso besser. Vermögensstreuung fängt bereits im Großen an, bei der persönlichen Asset Allocation. Ein gut diversifiziertes Familienvermögen sollte, um nur das wichtigste zu nennen, gleichermaßen Human Capital (eine gute Ausbildung der Kinder), Immobilienbesitz, werthaltige Dinge der persönlichen Lebensführung (Kunst, Antiquitäten, Schmuck) sowie ein breit angelegtes Wertpapierportefeuille umfassen (die Reihenfolge ist keineswegs zufällig gewählt!). Das Wertpapierportefeuille wiederum sollte gleichermaßen über verschiedene Märkte, verschiedene Branchen und verschiedene Regionen gestreut sein. Die Finanzindustrie bietet eine Fülle von Instrumenten, mit denen genau dies sehr zielgenau erreicht werden kann, allen voran die an der Börse gehandelten Investmentfonds (ETF), mit denen es möglich ist, sich an nahezu jedem denkbaren Segment der Finanzmärkte zu beteiligen. Natürlich ist die Diversifikationswirkung am höchsten, je breiter diese Indexbeteiligung angelegt ist. Warum daher nicht gleich einen Anteil am Weltportfolio erwerben? Dieses enthält Anteile aller börsennotierten Unternehmen in allen Regionen der Welt, gewichtet nach ihrem relativen Anteil an der gesamten Börsenkapitalisierung. Wer ein solches Portefeuille erhält, trägt in der Sprache der Finanztheorie fast nur noch ein systematisches und kaum noch ein unsystematisches Risiko.

Das Grundprinzip der Risikostreuung durch Diversifikation ist entwaffnend einfach, wird aber dennoch häufig missachtet. Ein Fall ist die häufig zu beobachtende Tendenz der Anleger, Titel von Unternehmen, die geographisch in der Nähe angesiedelt sind, im Portefeuille überzugewichten. In der empirischen Kapitalmarktforschung ist dies als *Home Bias* bekannt, als die Tendenz der meisten Kapitalanleger, überwiegend Aktien aus dem eigenen Land im Portefeuille zu halten. Dahinter steckt meistens die durch nichts begründete Vorstellung, man könne, da man die Unternehmen kennt, die zukünftige Entwicklung ihrer Aktien präziser einschätzen als die von eher unbekannten Unternehmen im fernen Ausland. Selbstverständlich gilt auch hier, dass mehr Information nicht automatisch bessere Entscheidungsqualität bedeutet und dass man sich dabei auf einen fragwürdigen Wettbewerb mit Personen einlässt, deren Informationsstand höchstwahrscheinlich deutlich besser ist als der eigene. Entscheidend ist allerdings etwas anderes: Von der Diversifikationswirkung gesehen ist der Home Bias nämlich fatal. Da die wirtschaftliche Situation der meisten Menschen primär vom Wohlergehen der eigenen Volkswirtschaft abhängt, bedeutet eine Übergewichtung heimischer Wertpapiere im Portefeuille geradezu die Erzeugung eines Klumpenrisikos: Geht es dem eigenen Land gut, ist wahrscheinlich auch der Wert des Ersparten hoch, geht es dem eigenen Land hingegen schlecht, so kommen zu den damit verbundenen Wohlstandseinbußen auch noch Verluste im Wertpapierportefeuille dazu. Statt der gewünschten Risikostreuung hat man sich einen Verstärkungseffekt eingehandelt.

Besonders problematisch ist das Halten von Wertpapieren des Unternehmens, aus dem man sein Arbeitseinkommen bezieht. Vor einigen Jahren ging durch die amerikanische Presse das Foto von hunderten splitternackten Menschen, die lautstark durch die Innenstadt von Houston zogen und damit darauf aufmerksam machen wollten, dass sie so ziemlich alles verloren hatten, ihren Arbeitsplatz und einen erheblichen Teil ihres ersparten Vermögens. Was war passiert? *Enron*, bis dahin einer der größten Energiekonzerne der Welt, musste Insolvenz anmelden. Das Unternehmen war bekannt dafür, seinem Personal einen Teil des Gehalts in Form einer Mitarbeiterbeteiligung auszuzahlen, wodurch sich über die Jahre bei den Arbeitnehmern ein nicht unerhebliches Vermögen in Form von *Enron-Aktien* angesammelt hat. Aufgrund der Insolvenz haben die Beschäftigten nicht nur ihren Arbeitsplatz verloren, sondern auch den Großteil ihres Ersparten. Die San Francisco Business Times titelte damals: „Enron debacle another lesson in diversification" und das Handelsblatt schrieb im November 2006:

> Ein Arbeitnehmer, dessen Karriere- und Einkommensperspektiven in starkem Maß von nur einem Unternehmen abhängen, kann unter dem Gesichtspunkt der Risikostreuung gar nichts Falscheres tun, als ausgerechnet in der gleichen Firma auch noch sein Erspartes anzulegen. Enron lässt grüßen.

In Deutschland und Österreich ist der Teil des Arbeitsentgelts, der an den Arbeitnehmer nicht in Form von Geld, sondern in Form einer Beteiligung am Unternehmen ausgezahlt wird, als Investivlohn bekannt. Die Idee des Investivlohns ist in nahezu allen politischen Lagern, insbesondere bei der Christlichen Soziallehre und bei der Sozialdemokratie durchaus beliebt. Die einen erhoffen sich damit mehr Verständnis für unternehmerische Belange und eine höhere Bereitschaft zur Lohnmäßigung, die anderen mehr Mitbestimmung und mehr Selbstbewusstsein der Arbeitnehmer, die durch den Investivlohn in die Rolle von Miteigentümern des Unternehmens gebracht werden. Finanzwirtschaftlich ist der Investivlohn allerdings unsinnig: Da das wesentliche Vermögen eines Arbeitnehmers in seinem Arbeitsplatz und seinen beruflichen Fähigkeiten gebunden ist, sollte zumindest der Teil des Vermögens, über den er frei verfügen kann, nicht auch noch dem gleichen Risiko ausgesetzt werden. Es wäre ihm sogar zu empfehlen, den Schwerpunkt seiner Veranlagungen jenseits der eigenen Region und jenseits der Branche, in der er tätig ist, zu suchen. Und sollte seine Firma ihm Mitarbeiteraktien zu Preisen, die deutlich unter den jeweiligen Börsenkursen liegen, anbieten, so kann seine Reaktion nur lauten: Auf das Angebot eingehen, um den gewährten Preisvorteil zu lukrieren, aber die Papiere zum frühestmöglichen Zeitpunkt (i. d. R. sofort nach der vertraglich vereinbarten Sperrfrist) wieder verkaufen.

Diversifikation sollte im Portefeuille des einzelnen Kapitalanlegers erfolgen und nicht im Unternehmen. In einer geordneten Wirtschaft sollten grundsätzlich alle Leistungen von denjenigen erbracht werden, denen dabei die geringsten Kosten entstehen. Die noch vor 40, 50 Jahren allenthalben zu beobachtende Tendenz zur Bildung konglomerater Konzernstrukturen ist daher in jüngerer Zeit längst durch eine klare Konzentration auf das Kerngeschäft abgelöst worden. Besonders augenfällig war die Entwicklung in der deutschen Automobilindustrie, als Daimler-Benz unter der Führung von *Edzard Reuter* (geb. 1928) aus Gründen der Risikostreuung von der engen Bindung an das Auto abgelöst und in einen *integrierten Technologiekonzern* umgewandelt werden sollte; unter anderem wurden Beteiligungen an dem Elektrokonzern AEG und an den Luft- und Raumfahrtunternehmen Dornier und Messerschmitt erworben. Die dabei erfolgte Zusammenführung völlig unterschiedlicher Traditionen, Mentalitäten und Unternehmenskulturen unter einem Dach hatte jedoch, wie *Ekkehard Wenger* (geb. 1952) es formulierte, die größte Kapitalvernichtung, die es jemals in Deutschland zu Friedenszeiten gegeben habe, zur Folge. Denselben Effekt, nämlich die Diversifikation von verschiedenen Produkten und Branchen, hätte man kostenfrei in den Portefeuilles der Anleger auch erreichen können. Aus portfoliotheoretischen Überlegungen ist es nämlich dasselbe, ob sich das Unternehmen Daimler-Benz mit riesigem unternehmerischem Aufwand AEG einverleibt oder ob ein Aktionär mit einem simplen Federstrich bei der Bank gleichermaßen Daimler-Benz-Aktien wie Anteile von AEG erwirbt. In beiden Fällen wird Risikoverminderung durch Diversifikation erreicht, im ersten Fall kostet es viel, im zweiten wenig.

Aber auch im Bereich reiner Wertpapierportefeuilles kann das Bestreben, ein hohes Maß an Diversifikation zu erreichen, über das Ziel hinausschießen und damit unnötige Kosten verursachen, die sich dann auf die Rendite schlagen. Dies ist zum Beispiel der Fall bei den sogenannten Dachfonds (funds of funds), deren Management bestrebt ist, Anteile an verschiedenen, für attraktiv befundenen Investmentfonds im Portefeuille zu halten. Da diese Fonds regelmäßig bereits ein hohes Maß an Diversifikationseffizienz aufweisen, wird durch den Dachfonds ein weiterer Diversifikationseffekt nicht oder nur in verschwindend geringem Maße erreicht. Dafür fallen aber enorme Verwaltungskosten an: Einmal auf der Seite der einzelnen Fonds, zum anderen auf der Seite des Dachfonds selbst. Dass der Anspruch der Dachfondsmanager, nur die besten Fonds in das Portefeuille zu nehmen, trügerisch ist und nicht in die Praxis umgesetzt werden kann, haben wir oben bereits gesehen. Es gibt keine nachweisbaren Persistenzen erfolgreichen Fondsmanagements. Es ist nicht möglich, aus der Tatsache, dass sich ein Fonds in der Vergangenheit besonders gut entwickelt hat, schließen zu wollen, dass er dies auch in der Zukunft tun werde. Was daher für den individuellen Investor von Dachfonds bleibt, sind die hohen Kosten und sonst nichts. Dachfonds sind primär Instrumente zur Verdopplung der anfallenden Fondsverwaltungsgebühren.

Dies leitet uns über in die nächste Handlungsempfehlung: Kein Geld ausgeben für eine Sache, die sich nicht lohnen kann.

Kein Geld ausgeben für eine Sache, die sich nicht lohnen kann

Eine vernünftige Kapitalanlage sollte zu allererst darauf Bedacht nehmen, das Anlageergebnis nicht mit unnötigen und unproduktiven Kosten zu belasten: Wir sollten kein Geld ausgeben für

Dinge, die sich nicht lohnen und die sich gar nicht lohnen können. Zu diesen Kosten gehört auch ein großer Teil der herkömmlichen Finanzberatung.

Ist es aber wirklich vorstellbar, dass alle die Empfehlungen, Ratschläge, Tipps, Tricks und Techniken völlig ohne Sinn sein sollten, die uns immer wieder von Bank- und Finanzberatern sowie von Fachbuchautoren, die durchaus als Experten anerkannt sind, empfohlen werden? Die Antwort auf diese Frage ist leider eindeutig: Ja. Wir wissen mittlerweile, dass, sollte *Weltbild eins* gelten, sie tatsächlich sinnlos sind. Sie nützen nicht, aber glücklicherweise schaden sie auch nicht, da die Preise alle verfügbare Information in vollem Umfang widerspiegeln und damit jeder, der zu diesen Preisen handelt, genau so handelt, als wäre er im Besitz aller verfügbaren Information. Niemand kann daher einen systematischen Vorteil gegenüber anderen haben. Tatsächliche Vorteile beruhen somit allein auf dem Zufall, auf Glück.

Wir wissen aber auch, dass *Weltbild eins* eine idealisierte Vorstellung des Marktgeschehens darstellt, der wahrscheinlich keine empirische Gültigkeit zukommt. Unter Geltung von *Weltbild zwei* allerdings werden die Zusammenhänge nicht einfacher, sondern es wird deutlich komplizierter, den Nutzen zusätzlicher Information zu bewerten – genauer gesagt, wir treten ein in die Welt komplexer Systeme. Da in einem solchen System der Zusammenhang zwischen Informationsstand und zu erwartendem Ergebnis nicht linear ist, stellt sich nicht die Frage, ob Information jemandem, der über sie verfügt, nützt oder nicht nützt. Die Frage, die sich stattdessen stellt, ist die, *wem* sie einen Nutzen bringt und wem einen Schaden, denn wo es das eine gibt, muss es auch das andere geben. Und auch hier ist die Antwort klar, wenn man zu denen gehören will, für die Information von Nutzen ist. Sie kann nur lauten: Klotzen statt kleckern! Wobei mit klotzen wirklich klotzen gemeint ist: Wer nicht in der Lage ist, mindestens einen mehrstelligen Millionenbetrag für bessere Information (oder, wie im Fall des High Frequency Trading, für bessere

Technologie) aufzuwenden, der sollte es lieber bleiben lassen. Er mag sich vielleicht des einen oder anderen Zufallstreffers erfreuen können, im Durchschnitt wird er aber mehr oder minder klar hinter der Entwicklung des Marktes zurückbleiben.

Es bleiben zu lassen heißt allerdings auch, nicht die Dienste von Finanzberatern, Portfoliomanagern, Fondsmanagern und sonstigen Finanzintermediären in Anspruch zu nehmen, die wohlklingende Versprechungen machen, die zu halten sie nicht in der Lage sind. In einem komplexen adaptiven System wie dem Finanzmarkt gilt eben nicht die einfache Regel, dass derjenige eine Sache besser bewältigt, der sich besser auskennt und der mehr Erfahrung hat. Für die uns meist viel vertrauteren natur- und ingenieurwissenschaftlichen Probleme kann diese Regel ja durchaus Gültigkeit beanspruchen: Selbstverständlich ist man gut beraten, bei einem Schaden an seinem Auto in eine spezialisierte Werkstatt zu gehen und nicht selbst dem Problem mit Hammer und Fuchsschwanz zu Leibe rücken zu wollen. Viele sagen sich aus demselben Grund:

> Von Finanzdingen verstehe ich nichts, aber bei meiner Bank sind Spezialisten, die sich auskennen, die viele Schulungen haben absolvieren müssen und vielleicht sogar Finanzwirtschaft studiert haben und, vor allem, die viel einschlägige Erfahrung haben. Wenn ich ihnen die Aufgabe übertrage, für mich die lukrativsten Titel auszuwählen, kann ich mit einem besseren Ergebnis rechnen, als wenn ich das mit meinen bescheidenen Kenntnissen aus der Alltagspresse und meinem gesunden Menschenverstand selbst besorge.

Eine solche Schlussfolgerung ist schlicht falsch. Ganz zu Beginn unserer Überlegungen hatten wir eine Besonderheit des komplexen Systems Finanzmarkt kennengelernt, die es fundamental von jenen linearen Systemen unterscheidet, mit denen wir meistens konfrontiert sind: Wer keinerlei Ahnung und keinerlei Erfahrung hat, landet im Finanzmarkt nicht am Ende der Performanceskala, sondern in der Mitte. Der Hund, der Kauf- und Verkaufsentscheidungen rein zufällig durch sein Schwanzwedeln auslöst, liegt mit gleicher Wahrscheinlichkeit auf der richtigen wie auf der falschen Marktseite, er kauft mit gleicher Wahrscheinlichkeit diejenigen Wertpapiere, die den Markt outperformen wie diejenigen, die hinter dem Markt zurückbleiben. Somit kann er mit einem marktdurchschnittlichen Ergebnis rechnen. Liegt er tatsächlich darüber, hat er Glück gehabt, liegt er darunter, hat er Pech gehabt.

> Trotz aller strategischen Tricks und Kniffe entspricht ein Formel-1-Rennen einer Entscheidung gegen die Natur: Derjenige ist Sieger, der die vorgegebene Distanz in der kürzesten Zeit zurückgelegt hat, und das Team, das über das schlechteste Auto und die schwächsten Fahrer verfügt, wird das Rennen wahrscheinlich als Letzter beenden. Der Gegner beim Autorennen ist allemal die Uhr und die ist niemandes Freund und niemandes Feind. Es wäre auch absurd, dem schwächsten Team einen Ratschlag wie diesen geben zu wollen: Reduziert eure Kosten auf null und verpflichtet billige und unerfahrene Fahrer, damit werdet ihr die Rennen nicht mehr am Ende, sondern in der Mitte des Feldes beschließen. Eine vergleichbare Empfehlung ist im Finanzmarkt offenbar durchaus angebracht: Während beim Formel-1-Rennen die klassische Entscheidungstheorie (Entscheidungen gegen die Natur) den Schlüssel zum Verständnis bereitstellt, ist es im Finanzmarkt die Spieltheorie (Entscheidungen gegen bewusst handelnde Gegenspieler).

Wenn aber der Hund (oder ein unbedarfter ETF-Investor) mit einem marktdurchschnittlichen Ergebnis rechnen kann, müssen sich viele, auch wenn sie unbestrittenermaßen mehr wissen und weit mehr Erfahrungen haben als der Hund, mit einem unterdurchschnittlichen Ergebnis zufriedengeben. Dies ist eine notwendige Folge der Nullsummeneigenschaft des Marktes. Wie sich der Großteil der Experten im Bemühen, gute Investments von schlechten zu unterscheiden, vom schwanzwedelnden Hund unterscheidet, hängt somit davon ab, welches Weltbild man zum Referenzpunkt erhebt. Geht man von *Weltbild eins* aus, so wird der Experte im Schnitt gleich gut abschneiden wie der Hund. Unterstellt man hingegen *Weltbild zwei*, so ist damit zu rechnen, dass die meisten Experten in ihrem Ergebnis deutlich hinter dem des Hundes zurückbleiben. Nur in *Weltbild drei* treffen alle, die mehr wissen als der Hund, auch bessere Entscheidungen als dieser. Aber *Weltbild drei* haben wir ja bereits aus gutem Grund ad acta gelegt: Es widerspricht aller Vernunft.

Um nicht das Kind mit dem Bade auszuschütten: Es geht nicht darum, einer qualifizierten Finanzberatung, wie sie heute von den meisten Banken angeboten wird, die Berechtigung abzusprechen. Selbstverständlich gibt es viele Dinge, bei denen für den nicht sachkundigen Kapitalanleger eine fundierte Beratung notwendig und sinnvoll ist. Dazu zählen:

- Detaillierte Informationen über die Eigenschaften, Chancen und Risiken der verschiedenen Anlagealternativen.
- Informationen über die mutmaßlichen finanziellen Folgen absehbarer demografischer Entwicklungen.
- Aufklärung über steuerliche Aspekte der Vermögensplanung.
- Mit dem Kunden Einverständnis erzielen über seine Risikoeinschätzung und seine Risikobereitschaft vor dem Hintergrund seiner aktuellen und künftig zu erwartenden Vermögenssituation.
- Informationen über die am Markt angebotenen Finanzinnovationen und ihren Einsatz im Rahmen der Vermögensverwaltung.
- Erklärung der teilweise sehr komplizierten strukturierten Produkte, der ihnen zugrunde liegenden Finanzinstrumente und der Kosten, die für die offerierten Vorteile zu bezahlen sind.
- Transparenz darüber herstellen, wofür und aus welchem Grund für Leistungen seitens der Finanzdienstleister Gebühren erhoben werden müssen.

- Möglichkeiten, Transaktionskosten für Leistungen zu sparen, die der Kunde nicht in Anspruch zu nehmen beabsichtigt und vieles mehr...

Nur: Die Zukunft abzuwägen, so wie es Aschenputtel tun musste, die guten von den schlechten Investments zu unterscheiden, das können die Spezialisten nicht und für dieses Nichtkönnen sollte man sie auch nicht noch fürstlich belohnen. Geben wir unser Geld lieber für eine Sonderration Hundefutter aus, der Hund wird es uns danken und unser Portefeuille erst recht.

Wir sollten unser Geld auch nicht an Banken oder an andere Finanzdienstleister geben, die an ihre Mitarbeiter Boni für eine Leistung bezahlen, die sie realistischerweise nicht erbringen können. Derartige Boni liefern uns als Kunden nur Nachteile und keine Vorteile. Wenn es eine klare Erkenntnis aus der Finanzkrise gibt, so ist es die, dass die enormen Erfolgsprämien, die für Portfoliomanager gezahlt wurden, zu einem grundsätzlich falschen Anlageverhalten geführt und damit nicht unerheblich zum Ausbruch der Krise beigetragen haben. Das geflügelte Wort vom Casino-Kapitalismus stützt sich zu einem wesentlichen Teil auf die völlig aus dem Ruder gelaufenen Vergütungen im Bereich des Investmentbanking und der Vermögensverwaltung.

Offenbar ist dies mittlerweile auch einem Teil der vom Füllhorn der Bonuszahlungen bedachten Investmentbanker deutlich geworden. *Anshu Jain* (geb. 1963), der als Leiter der Investment Sparte der Deutschen Bank jahrelang aufgrund der Boni weit mehr verdient hatte als sein Chef *Josef Ackermann* (geb. 1948), hat gleich nach seiner Ernennung zum Co-Vorstandsvorsitzenden der Bank im Jahre 2012 den Rotstift bei den Vergütungen angesetzt. Mit den Worten „Wir glauben fest daran, dass die gesamte Branche ihr Vergütungsmodell verändern muss", hat das Führungsduo *Jain* und *Fitschen* zur radikalen Abkehr von den etablierten Bonusmodellen aufgerufen und für diesen Kurswechsel in der Öffentlichkeit nahezu ungeteilten Beifall erhalten.

Mittlerweile herrscht allerdings allenthalben der Zweifel vor, ob den Ankündigungen auch die entsprechenden Taten gefolgt sind. Nicht nur bei der Deutschen Bank, sondern überall dort, wo anfangs Einsicht signalisiert wurde, scheint wieder das Platz zu greifen, was sich über die Jahre als Normalität manifestiert hat. Das, was vielleicht den Instituten nutzt, nicht aber ihren Kunden.

Die Bonuszahlungen waren dazu gedacht, die Mitarbeiter im Investmentbanking dadurch zu Höchstleistungen anzuregen, dass man ihnen leistungsabhängige Prämien zahlte, sofern ihr Ergebnis eine vorher bestimmte Benchmark überschritten hat. Dass zwischen professionellem Engagement und erzieltem Anlageergebnis ein eindeutiger Zusammenhang besteht, ist in weiten Teilen der interessierten Anlegerkreise unbestritten und die Banken sahen daher im Bezahlen hoher Erfolgsprämien (Boni) ein werbewirksames Marketingargument, mit dem sie den Eindruck zu erwecken versuchten, sie seien in besonderem Maße leistungsorientiert. *Lloyd Blankfein* (geb. 1954), der Chief Executive Officer und Präsident von Goldman Sachs, rechtfertigte sich vor dem amerikanischen Untersuchungsausschuss zur Finanzkrise vor allem damit, dass das von seinem Haus praktizierte Bonussystem nicht die Folge strategischer Überlegungen der Bank, sondern nur eine Antwort auf die Wünsche seiner Kunden gewesen sei, denen man sich nicht so einfach hätte entziehen können.

Nach allem was wir wissen, besteht aber im Finanzmarkt dieser in den meisten anderen Lebensbereichen gültige Konnex zwischen realisiertem Ergebnis und erbrachter Leistung eben nicht. Unter Geltung von *Weltbild eins* ist jede Rendite, die über dem Markt liegt, Ausdruck einer glücklichen Fügung, über die man sich freuen kann, auf die man allerdings nicht stolz sein sollte, denn sie ergibt sich nicht aus einer besonderen Leistung. Unter *Weltbild zwei* ist ein solches Ergebnis für weitaus die meisten Kapitalanleger ein ganz besonderer Glücksfall, da sie in ihrer Gesamtheit eher mit einem unterdurchschnittlichen Ergebnis rechnen müssen. So gesehen ist ein Vermögensverwalter, der für das Überschreiten einer bestimmten Benchmark ein zusätzliches Gehalt bekommt, in einer ähnlichen Situation wie ein Rouletteberater, der seinem Kunden sagt, auf was er setzen solle: Im Falle eines Gewinns bekommt er davon einen prozentualen Anteil und im Falle des Verlustes geht er leer aus. Kein vernünftiger Roulettespieler würde sich auf ein derartiges Geschäft einlassen, weil jedem klar wäre, dass Roulette ein reiner Zufallsmechanismus ist. Eine solche Beratungstätigkeit würde von jedem ganz einfach und schlicht als Geldpumpe erkannt werden. Im Finanzmarkt hingegen glauben die meisten zu wissen, dass das System Börse grundsätzlich anders funktioniert. Tut es auch, aber anders als die meisten vermuten.

Das Problem der hohen Boni ist allerdings nicht nur, dass deren Nutznießer für eine Leistung bezahlt werden, die eigentlich keine ist und deren Kosten daher ins Leere gehen, sondern dass sie einen Anreiz zum Eingehen von Risiken bieten, die nicht im Interesse des Auftraggebers sein können. Finanzwirtschaftlich ist ein Bonusversprechen einer Option gleichzustellen, deren Wert umso höher ist, je größer die Streubreite (Volatilität) dessen ist, worauf die Option Bezug nimmt (underlying): Geht eine riskante Veranlagung gut, so winkt dem Verwalter ein hoher Bonus, geht sie hingegen schlecht, so ist es irrelevant, ob die Verluste hoch oder gering sind. In beiden Fällen erhält er nichts. Je höher das Risiko einer Veranlagung, umso höher ist somit im Schnitt die zu erwartende Vergütung für den jeweiligen Portfoliomanager. Jeder, der sein Geld einer Institution anvertraut, die ihre Mitarbeiter in einer derartigen Weise *leistungsorientiert* entlohnt, sollte sich dieser Zusammenhänge bewusst sein, er sollte wissen, was er da unterstützt und welche Auswirkungen dies auf sein Erspartes hat. Er sollte wissen, dass er einen veritablen Risikobooster unterstützt, der ihm für das höhere Risiko keine Prämie bezahlt, sondern der ihn im Gegenteil dafür noch bezahlen lässt. Geht das Ganze schief, trägt der Investor den Schaden allein, geht es hingegen gut, holt sich der Berater einen erklecklichen Teil des Gewinns.

Die Rendite, die wir mit unserem Portefeuille erwirtschaften, stellt sich als die Differenz zwischen der im Markt erzielten Rendite und allen dazu anfallenden Kosten dar. Wenn wir schon auf die Höhe der Rendite nur sehr bedingt Einfluss nehmen können, auf die Kosten können wir es relativ leicht. Kein Geld auszugeben für eine Sache, die sich nicht lohnen kann, ist somit einer der wichtigsten Schlüssel für ein nachhaltig gutes Anlageergebnis. Insbesondere gilt das, wenn wir für Dinge bezahlen sollen, die uns nicht nur nichts nützen, sondern die uns sogar schaden, wie es regelmäßig bei den erfolgsabhängigen Vergütungssystemen für die Verwalter unseres Vermögens der Fall ist.

Natürlich haben die Banken und andere Vermögensverwalter ein Geschäftsinteresse. Das ist legitim und entspricht marktwirtschaftlicher Logik. Es entspricht aber auch marktwirtschaftlicher Logik, wenn wir als Kunden unsere Zahlungsbereitschaft auf das begrenzen, was für uns von Vorteil ist. Und das heißt: Kein Geld ausgeben für eine Sache, die sich nicht lohnt, weil sie sich nicht lohnen kann.

Vorsicht vor kovariantem Handeln: Do not herd

Bei unserem agentenbasierten Modell haben wir gesehen, dass dann, wenn alle Akteure, die für sich selbst beste Strategie wählen, es keine allgemeingültige Antwort auf die Frage geben kann, welche denn diese beste Strategie sei. Im Gleichgewicht, dann wenn keiner der Akteure mehr einen Anreiz hat, sich durch Strategiewechsel zu verbessern, existieren mehrere grundverschiedene Strategietypen nebeneinander: Die einen stützen ihre Kauf- und Verkaufsentscheidungen auf die ihnen vorliegenden Informationen (fundamentalanalytischer Ansatz), andere überlassen ihre Entscheidungen dem Zufall (passive Strategie) und wieder andere orientieren sich an beobachtbaren Marktsignalen, von denen sie ihre Entscheidungen abhängig machen (technische Strategie). Offenbar stößt jedes Strategiemodell dann, wenn es zu viele sind, die sich seiner bedienen, an systemimmanente Grenzen:

- Wenn zu viele Investoren fundamentalanalytisch agieren, bekommt der Markt entweder ein so hohes Maß an Bewertungseffizienz, dass sich Fundamentalanalyse nicht mehr lohnt (*Weltbild eins*) oder es gibt systematische Gewinner und systematische Verlierer (*Weltbild zwei*), wobei es dann für die letztgenannten rational wäre, sich durch Übergang auf eine Zufallsstrategie ihrer Unterlegenheit zu entziehen (so wie im *Penny Game*).
- Wenn zu viele Investoren eine passive Strategie (Zufallsstrategie) verfolgen, wird der Preisbildungsprozess so stark von Zufälligkeiten *(Rauschen)* überlagert, dass es wieder sinnvoll wird, klassische Fundamentalanalyse zu betreiben. Es ist auch zu vermuten, dass Händler, die ausschließlich ganze Indices halten (meist in Form von ETFs), dann nicht mehr mit einer Indexrendite rechnen können, wenn ihre Zahl zu groß wird. Ein formaler Beweis für diesen Zusammenhang geht allerdings über den Anspruch des vorliegenden Buchs hinaus. Nicht von ungefähr titelte aber der *Economist* im Juni 2011 zum Thema ETF: „Too much of a good thing."
- Wenn schließlich zu viele Investoren Technische Analyse betreiben und sich ausschließlich an Marktsignalen orientieren, kehrt sich die Wirkungsrichtung um: Wenn das Marktsignal eine Unterbewertung vermuten lässt und daher eine Großzahl technischer Trader eine Kaufposition eingeht, wird aufgrund der verstärkten Nachfrage aus der Unterbewertung eine Überbewertung. Wenn viele aufgrund eines Marktsignals von einer Überbewertung ausgehen und verkaufen, wird das jeweilige

Papier schnell unterbewertet sein. In jedem Fall befinden sich die technischen Händler, wenn ihre Zahl zu groß wird, systematisch auf der falschen Marktseite wieder. Wenn alle auf dem Trittbrett stehen und keiner zahlt, stellt der Transportunternehmer seine Leistung ein und der Zug fährt nicht mehr.

Diese Überlegungen offenbaren ein grundsätzliches Prinzip des komplexen adaptiven Systems Finanzmarkt. Jeder versucht, besser und raffinierter zu sein als die anderen, jeder kann aus seinen Fehlern lernen und versucht, sie in Zukunft zu vermeiden, jeder versucht das Handeln derer zu antizipieren, von denen er weiß, dass diese ihrerseits wieder das Handeln der anderen und damit auch sein eigenes zu antizipieren versuchen. Für dieses subtile Konkurrenzverhalten gibt es im englischen ein sehr treffendes Wort: Jeder versucht, *smarter* zu sein, jeder versucht *to outsmart* die anderen Marktteilnehmer. Auf diese Weise befindet sich der Markt in einem kontinuierlichen Anpassungsprozess, der im Grunde nie zur Ruhe kommen kann. Die Suche nach einem allzeit und für jedermann gültigen Handlungsmuster (im Sinne von *der ultimativen Börsenstrategie*) ist somit zum Scheitern verurteilt. So wie der Versuch gescheitert ist, ein Perpetuum mobile zu entwickeln. Viele haben es versucht und alle sind gescheitert. Es wird dennoch weiter versucht werden, denn es gibt genug Hobbyphysiker, die es nicht wahrhaben wollen. Auch die Suche nach der Börsenzauberformel ist mit diesem Buch sicher nicht beendet: Es gibt genug Hobbyinvestoren, die das nicht wahrhaben wollen. Auch wenn klar sein müsste, dass es diese Zauberformel nicht gibt, weil es sie nicht geben kann.

Gleichwohl lassen sich aber durchaus konkrete Handlungsempfehlungen geben, zwar nicht mit dem Ziel, besser sein zu wollen als der Markt, sehr wohl aber mit dem Ziel, nicht die Fehler mitzumachen, die viele andere immer wieder begehen. In den Worten *viele andere* steckt bereits so etwas wie eine Lösung, denn vor allem sollte man sich davor hüten, nicht mit vielen anderen die *gleichen* Fehler zu begehen. Vielmehr kommt es darauf an, erfolgreich eine Art *Minority Game* zu spielen, allerdings nicht im Sinne von *André Kostolany*, der das Kontinuum der Investoren in die beiden Gruppen der *Zittrigen* und der *Hartgesottenen* eingeteilt hat (wobei er nur den letztgenannten Erfolgsaussichten einräumte) und somit in der bipolaren Welt des Schwarz und Weiß, des Richtig und Falsch verblieben ist. Für das klassische, auch bipolare Zwei-Gruppen-Minoritätsspiel gibt es bekanntlich keine Lösung: Wenn es eine vernünftige Strategie gäbe, mit der die angestrebte Minderheitenposition zu erreichen wäre, würden die anderen diese Strategie auch wählen und sie damit ad absurdum führen. Sie wäre eben keine Minderheitenstrategie mehr.

In den heutigen Finanzmärkten werden sehr viele unterschiedliche methodische Ansätze praktiziert, was darauf hindeutet, dass der Versuch, sich gegenseitig auszutricksen, das Streben danach, dadurch besser zu sein als die anderen, dass man anders als sie entscheidet, bis zu einem gewissen Grade bereits Realität sein dürfte. In den Märkten beobachten wir gleichermaßen unterschiedlichste Formen von Fundamentalanalysen (Makroindikatoren, Mikroindikatoren, verschiedenste Kennzahlen, Value-investing etc.), Geschäftsklimaindikatoren, Sentimentanalysen, passive Investmentformen (Klassische Indexfonds, Indexzertifikate, ETFs etc.) und die verschiedensten Varianten der Technischen Analyse (Chartreading, Trendfolgeindikatoren, Momentum, Advance-decline, Elliot-waves etc.). Hätte sich tatsächlich eine dieser Techniken gegenüber den anderen als überlegen erweisen, so hätte sie sich höchstwahrscheinlich bereits eindrucksvoll im Wettbewerbsprozess durchgesetzt. Wäre sie andererseits gänzlich sinnlos, so wäre sie wahrscheinlich schon von der Bildfläche verschwunden. Wie in der biologischen Evolution verliert eine Spezies, deren Fitness dem Vergleich mit anderen Mitbewerbern nicht standhält, den gnadenlosen Kampf ums Überleben.

Ein Finanzmarkt, in dem sich niemand darum bemüht, besser sein zu wollen als die anderen, ein Markt, in dem niemand sich informiert und niemand das Spiel um bessere Renditen mitspielt, ein solcher Markt ist realistischerweise nicht denkbar, denn er würde den Außenseitern, die sich abweichend von den anderen Informationen beschaffen, nahezu unendliche Gewinne ermöglichen. Genauso wenig können wir uns einen Finanzmarkt vorstellen, in dem sich alle mit derselben Methode erfolgreich in Szene zu setzen versuchen: Es wird immer Einzelne geben, die die gemeinsame Linie verlassen und sich damit Vorteile in Form von besseren Renditen oder in Form von niedrigeren Kosten verschaffen können. Ein Markt ist realistischerweise nur denkbar, wenn in ihm ein radikaler Methodenpluralismus herrscht, wenn es viele *Minderheiten* gibt. Es ist nicht so, dass wir die richtige, die wirklich erfolgversprechende Methode noch nicht gefunden haben, sondern es ist so, dass es sie nicht geben kann. Die in den realen Finanzmärkten beobachtbare Methodenvielfalt ist somit auch nicht Ausdruck von Orientierungslosigkeit, sondern Ausdruck von Marktrationalität.

Die mehrfach erwähnte Studie von *Hauser* und *Kaempff* kam mithilfe der genetischen Programmierung zu dem Ergebnis, dass dann, wenn das *outsmarting*, der Wettbewerb um die gegenseitige Raffinesse, auf die Spitze getrieben wird und jeder die für ihn beste Entscheidungsstrategie wählt, kaum noch nennenswerte Unterschiede im Ergebnis zwischen den Akteuren zu erkennen sind. Der Markt kommt damit dem *Weltbild eins* zwar nahe, ohne es allerdings je zu erreichen, denn noch immer gibt es systematische Gewinner und Verlierer und noch immer gibt es für jeden Akteur einen Anreiz, genau das zu tun, was er tatsächlich tut. Somit spiegelt der Markt auch im Gleichgewicht nicht, wie es die Vertreter von *Weltbild eins* postulieren, sämtliche verfügbaren Informationen in vollem Umfang wider!

Analysiert man die Strategien, die sich im Evolutionsprozess behaupten konnten, so weisen sie bei aller Unterschiedlichkeit im Detail eine Gemeinsamkeit auf: Sie vermeiden kovariantes Verhalten, d. h. sie versuchen, nicht solche Entscheidungsregeln anzuwenden, die von anderen ebenfalls angewandt werden. Dass man gegen einen so übermächtigen Gegner wie den Markt Fehler macht, ist unvermeidlich. Solange diese Fehler allerdings mit den Fehlern anderer nicht korreliert sind, sind ihre Konsequenzen hinnehmbar. Mal sind sie zu unserem Vorteil, mal sind sie zu unserem Nachteil, aber über die Zeit heben sie sich gegeneinander auf. Mal überbewertet der eine eine Sache und ein anderer unterbewertet sie, was sich bei der Bestimmung des Gleichgewichtspreises gegeneinander kompensiert. Ganz anders stellt es sich dar, wenn die Fehler, die der eine macht, aufgrund ähnlicher Überlegungen oder ähnlicher Analysetechniken den Fehlern gleichen, die auch von anderen gemacht werden. In diesem Fall haben sie einen erheblichen Einfluss auf den Preis. Wenn viele Investoren eine Information als zu positiv einschätzen, hat dies eine Überbewertung des jeweiligen Wertpapiers im Markt zur Folge. Schätzen sie eine Information als zu negativ ein, folgt daraus eine Unterbewertung. In beiden Fällen befinden sich diejenigen, die diese Fehlbewertung ausgelöst haben, regelmäßig auf der falschen Marktseite: Sie kaufen systematisch zu teuer bzw. sie verkaufen zu billig.

Vor diesem Hintergrund kann eine vernünftige Anlageempfehlung nur lauten: Vermeide kovariantes Verhalten, vermeide es, einer größeren Kohorte anzugehören, bei der die Methoden der Entscheidungsfindung einander ähneln. Diese Maxime hat allerdings weitreichende Folgen für die Finanzanalyse. Allgemein gilt die klassische Fundamentalanalyse, die sich öffentlich zugänglicher Informationsquellen wie der Financial Reports der Unternehmen bedient und diese nach den Regeln der kritischen Bilanzanalyse auswertet, als die am meisten verbreitete Form der Entscheidungsfindung. Auch gilt sie in der Profession allgemein als die solideste Analyseform. Oben haben wir allerdings gesehen, dass eine Aussage darüber, ob eine gute Auswertung öffentlicher Informationen die Investoren besser oder schlechter stellt, nicht allgemeingültig gegeben werden kann: Die Antwort hängt vom erreichten Niveau der öffentlich zugänglichen Information ab. Vieles spricht dafür, dass die Schwelle, ab der die öffentliche Information denen, die sich ihrer bedienen, einen Vorteil gewährt, bei weitem noch nicht erreicht ist. Mehr noch: Es steht zu erwarten, dass diejenigen, die bei der Analyse der publizierten Rechenwerke aufgrund ihrer mangelnden Kenntnisse der Materie erhebliche Fehler machen, deutlich besser abschneiden als ihre befähigteren Kollegen. Da es sehr wohl der Fall sein wird, dass der Financial Report immer wieder in die eine oder andere Richtung verzerrt ist, ist es, wie wir gesehen haben, allemal besser, beim Fehlermachen Fehler zu machen. Wer nämlich bei der Analyse des Financial Report keine Fehler macht, unterstellt sich der möglichen Fehlerhaftigkeit des Instruments in vollem Umfang: Er wird sich daher mit größerer Wahrscheinlichkeit als andere, weniger befähigte, auf der falschen Marktseite wiederfinden.

Die Konsequenz aus dieser Erkenntnis ist speziell für einen Hochschullehrer in einem Fach, das wie die Betriebswirtschaftslehre auf praktische Anwendbarkeit ausgerichtet ist, fatal. Da Lehre Gefolgschaft für das Gelehrte zu finden beabsichtigt, generiert sie automatisch kovariantes Verhalten: Wenn den Studierenden das, was sie in der Vorlesung über Finanzanalyse gehört haben, eingeleuchtet hat und wenn sie es inhaltlich verarbeitet haben, so werden sie es in die Praxis umzusetzen versuchen. Damit handeln sie aber genauso, wie alle anderen, die diese oder vergleichbare Vorlesungen gehört haben, auch handeln. Ich habe daher seit Jahren keine Lehrveranstaltung im Bereich der Finanzanalyse mehr angeboten, beklage aber gleichwohl den Umstand, dass die modernen Curricula im Fach Finanzwirtschaft um das Thema Finanzanalyse einen großen Bogen machen. Finanzanalyse findet im Erdgeschoss statt und stellt die Grundlage für alles dar, was in den oberen Stockwerken abgehandelt wird. Ohne Finanzanalyse gibt es, wie wir eingangs gesehen haben, keine Portefeuilletheorie, ohne Portefeuilletheorie keine Kapitalmarkttheorie etc. Der Bedeutung der Finanzanalyse kann man allerdings nicht dadurch gerecht werden, dass man sich auf die detaillierte und rezeptartige

Beschreibung dessen beschränkt, was in der Praxis tatsächlich geschieht. Eine wirklich praxisbezogene Lehre müsste entschieden anders aussehen. Die akademische Finanzwirtschaftslehre wäre gut beraten, wenn sie sich etwas mehr um das Erdgeschoss bemühen würde.

Zu Beginn unserer Überlegungen über Entscheidungsverhalten in den Finanzmärkten haben wir auch einige exotische Entscheidungsregeln kennengelernt, wie z. B. den Damenrocklängen-Indikator, den Sonnenfleckenindikator oder den National-Football-League-Indikator. Von ernsthaften Finanzwirtschaftlern werden diese Entscheidungsregeln eher mitleidig belächelt, da es schwer fällt, irgendeinen vernünftigen Grund für die behaupteten Zusammenhänge zu finden. Vielleicht ist aber gerade das ihre Stärke: Da diese Regeln bei nur wenigen auf Gefolgschaft stoßen, unterliegen sie weit weniger der Gefahr, kovariantes Verhalten zu generieren, als die klassische, in jedem Lehrbuch breit abgehandelte und von tausenden von Investoren praktizierte Jahresabschlussanalyse. Es ist somit sehr wohl möglich, dass derjenige, der sich an den Mondphasen oder an anderen auf den ersten Blick absurd anmutenden exotischen Entscheidungsregeln orientiert, letztlich zu besseren Ergebnissen kommt als derjenige, der die allseits akzeptierten Techniken des State of the Art beherrscht und sie in professioneller Weise praktiziert.

Der Finanzmarkt ist ein komplexes adaptives System, in dem das Begehen gemeinsamer Fehler äußerst gefährlich ist. Daher: Gehe nicht einfach mit der Herde. Do not herd!

Die anderen sind nicht dümmer als wir selbst

Die Tendenz der Menschen zur *overconfidence* haben wir oben bereits kennengelernt. Speziell im Finanzmarkt neigen die meisten dazu, sich anderen gegenüber als überlegen einzuschätzen.

Die Neigung, andere zu unterschätzen, wurde an der Universität Innsbruck im Rahmen der Vorlesung über Entscheidungstheorie für die Studenten erfahrbar gemacht. Jeder Teilnehmer bekam eine Karte, auf die er seinen Namen und eine beliebige Zahl zwischen null und hundert schreiben sollte. Sodann wurden die Karten eingesammelt und der Durchschnitt der angegebenen Zahlen berechnet. Das Ziel eines jeden Einzelnen sollte sein, mit seiner Zahl so nahe wie möglich an zwei Dritteln eben dieses Durchschnitts zu liegen. Da die Teilnehmer an Entscheidungsspielen dieser Art Punkte für die bevorstehende Schlussklausur haben erringen können, darf der ernste Wille, der Aufgabe bestmöglich zu entsprechen, durchaus unterstellt werden.

> Eine Bitte an den geschätzten Leser: Bevor Sie weiterlesen, schreiben Sie die Zahl nieder, die sie persönlich im Falle der Teilnahme an dem Entscheidungsspiel gewählt hätten. Und gehen Sie bitte davon aus: Es geht um etwas!

Das Spiel wurde mehrere Male durchgeführt und die Ergebnisse streuten nicht unerheblich. Eines war aber durchgängig zu beobachten: Viele, wenn nicht sogar die Mehrheit der Beteiligten, wählten eine Zahl um die 33. Ihre Überlegungen sind leicht nachzuvollziehen: Wenn viele Leute eine beliebige Zahl zwischen null und hundert nennen sollen, so dürfte der Durchschnitt dieser Zahlen irgendwo bei 50 liegen. Wenn das der Fall ist, wird man mit zwei Dritteln von 50, d. h. etwa mit 33, die gestellte Aufgabe am besten gelöst haben. Wer so denkt, geht davon aus, selbst eine vernünftige Überlegung angestellt zu haben, zu der er die anderen allerdings nicht für befähigt hält. Hätte er nämlich unterstellt, dass die anderen genauso denken und damit zum selben Ergebnis kommen wie er selbst, so wäre 33 das Durchschnittsergebnis geworden und 22 die angestrebte Gewinnzahl.

Und hätte er unterstellt, dass die anderen sich dieselben Überlegungen machen, so hätte er vierzehn angeben müssen... Zu Ende gedacht: Wer sich selbst für vernünftig hält und alle anderen auch, müsste die Zahl null angeben, gegen die die dargestellte Gedankenkette notwendigerweise konvergiert.

Wer tatsächlich aus einem derartigen Spiel als Gewinner hervorgehen möchte, sollte allerdings auch nicht null auf seine Karte schreiben. Null ist das Ergebnis in jener perfekt rationalen Welt, die in der Werkstatt der neoklassischen Gleichgewichtsökonomen modelliert wird: Jeder verhält sich als perfekter homo oeconomicus, niemand macht Fehler und jeder weiß, dass auch die anderen keine Fehler machen. Die wahre Welt ist jedoch anders. Wir alle sind durchaus vernünftig, aber wir alle machen auch immer wieder Fehler. Unter *wir* sollten wir im buchstäblichen Sinne *wir* auch meinen: Nicht nur die anderen, sondern die anderen genauso wie uns selbst.

Betrachten Sie nunmehr die von Ihnen aufgeschriebene Zahl. Sollten Sie eine höhere Zahl als 40 angegeben haben, so haben sie wahrscheinlich die Fragestellung nicht richtig verstanden oder das Entscheidende überlesen. Liegt ihre Zahl zwischen 30 und 40, so würde ich Sie als jemanden einschätzen, der sich durchaus für vernünftig hält, diese Eigenschaft anderen aber grundsätzlich abspricht. Liegt Ihre Zahl in den 20ern, so halten Sie andere Menschen zwar durchaus für vernunftbegabt, aber in einem doch eher bescheidenen Ausmaß. Beginnt Ihre Zahl mit einer eins, so haben Sie wahrscheinlich eine realistische Einschätzung von der Vernunft der anderen, und ist sie nur einstellig, so sind nicht nur Sie von einem hohen Maß an Vernunft geprägt, sondern unterstellen dies auch allen Ihren Mitmenschen. Allerdings dürften Sie damit, was die von Ihnen angenommene Rationalität menschlichen Entscheidungsverhaltens betrifft, etwas über das Ziel hinausgeschossen sein.

Häufig verbirgt sich hinter der verbreiteten Einschätzung, die anderen Marktteilnehmer seien von bloßen Emotionen getrieben, wankelmütig und unvernünftig, auch eine völlige Verkennung der ökonomischen Eigenschaften eines Finanzmarktes. Oft wird nämlich die Tatsache, dass die Aktienkurse wie zufällig verlaufen, damit erklärt, dass die Marktteilnehmer sich eben nicht vernünftig verhalten, sondern erratisch und sprunghaft auf die verrücktesten Signale reagieren und somit chaotische, rational nicht begründbare, eben als zufällig erscheinende Kursverläufe die Folge sind. Wäre es so, so wäre es grundsätzlich möglich, sich die Dummheit der anderen zunutze zu machen, indem man sich konsequent an der Sache orientiert und sich von Emotionen und kurzfristigen Stimmungen freizuhalten versucht. Die Wirkungskette ist allerdings genau umgekehrt: Der Zufallsverlauf der Aktienkurse ist nicht Folge von Unvernunft, sondern von einem äußerst hohen Maß an Vernunft. Der bahnbrechende Aufsatz von *Paul Samuelson* (1915–2009), der mit dazu beigetragen hat, dass ihm im Jahre 1970 der Alfred-Nobel-Gedächtnispreis für Wirtschaftswissenschaften verliehen wurde, trägt bezeichnenderweise den Titel: *Proof That Properly Anticipated Stock Prices Fluctuate Randomly* (Beweis, dass korrekt ermittelte Aktienkurse zufällig verlaufen). Dann und nur dann, wenn die Marktteilnehmer in ihrer Gesamtheit keine systematischen Fehler machen, ist über deren Bewertungsakte alles, was man heute über die zukünftigen Entwicklungen weiß, bereits im aktuellen Aktienkurs berücksichtigt. Wenn dies aber der Fall ist, ist der Unterschied zwischen dem morgigen und dem heutigen Kurs ausschließlich auf neue Information, auf Dinge, die man heute nicht wissen kann, zurückzuführen. Das wiederum hat zur Folge, dass Aktienkurse uns so erscheinen, als seien sie zufällig erzeugt worden. Die akademische Debatte zwischen Vertretern von *Weltbild eins* und *Weltbild zwei*, ob dieser Zusammenhang im strengen Wortsinn oder nur der Tendenz nach gilt, tut hier nichts zur Sache. Auch ich bin, obschon ich eindeutig die Position von *Weltbild zwei* vertrete, der Überzeugung, dass Kurse in spekulativen Märkten zwar nicht perfekt, aber doch weitgehend einem Random Walk folgen. Alles andere wäre mit der Fülle von empirischen Befunden in nahezu allen Finanzmärkten der Welt nicht vereinbar.

Wir sollten uns daher zu jedem Zeitpunkt voll dessen bewusst sein, dass wir es im Finanzmarkt mit Menschen zu tun haben, die um vernünftige Entscheidungen bemüht sind und denen, so wie uns selbst, auch immer wieder Fehler unterlaufen. Sie sind weder dümmer, noch sind sie klüger als wir selbst. Für einen Investor ist aber der Gegner nicht der einzelne Kapitalanleger, sondern der Markt als Ganzer: Er misst sich nicht an Franz Müller, sondern am gesamten Markt, regelmäßig verkörpert in einem den Markt breit abdeckenden Index. Der Gegner *Markt* hat aber, anders als jeder Einzelne von uns, den Vorteil, dass er vielfältiges Wissen aggregiert, wobei sich die Fehler, die die einzelnen Investoren machen, zum Großteil gegeneinander aufheben. Keinem individuellen Kapitalanleger steht ein derart perfekt funktionierender Schutzschild gegen seine eigenen Fehler zur Verfügung wie dem Markt.

Die anderen sind nicht klüger, aber sie sind auch nicht dümmer als wir. Wir müssen aber realistischerweise davon ausgehen, dass jeder Einzelne von uns dümmer ist als der Markt als Ganzer. Ob wir Leute wie *George Soros* oder *Warren Buffet* o. a. in dieses Urteil mit einbeziehen sollen, ist schwer zu sagen. Zu viele nicht weiter überprüfbare Legenden ranken sich um die großen Gurus, sodass es schwierig ist, auch nur einigermaßen trennscharf zwischen Leistung, Zufall, Wunschdenken und dichterischer Freiheit der Journalisten zu unterscheiden.

Vorsicht vor dem allzu Offenkundigen

Die grundsätzliche Einsicht in die hohe Bewertungseffizienz des Finanzmarkts veranlasst viele Investoren zu einem abgestuften Informationsverhalten. Überzeugt von der Zufälligkeit und Unvollständigkeit des ihnen üblicherweise vorliegenden Wissens stützen sie sich im Regelfall nicht auf ihre Einschätzungen, sie investieren überwiegend in indexgebundenen Produkten (ETFs) und folgen somit im Wesentlichen passiv den Signalen des Marktes. Sollten sie aber ein besonders starkes und überzeugendes Signal erhalten, aus denen eine starke Zuversicht in die Existenz einer Über- oder Unterbewertung erwächst, so lassen Sie sich von ihm leiten. Erst wenn es einem Investor offenkundig erscheint, dass der Markt die exzellenten Zukunftsaussichten eines Landes, einer Branche oder eines einzelnen Titels falsch einschätzt, dann ist für ihn der Zeitpunkt gekommen, wo er guten Gewissens eine entsprechende Investition glaubt vornehmen zu können. In vielen wirtschaftstheoretischen Modellen wird diesem Denken sogar dadurch Rechnung getragen, dass das Ausmaß eines Engagements vom Grad an Überzeugung abhängig gemacht wird: Wer von seiner Einschätzung sehr überzeugt sei, werde sein Risiko für geringer ansehen und somit eine größere Position eingehen als derjenige, der sich seiner Sache nicht so ganz sicher sei. Mit einer derartigen Modellierung glaubt man nicht nur das tatsächliche Verhalten realer Investoren gut abbilden zu können, sondern auch, dem generellen Anspruch an ein rationales Entscheidungsverhalten genüge getan zu haben.

Gleichwohl sind an der Berechtigung einer solchen Handlungsweise Zweifel angebracht, denn sie entstammt wieder eindeutig einem ingenieurwissenschaftlichen Denken. Wenn alles darauf hindeutet, dass eine ungünstige Abstufung der Gänge die Ursache für den zu hohen Kraftstoffverbrauch eines neu entwickelten Fahrzeugs ist, sollte man es zunächst einmal mit einem anderen Getriebe versuchen. Dieser klare Zusammenhang besteht aber in einem komplexen System wie dem Finanzmarkt so nicht. Jeder sollte sich bei seinen Aktionen immer wieder vor Augen halten, dass der Marktpreis die Meinungen der Marktteilnehmer in genau zwei Hälften teilt: Auf der einen Seite sind diejenigen, die den Titel beim gegebenen Preis eher für überbewertet halten, und auf der anderen Seite diejenigen, die von einer Unterbewertung ausgehen. Das Erste, was man sich fragen sollte, wenn einem ein besonders klares Signal zugeht, ist daher: Wenn so viel für eine Unterbewertung spricht, wie es mir mein derzeitiger Informationsstand signalisiert, dann muss es offenbar auch sehr starke, mir aber verborgene Gegenargumente geben, die den Marktpreis auf dem Niveau beharren lassen, auf dem er sich derzeitig findet. Für einen Investor, der sein eigenes Wissen immer in Beziehung setzt zu dem sich implizit im Marktpreis niederschlagenden Wissen der Gesamtheit aller Marktteilnehmer, gilt somit: Je stärker meine Überzeugung ausgeprägt ist, mit der ich eine Über- oder eine Unterbewertung zu erkennen glaube, je offenkundiger die von mir vermutete Fehlbewertung ist, eine umso skeptischere Haltung muss ich gegenüber meinem eigenen Wissensstand einnehmen, denn umso größer ist die Wahrscheinlichkeit, dass ich Wesentliches übersehen habe. Es wäre sicher abwegig, einem Ingenieur, der vor einem kniffligen technischen Problem steht, zu sagen: Je mehr du von einer Sache überzeugt bist, umso größer ist die Wahrscheinlichkeit, dass dich deine Überzeugung trügt. Eine derartige Vorhaltung muss sich allerdings ein Akteur im Finanzmarkt gefallen lassen.

Wer sich der Nullsummeneigenschaft des Marktes bewusst ist, wird sich immer vor Augen halten, dass auch auf der anderen Marktseite Menschen agieren, die sich ihre Entscheidung reiflich überlegt haben, die gute Gründe für ihr Handeln ins Feld führen können und die ebenfalls daran interessiert sind, ihr Geld gut angelegt zu wissen. Damit wird er auch einem anderen offenkundigen Entscheidungsprinzip mit größter Skepsis begegnen, das bei Entscheidungen gegen die Natur als Ausdruck rationalen Verhaltens gilt und das auf den englischen Mathematiker und Pfarrer *Thomas Bayes* (1701–1761) zurückgeht. In ihrem Bestseller *Der Schein der Weisen* widmen die Autoren *Hans-Peter Beck-Bornholdt* und *Hans-Hermann Dubben* den zweiten Teil der *Bayes'schen Logik,* er trägt die bezeichnende Überschrift „Kein

Urteil ohne Vor-Urteil". Wer hinsichtlich einer Sache, über die nur begrenzte Information erhältlich ist, über ein fundiertes Vorwissen (a-priori-Wissen, Vor-Urteil) verfügt und darüber hinaus weiß, mit welcher Wahrscheinlichkeit ein neu hinzukommendes Wissen mit Eigenschaften dieser Sache verknüpft ist, kann sich diesen Umstand zunutze machen: Sein neues Wissen (a-posteriori-Wissen) wird beides, das Vorwissen und das neu hinzugekommene Wissen, nach der *Bayes'schen Logik* miteinander verknüpfen und gewissermaßen zwischen beidem eine Art Mittlerposition einnehmen.

Auf Finanzmarktentscheidungen angewendet stellt sich das *Bayes-Prinzip* folgendermaßen dar: Bevor einem Investor irgendwelche spezifischen Informationen zu einem Wertpapier zugehen, wird er davon ausgehen müssen, dass der aktuelle Kurs den besten Schätzer für seinen Wert darstellt, dies entspricht seinem Vorwissen (a-priori-Wissen). Erhält er nun neue Informationen und verknüpft sie mit diesem Vorwissen, so wird daraus in aller Regel eine neue Einschätzung resultieren. Er wird das Wertpapier jetzt möglicherweise für unter- oder überbewertet halten und dementsprechend seine Dispositionen vornehmen. Betrachten wir einmal die Konsequenz eines solchen Vorgehens in Abhängigkeit vom für gültig gehaltenen Weltbild:

- Gilt *Weltbild eins*, wird man davon ausgehen müssen, dass jedwede verfügbare Information mit dem ihr fundamental zukommenden Gewicht am Zustandekommen des Gleichgewichtspreises beteiligt ist. Führt jetzt eine von diesen korrekt gewichteten Informationen im Sinne des *Bayes'schen Prinzips* zu einer Modifikation der vom Markt vorgenommenen Wertbeimessung, so kommt dies einer durch nichts gerechtfertigten Übergewichtung dieser Information gleich. Das hat zur Folge, dass das a-posteriori-Wissen in seiner Qualität hinter dem a-priori-Wissen zurückbleibt.

- Gilt *Weltbild zwei*, so verschärft sich dieses Problem sogar noch, da es jetzt Marktteilnehmer gibt, die systematisch eher auf der Gewinnerseite und andere, die systematisch eher auf der Verliererseite liegen. Informationen, die dazu führen, eine Fehlbewertung als solche zu erkennen, erreichen primär die Erstgenannten (genau deswegen gehören sie ja zu den Gewinnern). Die anderen sind deswegen eher systematische Verlierer, weil sie überwiegend auf Basis von Informationen entscheiden, die sie veranlassen, im Falle einer Überbewertung eine Unterbewertung anzunehmen und im Falle einer Unterbewertung von einer Überbewertung auszugehen. Aufgrund der extrem ungleichen Verteilung in den internationalen Finanzmärkten können sich realistischerweise nur einige wenige Big Player der ersten Gruppe zugehörig fühlen, während die weitaus größte Mehrheit der Investoren eher zu den systematischen Verlierern gehören wird. Für sie gilt, dass sie bei der Verwendung des *Bayes'schen Prinzips* ihre privaten Informationen nicht nur in ungerechtfertigter Weise übergewichten, sondern dass es sich dabei mit größter Wahrscheinlichkeit um Informationen handelt, die mit einer Fehleinschätzung des Marktes verbunden sind. Dies hat die Konsequenz, dass das a-posteriori-Wissen in seiner Qualität sogar noch stärker hinter dem a-priori-Wissen zurückbleibt, als es unter Geltung von *Weltbild eins* der Fall wäre.

Durch unsere Erziehung sind wir primär einem ingenieurwissenschaftlichen und naturwissenschaftlichen Denken verpflichtet. Entscheidungsprinzipien, die in diesem Denkrahmen als allgemeingültig angesehen werden und denen unstreitig das Prädikat rational zukommt, haben in einem komplexen adaptiven System wie dem Finanzmarkt nicht notwendigerweise Bestand. Wir sollten insbesondere dann, wenn uns die Dinge allzu offenkundig zu sein scheinen, ein besonderes Maß an Skepsis an den Tag legen: Je tiefer unsere Überzeugung, umso wahrscheinlicher ist es, dass sie falsch ist.

Mitmachen lohnt sich und macht vielleicht sogar Spaß

Die Einsicht in die Unmöglichkeit, den Markt nachhaltig schlagen zu können, könnte viele Investoren dazu verleiten, der Aktie generell den Rücken zu kehren: Warum sollte man an einem Spiel teilnehmen, in dem man damit rechnen muss, systematisch bei den Verlierern zu sein? Da mache ich doch lieber gar nicht erst mit! Eine solche Haltung wäre allerdings äußerst kurzsichtig, denn Aktien haben sich in der Vergangenheit stets als eine gute Geldanlage erwiesen und nichts spricht dafür, dass dies in der Zukunft völlig anders sein sollte. Selbst wer mit seiner persönlichen Rendite etwas hinter der Marktrendite zurückgeblieben ist, hat auf längere Sicht mit Aktien stets besser abgeschnitten als mit einem Sparbuch oder mit festverzinslichen Papieren guter Emittenten. Aktien verkörpern Eigenkapital an Unternehmen, sie stellen eine Beteiligung an den produktivsten Einheiten einer dynamischen Gesellschaft dar, die Risikokapital benötigt und deren Bereitstellung in Form einer Risikoprämie auch gut honoriert. Im langjährigen Durchschnitt liegt daher die jährliche Rendite, die man in den Industrieländern mit Aktien hat erzielen können, deutlich über der von Staatsanleihen.

Sehen wir uns nur einmal in Deutschland die Anlage in einem gut diversifizierten deutschen Aktienportefeuille im Vergleich zu einer Veranlagung in deutschen Bundesanleihen während der letzten vier Jahrzehnte, d. h. in der Zeit von 1974 bis Ende 2014, an:

- Wer jeweils für zwei Jahre ein Aktienportefeuille gehalten hat, hat in 26 der 40 Zwei-Jahres-Abschnitte besser abgeschnitten als mit Bundesanleihen. In 14 Zwei-Jahres-Abschnitten lag die Aktienrendite hingegen unter der Anleihenrendite.

- Wer jeweils für fünf Jahre Aktienportefeuilles gehalten hat, hat in 26 der 37 Fünf-Jahres-Abschnitte besser abgeschnitten als mit Bundesanleihen. In elf Fünf-Jahres-Abschnitten war die Aktienrendite geringer als die Anleihenrendite.
- Wer jeweils für zehn Jahre ein Aktienportefeuille gehalten hat, hat in 31 der 32 Zehn-Jahres-Abschnitte besser abgeschnitten als mit Bundesanleihen, nur während des ersten Jahrzehnts unseres Jahrtausends (2000–2009) lag die Aktienrendite unter der Anleihenrendite (und da auch nur um 1,4 % p.a.)
- Wer jeweils für 20 Jahre in Aktien investiert war, fuhr *stets* besser als mit deutschen Bundesanleihen. Dies obwohl in diese Zeit drei der schwersten Crashs der Börsengeschichte fallen: Der *Black Monday* (stärkster Kursverfall der Börsengeschichte am 19. Oktober 1987), der Zusammenbruch der sogenannten Dotcom-Blase zu Beginn des Jahrtausends und der verheerende Kursverfall im Oktober 2008.

Die Zahlen verdeutlichen ein altbekanntes Prinzip: Für einen Anleger, der das Risiko scheut, bestimmt der Anlagehorizont die Anlageform. Aufgrund der hohen Volatilitäten ist einem einigermaßen risikobewussten Anleger auf kurze Frist von einem Engagement in Aktien sicher abzuraten. Wer hingegen bei einem längeren Anlagehorizont auf ein Investment in Aktien verzichtet, geht das extrem hohe Risiko ein, letztlich auf das falsche Pferd gesetzt zu haben.

Natürlich ist es problematisch, aus der Beobachtung der Vergangenheit Rückschlüsse auf zukünftige Entwicklungen ziehen zu wollen. Eines der meist gelesenen Wirtschaftsbücher der letzten Jahre ist *Der Schwarze Schwan* von *Nassim Nicolas Taleb* (geb. 1960), das geradezu zum Kultbuch an der Wall Street avancierte und bis heute in 23 Sprachen übersetzt wurde. *Taleb*, ein veritabler Universalgelehrter und Professor für Risikoanalyse an der New York University, geht in seinem Buch gnadenlos mit der weit verbreiteten Praxis ins Gericht, die Vergangenheit in die Zukunft extrapolieren zu wollen. Speziell im Risikomanagement der meisten Unternehmen herrscht bis heute die Überzeugung vor, dass die statistische Fortschreibung historischer Daten ein verantwortliches Umgehen mit Risiken in der Zukunft ermögliche. Für das typische Auf und Ab im Wirtschaftsleben und an den Märkten mag dies durchaus seine Berechtigung haben, kaum aber für wirklich außergewöhnliche Ereignisse, eben für die berüchtigten schwarzen Schwäne. In den Worten von *Taleb*: „Es mag gelten in Normalistan, nicht aber in Extremistan". Die wirkliche Herausforderung, der sich ein verantwortungsvolles Risikomanagement zu stellen hat, sind allemal die extremen, eben die nicht für möglich gehaltenen, gleichwohl immer wieder stattfindenden Ereignisse. Zu Beginn dieses Buches, bei unserem Rundgang durch das finanzwirtschaftliche Haus, habe ich der Hoffnung Ausdruck gegeben, *Taleb* möge in der obersten Etage des Hauses Einzug gehalten haben. Noch immer glaube ich nicht daran.

Die vorstehenden Zahlen sollten natürlich vor diesem Hintergrund interpretiert werden. Gleichwohl sollte man bedenken, dass alle diejenigen, die heute Aktienportefeuilles halten, dies nur tun, weil sie mit einer besseren Rendite rechnen als mit der von festverzinslichen Wertpapieren. Die heutigen Kurse sind die von den Marktteilnehmern abgezinsten, für die Zukunft erwarteten Kurse und nicht die von ihnen fortgeschriebenen historischen Kurse. In diesem Zusammenhang ist es vielleicht mehr von Interesse, eine Vorstellung darüber zu haben, womit die wesentlichen Marktteilnehmer heute für die nächste Zukunft rechnen, als über vergangene Renditen nachzudenken. Der spanische Finanzwirtschaftler *Pablo Fernandez* (geb. 1957) erhebt regelmäßig weltweit die Einschätzungen der Marktrisikoprämien von Finanzanalysten, Banken, Industrieunternehmen und Akademikern aus dem Bereich Finanzwirtschaft. Für das Jahr 2014 lagen die Einschätzungen der Befragten (ca. 8000 Rückläufe) aus den wichtigen Finanzplätzen (USA, Deutschland, Großbritannien, Kanada, Japan, Schweiz, Frankreich, Singapur, Italien) im Bereich von 5 bis 6%, d. h. die Financial Community in diesen Ländern geht davon aus, dass auch in den nächsten Jahren die Rendite von Aktien um rund 5,5% die Rendite einer Geldmarktanlage übersteigt. Deutlich höher war die Einschätzung der erwarteten Risikoprämie von den Befragten in den sogenannten BRICS-Staaten (Brasilien, Russland, Indien, China, Südafrika), wo sie bei etwa 7,6% lag. Dies deutet darauf hin, dass in diesen Märkten höhere wirtschaftliche Risiken vermutet werden.

Vielleicht täuschen sich die Befragten und die erhoffte Risikoprämie kann nicht erzielt werden. Dass sie aber vollends ausbleibt, ist zumindest auf mittlere und längere Frist schwerlich zu erwarten. Selbst über die katastrophalen Zeiten der beiden Weltkriege haben Sachwerte, und zu denen gehören neben Immobilien, Kunstgegenständen und Edelmetallen natürlich auch die Aktien, wesentlich besser ihren Wert hinüberretten können als alle am Geldwert orientierten Finanzanlagen. Warum sollte das in der Zukunft nicht auch der Fall sein?

Mitmachen lohnt sich also, selbst dann, wenn wir realistischerweise nicht damit rechnen können, den Markt schlagen zu können. Entscheidend ist nur, dass wir die wichtigsten Prinzipien beherzigen: Klare Ziele setzen, diversifizieren, nichts für unnütze Leistungen bezahlen und nicht nach Regeln entscheiden, die von vielen anderen auch angewendet werden, auch dann nicht, wenn sie noch so überzeugend dargeboten werden.

Wer diese Regeln einhält, wird zwar nicht besser sein als der Markt, aber deutlich besser als alle diejenigen, die vergeblich den Kampf gegen die Windmühlen aufnehmen und die dabei notwendigerweise scheitern müssen (auch wenn sie es sich selbst gegenüber nicht zuzugeben bereit sind).

Unter den acht Empfehlungen war keine, die es untersagt hätte, bei Kapitalanlageentscheidungen nicht auch seinen Spaß zu haben. Nicht wenige Anleger sehen in ihren Kapitalmarktaktivitäten einen angenehmen Zeitvertreib, eine reizvolle Herausforderung wie den Abschluss von Fußball- oder Pferdewetten. Sie nehmen das Wort von *Georg von Siemens* (1839–1901) ernster, als es von ihm gemeint war, und nutzen die Börse als ein Monte Carlo ohne Musik. Bei den Entscheidungen, was und wann sie investieren bzw. desinvestieren sollen, sehen sie sich im sportlichen Wettstreit zu anderen und versuchen, aus dem Wettkampf der Gerissenheit, wie *John Maynard Keynes* (1883–1946) es formulierte, als Sieger hervorzugehen. Solange dabei nicht unübersehbare Risiken eingegangen werden, ist auch nichts dagegen einzuwenden. Vergleicht man übliche Glücksspiele mit dem *Spiel Aktienmarkt*, so weist dieses einen wesentlichen Vorteil auf: Am Aktienmarkt ist die statistische Auszahlungserwartung höher als der getätigte Einsatz, denn schließlich erhält der Kapitalanleger im Durchschnitt eine gute Rendite in Form von Dividenden und Kurssteigerungen. Bei reinen Glücksspielen muss man dem Casino etwas dafür bezahlen, sicheres Geld in unsicheres umwandeln zu dürfen. Gesamtwirtschaftlich gesehen stellt der Kapitalmarkt das einzige *Spiel* dar, das einen Beitrag zum gesellschaftlichen Wohlergehen leistet, denn jeder, der teilnimmt, trägt sein Scherflein dazu bei, die Wirtschaft mit dringend benötigtem Risikokapital auszustatten. Man muss sich allerdings das richtige Ziel setzen: Der Anspruch, dauerhaft den Markt schlagen zu wollen, wäre, wie wir gesehen haben, schlicht Hybris. Ein realistisches Ziel wäre es hingegen, möglichst wenig gegenüber dem Marktdurchschnitt zu verlieren. Dieses Ziel ist ganz einfach dadurch zu erreichen, dass man in Indexfonds (ETF) investiert. Allerdings geht der Spaßfaktor dabei völlig verloren. Es ist auch wenig reizvoll, Roulette so zu spielen, dass man auf jedes Feld einen Chip legt und auf diese Weise völlig risikolos pro Spiel 1/37 seines Einsatzes verliert. Wer hingegen im Finanzmarkt seine Entscheidungen aufgrund irgendwelcher ihm als vernünftig erscheinender strategischer Regeln trifft und es dabei schafft, mit seinem Ergebnis auf lange Sicht nur unwesentlich hinter der Marktrendite zurückzubleiben, kann durchaus stolz auf sich sein. Er hat seinen Spaß und kann auf lange Sicht auch mit einer guten, viele andere

Anlageformen klar übertreffenden Rendite rechnen. Manchmal gelingt ihm sogar ein außergewöhnlicher Gewinn, aber leider manchmal eben auch ein außergewöhnlicher Verlust. Dieses Risiko einzugehen ist dann der Preis, den er für sein Vergnügen zahlen muss. Wie bei anderen, wesentlich weniger lukrativen Spielen auch.

Der Markt ist ein komplexes adaptives System par excellence. Dies zu verstehen ist nicht immer ganz einfach, aber es ist lohnend, sich um ein tieferes Verständnis zu bemühen und bestehende Denkbarrieren zu überwinden. Entscheidungen in einem solchen System sind etwas gänzlich anderes als Entscheidungen, wie sie üblicherweise der Naturwissenschafter oder der Ingenieur zu treffen haben: Sie sind anders, nicht einfacher oder schwieriger. Zweck des vorliegenden Buches war es, Hilfestellung dabei zu leisten, die das Phänomen Finanzmarkt charakterisierende Komplexität etwas besser zu verstehen und, basierend auf diesem Verständnis, die richtigen Schlussfolgerungen für praktisches Handeln ziehen zu können.

Anhang

Das vorstehende Buch ist für den interessierten Laien geschrieben und verzichtet im Interesse einer besseren Lesbarkeit auf finanztheoretische Feinheiten, auf eine wissenschaftliche Notation und auf umfangreiche Literaturverweise. Die zentralen hier vorgetragenen Ergebnisse wurden aber vom Verfasser in zahlreichen Vorträgen an Universitäten und auf fachwissenschaftlichen Tagungen diskutiert (European Finance Association, European Economic Association, European Accounting Association, Austrian Working Group on Banking and Finance, Deutsche Gesellschaft für Finanzwirtschaft, Forecasting Financial Markets Conference, Artificial Economics, Association Francaise de Finance u. a.). Jeder Leser ist herzlich eingeladen, sich an der Diskussion zu beteiligen. Die E-Mail-Adresse des Verfassers lautet: klaus.schredelseker@uibk.ac.at.

Im Folgenden sind wissenschaftliche Beiträge aufgeführt, in denen der hier vorgetragene Ansatz entwickelt, diskutiert, erweitert oder kritisch reflektiert wird. Ein Anspruch auf Vollständigkeit wird nicht erhoben.

Weiterführende Literatur

Hanke, M., & Schredelseker, K. (2010). Index funds should be expected to underperform the index. *Applied Economics Letters*, 991 ff.

Hauser, F. (2008). Trader's incentives to process information and market efficiency. In M. Hanke & J. Huber (Hrsg.), *Information, interaction and (in)efficiency in financial markets* (S. 11 f.). Linde.

Hauser, F., & Kaempff, B. (2010). Trading on marginal information. In M. LiCalzi, L. Milone, & P. Pellizzari (Hrsg.), *Progress in artificial economics* (S. 15 f.). Springer.

Hauser, F., & Kaempff, B. (2013). Evolution of trading strategies in a market with heterogeneously informed agents. *Journal of Evolutionary Economics*, 575 ff.

Hauser, F., Huber, J., & Kirchler, M. (2009). Comparing laboratory experiments and agent-based simulations: The value of information and market efficiency in a market with asymmetric information. In C. Hernández, M. Posada, & A. López-Paredes (Hrsg.), *Artificial economics* (S. 199 ff.). Springer.

Huber, J., & Kirchler, M. (2008). Why more information can be harmful. Evidence from experimental asset markets. In M. Hanke & J. Huber (Hrsg.), *Information, interaction and (in)efficiency in financial markets* (S. 62 ff.). Linde.

Huber, J., Kirchler, M., & Sutter, M. (2006). Vom Nutzen zusätzlicher Information auf Märkten mit unterschiedlich informierten Händlern – Eine experimentelle Studie. *Zeitschrift für betriebswirtschaftliche Forschung*, 188 ff.

Huber, J., Kirchler, M., & Sutter, M. (2008). Is more information always better? Experimental financial markets with cumulative information. *Journal of Economic Behavior and Organization*, 86 ff.

Hule, R., & Lawrenz, J. (2008). The value of information. Some clarifications and some new results for the Schredelseker-Game. In M. Hanke, J. Huber (Hrsg.), *Information, interaction and (in)efficiency in financial markets* (S. 135 ff.). Linde.

Kromschröder, B. (1984). Schlägt Dummheit Mittelmäßigkeit? *Zeitschrift für betriebswirtschaftliche Forschung*, 732 ff.

Lawrenz, J. (2008). Understanding the non-monotonic payoffs for heterogenously informed agents. In M. Hanke & J. Huber (Hrsg.), *Information, interaction and (in)efficiency in financial markets* (S. 115 ff.). Linde.

Lawrenz, J., Schredelseker, K., Weissensteiner, A. (2015). Evidence on the empirical relationship between forecast accuracy and recommendation profitability, zur Veröffentlichung eingereicht

Malkiel, B. (2003). Passive investment strategies and efficient markets. *European Financial Management*, 7.

Malkiel, B. G. (2008). The efficiency of stock markets and the case for passive investment management. In M. Hanke & J. Huber (Hrsg.), *Information, Interaction and (In)Efficiency in Financial Markets – Festschrift on the Occasion of Klaus Schredelseker's 65th Birthday* (S. 4). Wien.

Marinelli, C., & Weissensteiner, A. (2014). On the relation between forecast precision and trading profitability of financial analysts. *Journal of Financial Markets*, 39 ff.

Oda, S., & Masumoto, G. (2008). A note on Schredelseker's model. Private information and inference about inference. In M. Hanke & J. Huber (Hrsg.), *Information, interaction and (in)efficiency in financial markets* (S. 37 ff.). Linde.

Pfeifer, C., Schredelseker, K., & Seeber, G. (2009). On the negative value of information in informationally inefficient markets. *European Journal of Operational Research*, 117 ff.

Schredelseker, K. (1984a). Anlagestrategie und Informationsnutzen am Aktienmarkt. *Zeitschrift für betriebswirtschaftliche Forschung*, 44 ff.

Schredelseker, K. (1984b). Dummheit schlägt Mittelmäßigkeit – Zur Kritik Bernhard Kromschröders am Informationsnutzenmodell. *Zeitschrift für betriebswirtschaftliche Forschung*, 1074 ff.

Schredelseker, K. (1985). Der Nutzen von Bilanzinformationen für Kapitalanlageentscheidungen. In G. Gross (Hrsg.), *Der Wirtschaftsprüfer im Schnittpunkt nationaler und internationaler Entwicklungen – Festschrift für Klaus v. Wysocki* (S. 129 ff.). IdW-Verlag.

Schredelseker, K. (1988). Equilibrio del mercato finanziario e informazione. *Note Economiche,* 99 ff.

Schredelseker, K. (1989). L'utilità del bilancio di esercizio per le decisioni finanziarie. *Problemi di gestione dell'impresa,* 9 ff.

Schredelseker, K. (1990). Indexanlagen: Eine Chance für einen internationalen Finanzplatz Österreich. *Bankarchiv,* 73 ff.

Schredelseker, K. (1994). Aktives versus passives Finanzmanagement: Welchen Wert haben Informationen bei Kapitalanlageentscheidungen? In H. Siegwart, J. Mahari, & M. Abresch (Hrsg.), *Finanzielle Führung, Finanzinnovationen und Financial Engineering* (S. 121 ff.). Schaeffer-Poeschel.

Schredelseker, K. (1997). Zur ökonomischen Theorie der Publizität. In Ott & Schäfer (Hrsg.), *Effiziente Verhaltenssteuerung und Kooperation im Zivilrecht* (S. 214 ff.). Mohr Siebeck.

Schredelseker, K., Wirthensohn, Ch. (2000), Buy High, Sell Low – Konträre Handelsstrategien und Information, Bankarchiv, 1077 ff.

Schredelseker, K. (2001). Is the usefulness approach useful? In S. McLeay & A. Riccaboni (Hrsg.), *Contemporary issues in accounting regulation* (S. 135 ff.). Kluwer.

Schredelseker, K. (2004). Ist die Effizienzmarktthese widerlegt? *Österreichisches Bankarchiv,* 189 ff.

Schredelseker, K. (2008). Jahresabschluss und Marktinformation. *Die Betriebswirtschaft,* 159 ff.

Schredelseker, K. (2008). Unternehmenspublizität aus kapitalmarkttheoretischer Sicht. In H. Altmeppen, H. Honsell, & H Fitz (Hrsg.), *Festschrift für Günther H. Roth* (S. 721 ff.). Beck.

Schredelseker, K. (2012). Kritische Überlegungen zur Finanzanalyse. In R. Frick, P. Gantenbein, & P. Reichling (Hrsg.), *Asset Management, Festschrift für Klaus Spremann* (S. 563 ff.). Haupt.

Schredelseker, K. (2012). Finanzkrise – Mitschuld der Theorie? *Zeitschrift für betriebswirtschaftliche Forschung,* 833 ff.

Schredelseker, K. (2013). *Grundlagen der Finanzwirtschaft – Ein informationsökonomischer Zugang* (2. Aufl.). Oldenbourg.

Schredelseker, K. (2014). Pascal's Wager and information. *Journal of Forecasting*, 455 ff.

Toth, B., & Scalas, E. (2008). The value of information in financial markets: An agent-based simulation. In M. Hanke & J. Huber (Hrsg.), *Information, interaction and (in)efficiency in financial markets* (S. 95 ff.). Linde.

Toth, B., Scalas, E., Huber, J., & Kirchler, M. (2007). The value of information in a multi-agent market model – The luck of the uninformed. *European Physical Journal B*, 115 ff.

MIX
Papier aus verantwortungsvollen Quellen
Paper from responsible sources
FSC® C105338

If you have any concerns about our products,
you can contact us on
ProductSafety@springernature.com

In case Publisher is established outside the EU,
the EU authorized representative is:
**Springer Nature Customer Service Center GmbH
Europaplatz 3, 69115 Heidelberg, Germany**

Printed by Libri Plureos GmbH
in Hamburg, Germany